普通高等学校通识教育示范教材

国学经典导读

主　编　赵惠霞

参　编　陈　蒙　侯露露
　　　　朱巧梅　于明娇
　　　　张　姣　贾辰飞

西北大学出版社
·西安·

图书在版编目（CIP）数据

国学经典导读 / 赵惠霞主编 . —西安：西北大学出版社，2024.1
ISBN 978-7-5604-5338-5

Ⅰ.①国… Ⅱ.①赵… Ⅲ.①国学—高等学校—教材 Ⅳ.①Z126

中国国家版本馆CIP数据核字（2024）第034968号

国学经典导读
GUOXUE JINGDIAN DAODU

主　　编	赵惠霞
出版发行	西北大学出版社
地　　址	西安市太白北路229号
邮　　编	710069
电　　话	029-88303042
经　　销	全国新华书店
印　　装	陕西奇彩印务有限责任公司
开　　本	787mm×1 092mm　1/16
印　　张	15.25
字　　数	298千字
版　　次	2024年2月第1版　2025年1月第2次印刷
书　　号	ISBN 978-7-5604-5338-5
定　　价	49.80元

本版图书如有印装质量问题，请拨打电话029-88302966予以调换。

- 导论：文化让人成为人　/ 1

- 项目一：经部——天道之典　/ 14
  - 任务一　《周易》——文化的源头　/ 15
  - 任务二　《论语》——文明的基石　/ 24
  - 任务三　《礼记》——为人的准则　/ 36
  - 任务四　《孝经》——误读的经典　/ 53

- 项目二：子部——智者箴言　/ 63
  - 任务一　《老子》——救世的药方　/ 64
  - 任务二　《庄子》——人生的极境　/ 74
  - 任务三　《荀子》——儒家的法门　/ 86
  - 任务四　《淮南子》——经典的淬炼　/ 98

- 项目三：史部——烛昭古今　/ 110
  - 任务一　《史记》——史家的绝唱　/ 112
  - 任务二　《战国策》——策士的写真　/ 129
  - 任务三　《三国志》——人性的反思　/ 146
  - 任务四　《资治通鉴》——前人的肩膀　/ 163

◆ 项目四：集部——文益精粹 ／190

  任务一 《世说新语》——做人的镜子 ／191

  任务二 《古文观止》——文章的典范 ／198

  任务三 《人间词话》——诗意的人生 ／215

  任务四 《诗词选》——情感的脉动 ／223

◆ 附录 ／235

文化让人成为人

文化让人成为人，就是让人从自然的人，成为自觉的人、文明的人。这是中华传统文化的精髓，也是本教材希望达到的目的。"国学经典导读"是大学的一门人文素质教育课程，其目的在于提高学习者的人文素养和为人处世的能力，也就是让人成为"全面的人"。学习这门课程，首先需要明白三个问题：什么是国学经典？为什么要学习国学经典？如何学习国学经典？

一、什么是国学经典

什么是国学经典？这个问题需要从两个方面回答：一是国学经典的内涵，也就是给国学经典下一个定义；二是国学经典的外延，也就是国学经典所包含的内容。

(一) 国学经典的定义

国学经典包括"国学"与"经典"两个概念，给国学经典下定义，首先需要明白这两个概念的含义。

"国学"是一个偏正词，"国"是修饰语，修饰中心语"学"。国学有两个含义，第一个含义指的是国家设立的学校。《周礼·春官·乐师》记载："乐师掌国学之政，以教国子小舞。"这里的"国学"即指此义。"国学"作为学校的意义在后代一直被沿用。《宋书·臧焘徐广傅隆传赞》："高祖受命，议创国学。"唐韩愈《窦公墓志铭》："教诲于国学也，严以有礼，扶善遏过。"清和邦额《夜谭随录·庄劚松》："吉州庄寿年，号劚松。乾隆初年，贡入国学。"这些文献中的"国学"，均指学校。南宋朱熹开办的白鹿洞书院，原名就叫作"白鹿洞国学"。

国学的第二个含义，指的是中国固有的文化学术。近代以来，西方文化开始在中国广泛传播，并且在中国学术思想和教育中逐渐占据了主导地位。20世纪初学者研究和翻译西方文化学术，运用西方学术中的哲学、政治、伦理等概念著书立说，称为"新学"，而将中国固有的文化学术称为"旧学"。研究中华传统文化的学者则不愿以

"旧学"称呼中国固有文化学术,于是从与"西学"相对的角度,提出了"国学"的概念。吴宓认为:"兹所谓国学者,乃指中国学术文化之全体而言。"胡适认为:"中国的一切过去的文化历史,都是我们的'国故';研究这一切过去的历史文化的学问,就是'国故学',省称为国学。"这时候的"国学",指的是中国固有的文化学术。近代"国学"概念的形成,经历了一个探索发展的过程。在这个过程中,"国学"又先后被称为"国故""国粹""中学"等,国外翻译中又有"中国学""汉学"之称。

"经典"是一个复合词,"经"与"典"具有相同的含义。"经"的本义是织布机上的纵线。《说文解字》解释说:"经,织纵线也。"古代织布机织布由两种线完成,纵线称为"经",横线称为"纬",织布时经线不动,纬线围绕经线左右穿插编织成布。由于在织布过程中,总是以不动的"经"为主干,"经"因此也被引申出"主干""恒常"和"法则"等意义。从这个意义出发,古代将各种学说中最重要的作品尊称为"经"。"典"的本义是大尺寸的竹简书。《说文解字》说:"典,大册也。"古代用竹简写书有特定的规制,重要的书竹简较大,随着重要性的降低竹简也减小,"典"就是最大规格也就是最重要的书。《说文解字》对"典"的另一个解释是:"典,五帝之书也,从册在几上,尊阁之也。"意思是说,古时候五帝写的书就叫作"典","典"这个字的形状是成册的竹简书放在桌几上,表示尊重珍藏的书。无论是从竹简书的规格还是五帝书的名称讲,"典"指的都是可以作为典范的重要书籍。"经"和"典"组合成"经典",即指具有典范性、权威性的著作。

"国学经典",也就是中华传统文化中具有典范性、权威性的作品。

(二) 国学经典的内容

国学经典具体包括哪些内容,学界存在不同的观点,其中影响较大的有两种。

第一种是从国学经典内容的属性进行分类,认为国学经典的内容包括三类:义理之学、考据之学和辞章之学。义理之学指的是阐明事物道理的学说,也就是哲学;考据之学本来指整理、校勘、注疏、辑佚古籍的学问,由于这些工作主要依靠对历史的研究,也被称为史学;辞章之学指的是从事诗词散文以及章奏、书判等实用文体创作的学说,主要是文学。

第二种是"四库全书"的分类方法,把国学经典分为经、史、子、集四种大类。《四库全书》是清代乾隆时期编修的大型丛书,在乾隆皇帝的主持下,由纪昀等三百六十多位高官、学者耗时十三年编成,由于内容分为经、史、子、集四部,故名"四库"。《四库全书》是古今对中华传统文化最系统、最全面的总结,中国文、史、哲、理、工、农、医等不同学科几乎都能够从中找到源头和血脉,后人研究国学经典多以此为本,本教材也以此作为介绍国学经典的依据。

《四库全书》中"经部"主要收录儒家典籍和注释研究儒家经典的重要著作。儒家的经典著作,汉代立《诗经》《尚书》《周易》《礼记》《春秋》为五经;唐代加入《周礼》《仪礼》,将《春秋》分为《春秋左氏传》《春秋公羊传》《春秋穀梁传》,加在一起成为九经;至唐开成年间又加入《孝经》《论语》《尔雅》,成为十二经;南宋加入《孟子》,成为十三经,即《尚书》《易经》《诗经》《周礼》《仪礼》《礼记》《左传》《公羊传》《穀梁传》《论语》《孟子》《孝经》《尔雅》。经部内容以此分为十三经、十三经注疏和经学史及小学类。

《四库全书》中"史部"主要收录各种类型和体裁的史籍著作,分为正史、编年、纪事本末、别史、杂史、史评、诏令奏议、传记、史钞、载记、时令、地理、职官、政书、目录十五种类别,其中最重要的是正史即二十四史。

《四库全书》中"子部"主要收录除儒家经典之外的诸子百家重要著作,分为儒家、释家、道家、法家、兵家、农家、杂家、术数、医家、天文算法、艺术、谱录、类书、小说家十四种类别,其中最重要的是儒、释、道、墨、法、兵等诸家的著作。

《四库全书》中"集部"主要收录文学及文学批评类作品,分为总集、别集、楚辞、词、诗文评、曲、小说七种类别。

历代国学经典从内容划分来看,主要是文史哲方面的内容,也就是关于人文知识方面的内容。《四库全书》的分类使得国学经典内容系统化,为学习国学经典提供了基本路径。然而,由于时代的原因,《四库全书》的编排在今天看来也有不合理之处。比如承袭汉代"独尊儒术"的传统,不仅单独把儒家经典列为经部,而且把道家、释家、墨家、兵家等诸子作品排在史家之后,这种排列显然不利于学习者从整体上把握国学经典的精神实质。为此,本教材在采用《四库全书》内容分类方法的同时,改用经、子、史、集的顺序排列,以便更好地实现教学目标。

二、为什么要学习国学经典

为什么大学要开设这门课程,引导大家来学习数千年前的文章著作呢?也就是学习这门课程有什么作用呢?这个问题我们可以从以下三个方面思考。

(一)学习国学经典,有助于我们站在前人的肩膀上

牛顿有一句名言:"如果说我比别人看得更远些,那是因为我站在巨人的肩膀上。"这句话不仅是牛顿个人成功的诀窍,也是人类社会发展的不二法门。人较之于

动物最大的长处是什么？就是专门的学习,通过学校这种形式进行专业化的学习。"狼孩""猪孩"这种极端的案例,也说明了学习在人成长中的重要性。学习不仅是人类较之于动物最为优越之处,同时也是人与人之间形成差别的主要原因。人生而有别,不过这种差别比起后天学习来说几乎可以忽略不计。学习内容的质量、学习效果的好坏,决定一个人在多大程度上可以站在前人的肩膀上,这也就决定了一个人的人生高度。

俗话说"家有一老,如有一宝"。老年人丰富的人生经验在解决家庭问题时,就显得非常宝贵。而人生不过百年,与数千年的历史相比,仅是沧海一粟。中华传统文化就是中国先人数千年人生智慧的结晶,站在这样的智慧高度,人自然就会看得更远。

从传统文化的角度谈论人生,邓小平解决"两个凡是"问题的故事是一个典型的案例。1977年2月7日,按照时任中共中央主席华国锋的意见,《人民日报》《红旗》杂志和《解放军报》联合发表社论《学好文件抓住纲》,提出"凡是毛主席作出的决策,我们都坚决拥护,凡是毛主席的指示,我们都始终不渝地遵循"。"两个凡是"提出以后,受到许多同志的批评,形成两种不同的思想派别。对此,邓小平讲了一段话:"毛泽东同志在这一个时期,这一个条件,对某一个问题所讲的话是正确的,在另外一个时期,另外一个条件,对同样的问题讲的话也是正确的;但是在不同的时间、条件对同样的问题讲的话,有时分寸不同,着重点不同,甚至一些提法也不同。所以我们不能够只从个别词句来理解毛泽东思想,而必须从毛泽东思想的整个体系去获得正确的解释。"①邓小平这段话讲得非常智慧,他告诉人们,毛主席讲话有具体的语言环境,我们不能脱离这种语言环境对待毛主席的讲话,否则就会歪曲毛主席讲话的含义。比如,毛主席表扬某人某件事干得好,如果把这个表扬用到这个人做的其他事就不符合毛主席的原意了。邓小平讲的这个道理很有说服力,对突破"两个凡是"起到了重要的作用。然而如果熟悉中华传统文化,就不难找到邓小平这种思维方法的出处。《韩非子·外储说左上·经三》说:"先王之言,有其所为小而世意之大者,有其所为大而世意之小者,未可必知也。"翻译成现代汉语就是,先王说话有具体的环境,有的是讲大事而后人却用在小事上,有的是讲小事而后人却用在大事上,所以不明白先王说话的环境,就不能理解其真正的含义。通过这件事我们可以明白一个道理:邓小平的伟大在于站在前人的肩膀上,而许多人之所以坚持"两个凡是"的错误观点,一个不容忽视的原因在于没有掌握中华传统文化中的这种智慧。

邓小平解决"两个凡是"问题的故事给人的启示是什么呢？套用一句流行的语

---

① 邓小平.邓小平文选:第二卷[M].北京:人民出版社,1994:42.

言:不管你爱不爱,中华传统文化就在那里;不管你懂不懂,中华传统文化就在那里;了解不了解中华传统文化,决定了你的人生高度。

(二)学习国学经典,有助于提高我们的人文素养

"人文"一词,最早见于《周易·贲》:"文明以止,人文也。观乎天文,以察时变。观乎人文,以化成天下。"按照《序卦》的解释,"贲"就是文饰。人文就是人的文饰。人之为人,从实质上讲就是离开兽性,离开人的生物性,而趋向人性,首先表现为对外在形象的文饰。《圣经》上说,最早的人类是亚当和夏娃,他们赤身裸体生活在伊甸园,后来受了蛇的诱惑而偷吃了智慧果,看到自己赤裸的身体感到了羞耻,就用树叶把身体遮蔽起来。用树叶遮蔽身体就是一种文饰,是人区别于动物的开始,也就是人类文明的滥觞。《辞海》对"人文"一词的解释是:"指人类社会的各种文化现象。"这个解释比较宽泛,从人文素质教育课程的角度讲,"人文"最核心的含义就是关于"人"的学问,也就是人文学,其中最重要的问题就是:人何以成为人?

人何以成为人? 这是每个人在人生中都要面临的最重要的问题。但是大多数人并没有意识到这是一个需要重视的问题。没有意识到这个问题的人的人生是自发的人生,人文素质教育的基本目的就是使受教育者从自发的人生走向自觉的人生。人只有具有追求人之为人的自觉意识的时候,才能够努力使自己成为一个真正的人。哲学家冯友兰认为,人与禽兽的根本区别,"在有觉解与否。禽兽和人是同样的活动,而禽兽并不了解其活动的作用,毫无自觉。人不然,人能了解其活动的作用,并有自觉"。圣贤与一般人的区别,也在于对生活的觉解程度不同。"圣人的生活,原也是一般人的生活,不过他比一般人对于日常生活的了解更为充分。"①所以,同样的行为,同样的活动,可以属于兽性,也可以属于人性,关键就在于行为主体有没有作为人的自觉。

人何以成为人是中华传统文化的核心主题,这个主题主要在君子修身的形式下展开。中华传统文化讲求"修身、齐家、治国、平天下",修身讲的就是如何做人,只有做好人,才谈得上做好事。孟子提出:"学问之道无他,其求放心而已矣。"②孟子所说的"学问",就是修身的学问,根本的要求就是自己心安,也就是问心无愧。梁漱溟提出:"我说孔子最初所着眼的,倒不在社会组织,而宁在一个如何完成他自己。"③这句

---

① 冯友兰.儒家哲学之精神[M]//三松堂学术文集.北京:北京大学出版社,1984:497.
② 孟轲.孟子·告子章句上.
③ 梁漱溟.中国文化要义[M].上海:学林出版社,2000:138.

话道出了儒家学说的基本要义,就是如何做一个真正的人,也就是"君子"。在中华传统文化中,"君子"与"小人"是一组相对的概念。前些年有一位文化学者把"小人"解释为"小孩",受到学界的批评。事实上"小人"从外延上讲包括"小孩",但从内涵上讲与"小孩"完全是两回事。传统文化中的"小人"指的是普通人,也就是没有受过人文教育的人,即自发的人。"君子"是与"小人"相对的概念,指的是儒家追求的修身目标,也就是理想的人格。孔子从不同方面论述了"君子"的标准,但很少具体谈到哪个人是"君子",就是因为这样的人格是一种理想的人格,一个人可以在某一方面符合"君子"的标准,但很难全面达到"君子"的要求,"君子"的人生修养永远在路上。

学界认为世界上有四大古文明,其中古巴比伦文明、古埃及文明和古印度文明早已中断消失,中华文明是目前世界上唯一没有中断并一直延续到今天的文明。究其原因就在于中华传统文化的人文特色,即把人何以为人作为核心主题的特点。人生在世,每个人都面临着如何生存的问题,其中最重要的有两点:一是如何与自己相处,也就是怎样活着才有意义;二是如何与他人相处,也就是人与人应该怎样相处。这两个问题,是古今中外每一个人都必须面对和回答的问题,不同的答案就会带来不同的人生。

中华传统文化具有突出的人文特色,这种人文特色突出地表现在国学经典里,所以我们今天进行人文素质教育,自然就需要学习和了解国学经典。

(三)学习国学经典,有助于我们解决人生困惑

一个事物的好坏,不仅仅在于事物自身,更重要的还在于人的需要。东汉光武帝刘秀称帝前,有次战败逃散,三天三夜没吃饭,跑到山区一个老太太家求食,老太太只有几块用苜蓿菜掺麸皮蒸的糕,刘秀吃了觉得苜蓿糕真是人间美味。刘秀做了皇帝以后,有一段时间吃什么都不香,就想起了苜蓿糕。可惜厨师换了一个又一个,蒸出的苜蓿糕刘秀都不满意。最后让人找来那个老太太,老太太说:"饿了吃糠甜如蜜,饱了吃蜜蜜不甜。陛下心中的苜蓿糕,我今天也做不出来了!"今天我们强调学习国学经典,也是同样的道理:原因不仅仅在于国学经典本身,还在于当代年轻大学生普遍存在人文知识素养匮乏的问题。

近代以来,随着西方列强的大炮轰开中国国门,也惊醒了中国的有识之士,为了改变中国积贫积弱的面貌,学习西方文化成为当时中国人必然的选择。然而,西方文化之强主要在科技经济,而人文素养方面较中华传统文化仍有欠缺。西方文化人文素养欠缺的第一个特征表现在如何与自己相处方面。在西方传统文化中,人如何与自己相处和与他人相处的问题都交给了上帝,人文素养完全建立在宗教的基础之上。

西方文艺复兴之后,尼采以哲学的方式向世人宣布:"上帝死了!"上帝死了,人却活着,人生的意义何在? 这便成了困扰西方人的时代问题。

20世纪50年代,维克多·弗兰克在《无意义生活之痛苦》一书中指出:"我们生活在一个无意义感的时代里。"①他提供了一组数据:"在美国大学生中,自杀已成为第二大死因,位居交通事故之后。同时,自杀未遂(并非以死亡为结束)的数目增长了15倍。"当时对爱达荷州立大学学生的调查数据显示:"有85%的学生在其生活中再也看不到任何意义,而其中有93%的人在生理上和心理上都是健康的。"②维克多·弗兰克特别提醒人们注意:"这种现象发生在马斯洛所说的那些基本需求似乎无一不被满足了的那种'富裕社会'。"③人为什么活着,不管你思考不思考,这个问题都会影响到你的人生。这就是孟子讲的"放心"。人如何才能使自己心安? 心安才能活得舒畅,心不安就活得焦虑。近年来,抑郁症和自杀现象在中国人特别是年轻人中也不时出现,这种现象产生的原因就是人文素养不足,人不知道如何与自己相处。

西方文化人文素养欠缺的第二个特征表现在如何与他人相处方面。多年前,在我女儿上中学时,我与学校一位英国来的年轻女教师达成协议:由她教我女儿学习英语,我女儿教她的女儿学习汉语。中国人好客,第一节课下来,我女儿即邀请英国女教师母女俩到我们家做客。我知道英国人喜欢喝红酒,吃完饭后顺便送给英国女教师一瓶红酒,送给那个长得像洋娃娃一样的英国小姑娘一件小玩具。英国女教师很不解地问我女儿:"你妈妈为什么要送我们礼物?"我女儿告诉她:"因为我妈妈喜欢你们。"英国女教师竟一脸认真地说:"不可能,你妈妈怎么会第一次见面就喜欢我们呢!"这就是文化上的差异,实质是对如何处理人与人之间关系认识上的差异。随着近代以来西学东渐,中国人特别是年轻人处理人与人之间关系的能力也普遍下降,最突出的表现就是过分强调自我,忽视他人和社会的整体利益,最终造成自己的利益受损。有学者把这种学历高、人文素养低的人称为"精致的利己主义者",民间则称其为"有知识没文化",实质就是虽然受过高等教育,头上戴着学士、硕士、博士、教授的头衔,甚至具有很高的社会地位,但是缺乏基本的人文素养。

如何解决诸如此类的问题呢? 出路还是在于加强人文素质教育。学习中华传统文化是其中重要的路径之一,由此也就构成我们学习国学经典的重要原因。

---

① 维克多·弗兰克.无意义生活之痛苦[M].朱晓泉,译.北京:三联书店,1991:24.
② 维克多·弗兰克.无意义生活之痛苦[M].朱晓泉,译.北京:三联书店,1991:6-7.
③ 维克多·弗兰克.无意义生活之痛苦[M].朱晓泉,译.北京:三联书店,1991:27.

三、如何学习国学经典

如何学习国学经典？也就是如何解决学习国学经典中需要面对的问题。对这个问题做进一步分析，首先是要明白学习国学经典需要面对的问题，其次是解决这些问题的方法和思路。

(一) 当前学习国学经典需要面对的问题

学习国学经典需要面对的问题可以从两个层面来理解：第一个层面是从国学经典本身而言，学习时需要解决的问题；第二个层面是从学习国学经典的方法而言，需要解决的问题。

从第一个层面而言，首先是国学经典的内容浩如烟海，如何在如此庞大的内容中进行选择，是学习国学经典需要解决的第一个问题。其次是国学经典的内容是不同时代的先贤根据当时的社会需要提出的解决问题的方法和思考，这些内容在当时具有合理性，但是随着社会的发展，有的在当今社会已经失去了合理性。五四运动中"打倒孔家店"的呼声，鲁迅先生借狂人之口说的历史书"每页上都写着'仁义道德'"、仔细看"满本都写着两个字是'吃人'"的惊世之语，虽然不乏过激之处，但在一定程度上也道出了国学经典中存在的问题。所以学习国学经典如何取其精华、去其糟粕，是学习中需要解决的第二个问题。

从第二个层面而言，以往学习国学经典基本的方法首先是阅读乃至背诵经典，在目前大学生文言文阅读能力普遍较弱的现实下，采用这种方法难度比较大。其次是开设国学经典导读课程，通过教师对经典内容的选择、翻译、讲解，帮助学生学习和掌握中华优秀传统文化。近年来，许多高等院校都开设了学习国学经典一类的课程，编写了一些教材和读本，都属于在这种学习方法下进行的实践。这种学习方法对于解决上述学习国学经典中的问题有一定效果，但是如何在有限的课程中既能让学生读懂经典内容，又能使这些内容满足学生的实际需要，提高学生的人文素养，进而激发他们学习传统文化的兴趣，还是一个需要不断探索的问题。

(二) 解决学习国学经典问题的路径探索

中华优秀传统文化是中华文明的智慧结晶和精华所在，是中华民族的根和魂。在中国历史上，一直存在重视和学习国学经典的传统。但是学习的方法，主要是对经典文章的章句解读、背诵和意义阐释。这种学习方法最大的弊端，就是容易形成对经典认识的僵化和迷信。在当今全球化的背景下学习国学经典,这种学习方法的缺陷还在于难以解决学习者生活中遇到的现实问题,难以在不同民族文化之间进行互动和学习借鉴。正是基于这些问题,习近平总书记提出推动中华优秀传统文化"创造性转化、创新性发展",用文明交流交融破解"文明冲突论"①的时代命题。

推动中华优秀传统文化"创造性转化、创新性发展",就是讲述中华传统文化的内容和形式,要能够出于传统,入于现实;出于中国,入于世界。这就需要创造一种新的话语体系,不是简单地重复中华传统文化的经典名言,而是通过经典名言阐释蕴含在其中的中华优秀传统文化的核心精神。这种核心精神,不仅能够从传统文化中得到印证,而且能够使现代人从生活实践中得到启发;不仅能够使中国人从中获益,而且能够与世界各种文化进行比较互动,使各自都能从中得到提高;不仅能够帮助人认识到中华传统文化的宝贵之处,可以学习借鉴、发扬光大之处,而且能够帮助人认识到中华传统文化的不足之处,需要引以为戒、提高完善之处。

近代以来,马克思主义的传入给古老的中国带来了翻天覆地的变化,在学习马克思主义的过程中也出现了许多触目惊心的教训,许多对马克思著作几乎能够倒背如流的共产党人,在实践中却违背了马克思主义最基本的方法论。针对这种现象,邓小平提出:"学马列要精,要管用的。……实事求是是马克思主义的精髓。要提倡这个,不要提倡本本。"②邓小平的这种认识,被人们称为"学马列要学精神"。

"学马列要学精神",作为一种学习方法,不仅适用于学习马克思主义,同样适用于学习中华传统文化。学习中华传统文化,如果拘泥于文章的字面意思,不考虑先贤说话的具体环境和一贯的思想,就可能出现与学习马克思主义却背离马克思主义精神相同的现象。因此,学马列要学精神,学习中华传统文化同样也需要学精神。认识和理解中华传统文化的精神实质,是推动中华优秀传统文化"创造性转化、创新性发展"的前提条件和基本路径。

(三)中华传统文化的基本思维方式

认识和理解中华传统文化的精神实质,基本的路径和方法是认识和理解中华传统文化基本的思维方式。人的思想和行为都是一定思维方式的产物,中华传统文化包括国学经典的内容也是如此。人们常说"授人以鱼,不如授人以渔","渔"是捕鱼的方法,教给人捕鱼方法远比给人送鱼珍贵。国学经典的内容就是"鱼",传统文化的

---

① 习近平.把中国文明历史研究引向深入,增强历史自觉坚定文化自信[J].求是,2022(14).
② 邓小平.邓小平文选:第三卷[M].北京:人民出版社,1993:382.

思维方式就是"渔"。国学经典是中华传统文化思维方式的产物,中华传统文化的思维方式贯穿在国学经典之中,学习国学经典重要的是认识和掌握其中的思维方式。

什么是思维方式?思维方式的概念是现代社会的产物,但是任何思维活动都是某种思维方式的活动,所以传统文化同样是一定思维方式的产物。关于思维方式的定义,一般认为指思考问题的根本方法,并以此将思维方式划分为抽象思维、形象思维、直觉思维、逻辑思维、辩证思维等类型。然而,什么是思考问题的根本方法呢?人们还是难以把握。由于定义不够明晰准确,以往对思维方式的分类只能是基于思维活动的特点,这些特点对于思维的结果会产生影响,但不具有决定性作用。

思维是大脑的活动,要明白什么是思维方式,就需要明白大脑是如何活动的。现代脑科学研究认为,人的思维活动——从神经生理学的角度讲——就是大脑处理外部信息的过程。当外部信息进入大脑,人的本能以及大脑皮层以往的经验都会参与信息处理的过程。大脑需要综合新的信息、本能反应、以往经验最后做出判断、认识或者发出行动指令。因此,思维是大脑处理信息的活动,思维方式就是大脑处理信息的模式。所以,思维方式就是大脑处理信息的不同模式。在思维的过程中,新的信息、以往经验和本能反应,在不同的人和不同的环境下,分别会成为主导思维活动的因素,决定思维的最终结果。主导思维活动的因素不同,就形成大脑处理信息的不同模式,也就是不同的思维方式。日常生活中人们所说的思想斗争、难以取舍,就是思维过程中不同因素的竞争,或者说不同思维方式的竞争。当人们辗转反侧难以抉择的时候,一种原因是不知道如何抉择,也就是没有认识到这种抉择实质上是对不同因素的选择;另一种原因是难以在不同因素之间抉择,因为选择一种因素往往意味着失去另一种或另几种因素。认识到思维活动的实质,学会如何比较不同因素的利弊从而做出最有利的选择,是人生重要的能力和智慧。

人如何从生物意义上的自然人成为真正的文明人,构成了中华传统文化的主要内容。这些内容从现代文化的角度看,主要表现为思维方式的转变,也就是从通过把自然人的思维方式转变为文明人的思维方式,从而实现从自然人到文明人的转变,从一般人到理想人的转变。所以,中国人的思维方式,也就是中国人关于人之为人的实现路径,体现了中国人追求的理想人格形象。中国人的思维方式,指的是中华文化中倡导和追求的思维方式,是在中国社会中占主流地位的思维方式。中国人的思维方式主要包括四种类型,分别是理性思维方式、现实思维方式、整体思维方式和变易思维方式。

理性思维方式指人的理性主导思维活动的思维模式。生物的行为靠本能驱使,本能从思维方式的角度讲就是感性思维方式,靠感觉的好坏决定行为方式。感性思维和理性思维同时存在于人的神经系统,再感性的人也有理性思维,再理性的人也有感性思维。理性思维方式,从自我的角度看,就是要解决感性的自我与理性的自我如何合理相处的问题。人类进化的过程,实质上就是从感性思维向理性思维转变的过程。从思维方式的角度讲,自然的人就是感性思维方式占主导地位的人,文明的人、理性的人就是理性思维方式占主导地位的人。对理性思维方式的倡导和追求,表现在中国的神话故事、名人故事、民间传说和各种理论学说之中,最典型的是儒学对君子人格的追求,以及由此形成的关于修身的学说。儒学所说的"君子"与"小人",从现代学术的视角看,就是自觉的人与自然的人,君子修身,就是从自然的人成为自觉的人。值得指出的是,中华文化中的理性与西方文化中的理性不同,前者相对感性而言,后者相对宗教而言。中世纪时期宗教占据西方社会的主流,文艺复兴面对的主要障碍就是宗教,从思维方式角度讲就是要用人的思维代替以往神的思维,由此而生的西方理性强调的是人的自觉,也就是笛卡尔说的"我思故我在"。中国的理性思维指的是用后天经验主导思维和行为,改变先天本能主导思维和行为的自然人属性。理性思维方式是中国人最基本的思维方式,其他三种思维方式实际是理性思维方式的不同表现形式。

现实思维方式指现实因素主导思维活动的思维方式。一事当前,是以对当前信息的分析作为决定思维结果的依据,还是以主体的感觉、想象或者以往的经验主导思维活动,由此形成不同的思维方式。现实思维方式用现实因素主导思维活动,与现实思维方式相对的是以想象因素为主导的思维方式,在哲学中称为本体思维方式或形而上学思维方式;以以往经验为主导的思维方式,在哲学中称为经验主义、教条主义或本本主义。

整体思维方式指整体因素主导思维活动的思维方式。一事当前,是以整体因素主导思维活动,还是以个体因素、部分因素、局部因素主导思维活动,由此形成不同的思维方式。整体思维方式以整体因素主导思维活动,与整体思维方式相对的是以个体因素主导思维活动的个体思维方式,以部分因素或局部因素主导思维的片面思维方式。在社会生活中,整体因素、个体因素、局部因素都是相对概念,随着语境的变化而变化。比如集体相对个人是整体,相对国家就是个体,国家相对人类同样属于个体。所以,"人类命运共同体"是整体思维方式的产物,"美国优先"是个体思维方式的产物。生活中人们常说人的格局,所谓的格局大小,也就是思维活动中主导思维因素的大小。

变易思维方式指以变易因素或思想主导思维活动的思维模式。一事当前,把当下的信息或状况看作一成不变的结果,还是看作变化的过程,不同的主导思想形成不同的思维方式。变易思维方式以变易思想主导思维活动,与变易思维方式相对的是以固定因素、绝对因素主导思维活动的本体思维方式和绝对思维方式。《周易》是中国古代智慧的结晶,西方人翻译为《变化之书》,典型地体现了中国人的变易思维方式。古代西方人认为世界由某种固定不变的本体构成,古希腊著名学者亚里士多德在这种理念下写了一本叫作《形而上学》的书,因此哲学中把这种理论叫作本体论或者形而上学,从思维方式的角度来说,也就是本体思维方式或形而上学思维方式。由此可见,变易思维方式与本体思维方式,是中华传统文化与西方传统文化各自的主流思维方式,这种思维方式的差异,形成了中华文化与西方文化、中国社会与西方社会、中国人与西方人的不同特点。

中华传统文化倡导和追求的思维方式,就目的而言,就是要使人的行为能够取得对人最有利的效果。具体而言,理性思维方式要解决的问题主要是人如何与自己相处,也就是要用理性的自我代替感性的自我;现实思维方式要解决的问题主要是人如何看待和处理外部事物,主要的问题是改变本能的、用想象和盲目的、用以往经验主导的思维方式;整体思维方式要解决的问题主要是人与人如何相处,主要的问题是改变自然人以我为中心的思维模式;变易思维方式要解决的问题主要是人如何与不同时空的事物相处,主要的问题是认识当下、过去与未来的关系。

四、本教材编写的指导思想和体例

本教材内容建立在哲学、文学、美学、历史学、心理学、神经生理学等诸多现代学科知识以及对国学经典的学习和研究基础之上,这些认识构成了本教材编写的指导思想,概括为如下四点:

一是人文素质教育的根本目的是让人成为人,即从自然的人成长为自觉的人、文明的人。

二是让人成为人是中华传统文化的核心主题,中国先贤围绕这个主题做了大量卓有成效的探索,这些成果使得学习国学经典成为提升人文素养的重要途径。

三是学习国学经典,要学习贯穿其中的中华传统文化的精神实质,即中华文化和中国人基本的思维方式。

四是国学经典内容浩瀚,教材编写需要围绕主题精选内容,在讲明文义的基础上,重点使学习者领会贯穿其中的思维方式,提升学习者的获得感和学习的积极性。

根据以上指导思想,结合多年来的教学实践和教学研究经验,按照教材编写与课堂教学开展的"一致性"原则,本教材采用"项目"分类和"任务"驱动的结构形式确定了编写体例,并突出课程教学过程的"立德树人"目标。

本教材内容按照经部、子部、史部、集部四个教学项目类别编排,每个项目设有"教学目标"和"本部概要"栏目,分别介绍本项目所要完成的教学任务和本部经典的基本知识;每个项目之下分别遴选四部经典设置为四个教学任务;每个任务围绕教学目标,节选出四篇经典文章,并附有导读、选文、注释、译文、解读、讨论、思考七个栏目,方便课堂教学组织和学生学习、讨论。其中"导读"主要介绍本经典的作者、内容、成就和影响;"选文"为该经典中的原文节选,按照历史影响力、表现中华文化主流思维方式的典型性和文章的可读性三项原则进行节选;"译文""注释"附属于选文,对选文进行翻译和注释,"注释"以二维码链接的方式呈现;"解读"是针对该任务中的选文内容做进一步的阐释,帮助学习者准确理解该经典的基本思想和精神内涵,拓展学生的学术视野;"讨论"多采用历史或现实中的真实事件作为背景案例,供任课教师组织学生开展课堂讨论,突出价值引导,实现课程教学过程的"育人"功能;"思考"则是提出与本教学任务主题相关的问题,引导学生在课后做进一步的思维开拓和思考延伸,任课教师也可以将其作为学生的课后作业来布置。

让人成为人,这是人类发展的永恒命题。如何让人成为人,这是教育科学研究的重要课题。本教材的编写有赖于众多前人的研究成果和相关学科的发展,希望能够对提升当今大学生的人文素养和弘扬中华优秀传统文化事业有所助益。

项目一 经部——天道之典

教学目标

1. 指导学生阅读《周易》《论语》《礼记》《孝经》等典籍，了解其主要内容、精神内涵和历史地位。

2. 通过任务中的节选文章的学习，帮助学生理解中华文化的精髓和不同文化思维方式的形成特点，提升人文修养。

3. 启发学生思考"自强不息""厚德载物""中庸之道""己所不欲，勿施于人"等经典名言所蕴含的人生智慧，树立正确的人生观。

经部概要

国学经典中的经部又称甲部，是中国古代图书四部分类法中的第一大类，主要收录儒家的"十三经"及小学（文字音韵的训诂）等方面的著作，具体包括易类、书类、诗类、礼类、春秋类、孝经类、五经总义类、四书类、乐类、小学类等十个大类，其中礼类又分周礼、仪礼、礼记、三礼总义、通礼、杂礼书六属，小学类又分训诂、字书、韵书三属。

其中，"十三经"是指在南宋时期形成的十三部儒家经典，分别是《诗经》《尚书》《周礼》《仪礼》《礼记》《周易》《左传》《公羊传》《穀梁传》《论语》《尔雅》《孝经》《孟子》，后有十三经注疏。注，是对经书字句的注解，又称传、笺、解、章句等；疏，是对注的注解，又称义疏、正义、疏义等。注、疏内容关乎经籍中文字正假、语词意义、音读正讹、语法修辞，以及名物、典制、史实等。小学类分训诂、字书、韵书。西汉时称"文字学"为"小学"，唐宋以后又称"小学"为字学。读书必先识字，掌握字形、字音、字义，这是古人学习的起点。

在国学经典中，经部承载着中华传统文化的精髓要义和核心价值观，具有至关重要的地位。这些经典作品中蕴含着丰富的人文智慧、伦理道德和思想体系，对中国古代社会的教化、文化的传承和中国人的价值观塑造起到了非常重要的奠基作用。

任务一 《周易》——文化的源头

　　《周易》作为中华文化的源头、中华哲学之鼻祖,被视为大道之源、群经之首、设教之书,后来的各种学说都可以从中找到出处。

　　《周易·系辞传》说,古时候包牺氏创立八卦,后传于神农、黄帝、尧、舜。包牺氏在《史记》中称为伏羲,是华夏民族的人文始祖。现代考古在黄河中游流域发现的仰韶文化距今约七千年,2006年对甘肃天水发现的大地湾遗址的研究成果,把黄河流域人类活动的时间上推到距今六万至八千年间。汉字一般认为是黄帝时期的左史官仓颉创造的,距今大约五千年,也有人认为伏羲氏创造了文字。根据这些传说推断,可能是伏羲氏时期开始创造文字,到仓颉时期进一步发展完善,从而形成了今天汉字的基本架构。远古没有文字时期,部落的经验智慧由专门的人记忆传承,有文字之后就成为书。西汉孔安国在《尚书·序》里说,伏羲、神农、黄帝时期的书叫作《三坟》,五帝(少昊、颛顼、高辛、唐尧、虞舜)时期的书叫作《五典》。夏朝在此基础上形成的书叫作《连山》,商朝形成的书叫作《归藏》,周朝就叫作《周易》。通过这些史料可以看出,《周易》是中国上古时期先人智慧的结晶。传统上,人们认为《周易》是伏羲画八卦,文王作卦辞,周公著爻辞,孔子撰《易传》。实际上,《周易》的成书是一个漫长的过程,经历了多个时代的集体创作。

　　《周易》包括《经》和《传》两个部分。《周易》的《经》又称《易经》,包括卦、爻两种符号和卦辞、爻辞两种文字。《易经》基本符号为"爻",有"− −"和"—"两种,分别称为"阴爻"和"阳爻",阴阳爻按照由下往上重叠三次,就形成了乾(☰)、坤(☷)、震(☳)、巽(☴)、坎(☵)、离(☲)、艮(☶)、兑(☱)八个基本卦,称为"八卦"。古人认为八卦象征自然界八种基本物质:乾为天,坤为地;震为雷,巽为风;离为火,坎为水;艮为山,兑为泽。将八卦重叠就组成了六十四卦,每一卦代表一种事物,如乾卦(䷀),代表天,主阳,主刚,认为阳刚力量在决定事物发展的矛盾中居于主要地位;坤卦(䷁),代表地,主阴,主柔,认为阴阳结合,刚柔相济,就能够产生出世间万物;等等。

　　《周易》的《传》又称《易传》,是对《易经》进行解释的文字,共七种十篇,包括彖、象、系辞、文言、序卦、说卦和杂卦七种,彖、象、系辞各分上下篇,故有十篇,又称《十翼》。它不仅继承《易经》的经义,而且对其有创造性的阐发,文字极具哲理意蕴,易于读者理解与接受。

《周易》将宇宙万物概括为阴阳相互对立的两部分,所谓"一阴一阳之谓道"。这一阴阳对立统一的思想,揭示了宇宙万物的基本构成。《周易》通过对事物变化基本规律的总结,表达了古人"天人合一"的思想,认为人的发展必须与自然环境及客观规律相一致。例如,"天行健,君子以自强不息""地势坤,君子以厚德载物",一方面,强调君子要积极进取,用坚强的毅力奋勇前进;另一方面,又强调君子要像大地一样宽厚包容,并主张用中庸之道来处理各种关系。

《周易》对中华文化的各个领域都产生了深刻影响,直接影响着中国人的思维方式和生活态度。例如,哲学方面,《周易》的阴阳观、五行观、天人观等影响了中国哲学发展的整体框架;宗教方面,道教、佛教等宗教都受到《周易》的深刻影响,尤其是道家思想与《周易》有着密切的关系;科学方面,中医、天文、地理、军事等领域也受到《周易》思想的影响,尤其是中医理论与《周易》有着密切的关系;文学方面,《周易》中的阴阳、五行等观念被广泛运用于诗歌、小说、散文等文学作品的创作中;艺术方面,《周易》思想广泛影响着绘画、建筑、雕刻等艺术领域,尤其是山水画和园林艺术,与《周易》思想有着密切的关系;民俗方面,《周易》中的阴阳五行观念等概念直接影响了中国的民俗文化和节日庆典。时至今日,《周易》中的很多词语仍活跃在人们的语言中,如"否极泰来""物极必反""殊途同归""见仁见智""三阳开泰"等。学习《周易》,有助于我们理解事物发展和变化的规律,增加人生智慧。

选文

乾　卦

☰①

(乾下乾上)

乾②:元,亨,利,贞③。

初九④:潜龙勿用⑤。

九二:见龙在田,利见大人⑥。

九三:君子终日乾乾⑦,夕惕若,厉无咎⑧。

九四:或跃在渊,无咎⑨。

九五:飞龙在天,利见大人⑩。

上九:亢龙有悔⑪。

用九:见群龙无首,吉⑫。

译文

"乾卦"象征天:表示良好开始,顺利发展,美好结局,牢固持久,是大吉之卦。

"初九"是第一爻:表示阳气初生,势力单薄,君子应该像潜龙一样隐藏实力,不能轻易显露。

"九二"是第二爻:表示阳气渐渐增强,如同龙从深渊跃上大地,君子应结交有道德、有作为的人,不断增强自己的实力。

"九三"是第三爻:表示阳气进一步增强,正如君子虽日渐进步,但实力仍然不够,不过只要每天勤勉努力,夜里提高警惕,虽处危境却不会造成灾难。

"九四"是第四爻:表示阳气已经初具规模,君子可以像龙在深渊上下飞跃一样积极进取,都不会有什么灾难。

"九五"是第五爻:表示阳气充沛,正如飞龙遨游于天际,君子抓住机遇施展才干,就会成为有道德居高位的大人物。

"上九"是第六爻:表示阳气发展到极限,正如飞腾在极天的巨龙,威势无以复加却时刻存在风险,君子要深谙物极必反的自然规律,审时度势,避免懊悔的事情发生。

"用九"是"九"的运用:表示在以九为序号的卦图中,出现一群不以首领自居的龙,是吉祥的象征。

选文

乾·象传

象①曰:天行②健,君子③以自强不息。

"潜龙勿用",阳在下④也。

"见龙在田",德施普⑤也。

"终日乾乾",反复道⑥也。

"或跃在渊",进⑦无咎也。

"飞龙在天",大人造⑧也。

"亢龙有悔",盈不可久也⑨。

"用九",天德不可为首⑩也。

注释

译文

《象传》说,天的运行刚强劲健,君子效法天就要时时刻刻奋发努力。

"初九"说"潜龙勿用",是因为阳气初生还处在下位,正如初生的龙力量还比较弱小。

"九二"说"见龙在田",是说当龙跃升到大地上的时候,就要把恩德普施于万物。

"九三"说"终日乾乾",是说君子奋发图强就是要坚持不懈地践行合理的行为。

"九四"说"或跃在渊",是说君子这时候奋发进取不会有什么危害。

"九五"说"飞龙在天",是说君子这时候可以大有作为、成就自己。

"九六"说"亢龙有悔",是说盈满到极点就不可以持久,君子遵循天道方能避免懊悔的事发生。

用九说"群龙无首",是因为天的美德不能以首领自居。

选文

坤 卦

(坤上坤下)

《坤》①:元亨,利牝马之贞②。君子有攸往,先迷后得主③。利西南得朋,东北丧朋④。安贞,吉⑤。

初六⑥:履霜,坚冰至⑦。

六二:直,方,大⑧,不习无不利⑨。

六三:含章可贞⑩。或从王事,无成有终⑪。

六四:括囊,无咎,无誉⑫。

六五:黄裳,元吉⑬。

上六:龙战于野⑭,其血玄黄⑮。

用六:利永贞⑯。

译文

"坤卦"象征地:表示良好开始,顺利发展,利于像雌马一样的阴柔之德持久牢固。

君子有所前往,抢先会迷失方向,居后会有人导引,就会有好的结局。往西南会得到朋友,往东北会丧失朋友。安顺贞守可获吉祥。

"初六"是第一爻:意思是当脚下踩着微霜,就意味着即将迎来坚冰。

"六二"是第二爻:意思是大地具有正直、端方、博大的特性,率性而为不用学习就能顺利发展。

"六三"是第三爻:意思是内含美德而不急于表现,可以持久顺畅前行。如果辅佐君王,功成不居会有好的结局。

"六四"是第四爻:意思是像束紧口袋一样缄口不言,不追求赞誉就不会有灾难。

"六五"是第五爻:意思是像身着黄色裙裤一样谦卑,是最为吉祥的象征。

"上六"是第六爻:意思是阴气与阳气相接,犹如龙在旷野相交,流出青黄相杂的鲜血。

"用六"是"六"的运用:意思是坚守地德,有利于永久牢固。

选文

坤·象传

象曰:地势坤,君子以厚德载物。

"履①霜坚冰",阴始凝也。

驯致其道②,至"坚冰"也。

"六二"之动,"直"以"方"也。

"不习,无不利",地道光也。

"含章,可贞③",以时发④也。

"或从王事",知光大⑤也。

"括囊无咎",慎不害⑥也。

"黄⑦裳元吉",文在中⑧也。

"龙战于野",其道穷⑨也。

"用六永贞",以大终也。

译文

《象传》说:坤象取之于地,君子应效法大地,像大地承载万物一样增厚自己的德行。

"初六"爻辞所说的"履霜坚冰",意思是阴气开始凝结,顺着阴气的发展规律,最终必然出现坚冰。

"六二"爻辞所说的变化,趋向是正直、端方;"不习无不利",是大地之道在自然地发挥作用。

"六三"爻辞所说的"含章可贞",意思是君子有才也需要审时而发;"或从王事",意思是把智慧发扬光大。

"六四"爻辞所说的"括囊无咎",意思是小心谨慎才能避免灾祸。

"六五"爻辞所说的"黄裳元吉",意思是要把大地的温文之德牢记心中。

"上六"爻辞所说的"龙战于野",意思是阴气的发展已经到了尽头。

"用六"爻辞所说的"永贞",意思是阴柔返回阳刚是最好的归宿。

解读

《周易》的基本形式是用阳爻和阴爻两个符号组成八卦卦图,成为中国古人认识事物的一种方式,这是文字产生前或产生初期的产物。这种形式的优点是给解释者留下了广阔的空间,避免文字造成的内容固化乃至僵化;不足之处是学习者特别是现代学习者难以把握其确切含义。八卦的创立遵循的是"观物取象"的原则,八卦内容的阐释采取的是"假象喻义"的方式,不管是从创立的原则还是从阐释的方式看,《周易》的内容都不具有确切的唯一的含义。现在附着于《周易》之后的《系辞传》《彖传》《象传》《文言》《说卦》《序卦》《杂卦》,就是后来者从各自不同的角度对八卦的理解。《周易》这种独特的表述形式,对于习惯于追求准确含义的现代学习者来说,用熟悉的学习方法就很不适应。所以学习《周易》,包括学习其他国学典籍,就需要改变学习方法,既要入乎其内,更要出乎其外。所谓入乎其内,就是要借助前人的研究成果,尽可能地弄清楚典籍的原意;所谓出乎其外,就是要从典籍的整体、中华文化的整体、不同文化的比较、现代社会的实际等不同角度,思考和理解典籍的含义。中国古代有一个故事,叫作"郢书燕说",说的是有个郢(楚国都城)人晚上给燕国相国写信,让旁边的人"举烛",也就是把灯举高一点,口里说着笔下也写下了"举烛","举烛"实际不是他写信所要表达的内容。燕国相国看到信上的"举烛",理解为劝他举荐贤人,于是按照这个方法治国,大获成效。这个故事告诉我们,学习的认识是学习对象与主体因素相结合的结果,人们常说"一千个读者就有一千个哈姆莱特",讲的就是主体在学习中的作用。我们学习国学经典是为了提高人文素养,不是单纯为了考证字义,所以出乎其外才能更好地把握经典的精神实质。

《周易》在中华文化中的重要性，最关键的是确定了中华文化也就是中国人的基本思维方式。《周易·系辞上传》说："古者包羲氏之王天下也，仰则观象于天，俯则观法于地，观鸟兽之文与地之宜，近取诸身，远取诸物，于是始作八卦，以通神明之德，以类万物之情。"《周易》的创作建立在对现实事物观察的基础之上，是典型的现实思维方式的表现；《周易》表现事物不是一物一时的现象，而是把自然社会作为整体和过程反映其中的发展规律，体现的是整体思维方式的特征；《周易》贯穿始终的是事物的变易，体现的是变易思维方式的特征；而现实、整体和变易，都建立在理性思维方式的基础之上。为了理解《周易》作为中华文化源头的思维方式，我们可以看看作为西方文化源头的古希腊人的思维方式。古希腊人思考的核心问题，是世界的本体是什么？有的说是水，有的说是土，有的说是火，有的说是数，有的说是上帝……我们可以暂且不论这些说法的对错，只需要思考一个问题：关于世界本体的问题是从哪里来的？也就是它是怎样产生的？答案是它来自古希腊人的想象。古希腊人思考的问题来自想象，解决的方法也是依靠想象，这种被称为本体或者形而上学的思维方式，与中华文化的思维方式形成了鲜明的对比。中国人的理性思维方式在世界上各民族文化中比较少见，其中根本的原因在于中华文化从没有中断，凝聚了人类初年的艰辛经验。在现实生活中不难发现，儿童的思维普遍建立在本能也就是自身需要的基础之上，想象是最重要的表现形式，只有在挫折面前才能使他们面对现实思维。俗话说，"穷人的孩子早当家"，其中的道理就在于艰辛的生活可以让人尽快成熟，而成熟的标志就是从现实出发思考问题。中华文明是世界上唯一没有中断的古老文明，人类初年艰辛的生存条件形成了中华文化的理性特色。欧洲人在经历了中世纪宗教的黑暗之后才产生了理性，而这种理性针对的还仅仅是对神的盲目信仰。

本任务选取的乾卦和坤卦卦图，对应的自然物是天和地，分别表现天和地运行中蕴含的自然规律，是《周易》六十四卦的基本卦。乾卦和坤卦的卦辞和象传辞，是对两个卦图含义的阐释。乾、坤两卦及其象传辞的含义，前人从不同方面做了阐释，对于年轻读者而言，理解以下三点尤为重要。

（一）效法天地的人生智慧

《象传》解释乾卦和坤卦："天行健，君子以自强不息"，"地势坤，君子以厚德载物"。认为人应该效法天的品德，刚健有力，自强不息；效法地的品德，博大包容，厚德载物。《象传》这两句话对后世影响很大，被许多人作为修身的目标。这种效法天地的学习方式，成为中华文化重要的组成部分。老子提出"人法地，地法天，天法道，道法自然"（《道德经》），显然是对《周易》效法天地认识的发挥。不过，老子的发挥虽然朗朗上口,但是除了"人法地"以外,后三句实际上是不能成立的。人作为认识的主体,可以法地、法天、法道、法自然,地作为认识的客体,则不会也不可能法天。如果地能够学习天并像天一样运行,自然界就会乱套。天地的运行规律就是道,天地本身就是自然的组成部分,天地不会也没有必要效法自己。孔子提出"三人行,必有我师焉;择其善者而从之,其不善者而改之",同样是对效法天地思想的发挥,而且是创造性的发挥。这些思想体现了一种非常广泛的学习和提高自己的方法:外部对象不管是物还是人,都是我们的学习对象,其优秀的地方我们学习,不足的地方我们引以为戒。中华文化中,松、梅、竹被称为"岁寒三友",梅、兰、竹、菊被称为"四君子",实际都是这种效法天地思想的表现。这种向一切对象学习的思想,形成了中华文化广纳百川的精神,是中华文化经久不衰的内在动力,也是中华儿女追求的一种精神境界。

(二)"潜龙勿用"的人生经验

乾卦是通过天的运行讲事物发展变化的基本规律,一般青少年是人生发展的初期,在乾卦的六爻中,大概相当于初九到九三阶段。乾卦的卦辞以龙作为阳性事物的象征,龙虽然是强大的生物,但这种强大是相对的而不是绝对的,幼年时期的龙相对成年龙来说也属于弱者,因而幼年时期的龙所遵循的发展规律就类似于坤卦,也就是弱者的发展规律。《乾卦·初九》卦辞是"潜龙勿用",意思是龙在成长的初期需要把自己潜藏起来,不要冒出来施展才能。为什么要"潜龙勿用"呢?因为当实力不足的时候,盲目地逞能可能会引来灾祸。"潜龙勿用"与坤卦所说的"先迷,后得主"具有相类似的含义,就是当你的实力比较弱的时候,遇事就不能逞能抢先,否则会使自己陷入困境、危境。然而在现实生活中,青少年由于处在生命最旺盛的发展阶段,充沛的生命活力使人精神高昂,往往最容易使人产生傲视天下的雄心壮志。毛泽东在《沁园春·长沙》中写道,"恰同学少年,风华正茂;书生意气,挥斥方遒。指点江山,激扬文字,粪土当年万户侯",就是对青少年这种特点的生动写照。"潜龙勿用"就是告诫青少年,在力量弱小的时候一定要克制内心的冲动,从现实出发选择自己的行为方式。《乾卦·九二》的"利见大人",即结交志同道合的人;《乾卦·九三》要求"君子终日乾乾,夕惕若",即努力学习,保持警惕;《坤卦》提出的"含章""括囊",都是对作为弱者提出的合理的行为方式。在中国历史上,朱元璋采用"高筑墙、广积粮、缓称王"的策略,是把"潜龙勿用"的人生经验运用于治国理政。王阳明和曾国藩被称为除孔子以外的"一个半圣人",他们在出仕的初期,都因为锋芒太盛而遭受挫折。王阳明被贬到贵州山区的一个驿站,曾国藩则是回家为父亲守孝,两个人在受到挫折以后认真学习反省,才明白了"潜龙勿用"的人生经验,重出后一改往日意气用事的做法,一切从现实出发,最终取得了不世之功,是运用这种人生经验建功立业的典范。

(三)"亢龙有悔"的人生哲学

乾卦上九的卦辞是"亢龙有悔",意思是飞腾在极天的龙会有懊悔。龙飞极天犹如人居高位,高高在上受人尊敬,是许多人一生梦寐以求的境界,何以会有懊悔?这就涉及《周易》揭示的事物发展变化的一个基本规律,即物极必反。《周易·系辞下》说:"易穷则变,变则通,通则久。"八卦的每一个卦象,从初开始,到九或六结束,卦象穷尽之处就意味着变化。所以象传对"亢龙有悔"的解释是"盈不可久也"。飞腾在极天的龙,犹如十五的月亮发展到极圆,接下来必然会走到其反面。"亢龙有悔"是对事物发展规律的揭示,而揭示事物发展规律的目的是什么呢?就是遵循规律趋利避害。龙飞极天会有懊悔的事发生,但也非必然发生,如果认识了这个规律,针对规律采取相应的行为,就可以避免懊悔之事的发生。范蠡和文种辅助勾践兴越国,灭吴国,成就霸业。范蠡告诉文种,飞鸟尽,良弓藏,狡兔死,走狗烹,越王这人可以一起患难,不可以一起享乐,劝文种隐退。文种不听,最终被勾践逼迫自杀。范蠡则不顾越王的挽留,弃官从商,成为巨富,广散钱财救济贫民,被后世尊为财神。张良和韩信为刘邦统一天下立下了不世之功,韩信初封楚王,继而贬为淮阴侯,最终以谋反罪被斩杀,并被夷灭三族。张良则辞官不做,专心修道,得以善终,至今陕西留坝县张良庙挂有横匾,上书"自古英雄即神仙"。文种和韩信不思有悔终有悔,范蠡和张良早思有悔终无悔,他们的行为成为"亢龙有悔"人生哲学的生动注脚。"亢龙有悔"揭示的物极必反规律,其中的"亢"和"极"是相对的,并非仅仅指极天之高或封王封侯那样的高位。对于一般人来说,一时的成功、升迁、发财或各种顺遂之事,相对于平常或不顺之时,都可以称为一时一事的"亢"和"极",所以居安思危、未雨绸缪,才是"亢龙有悔"人生哲学的真谛。

孔子说:"加我数年,五十以学易,可以无大过矣。"(《论语·述而》)以圣人的智慧,尚且认为如果自己能在五十岁以前学习《周易》,就可以少犯大的错误。对于我们年轻的大学生而言,如果能够大致地了解《周易》揭示的事物发展变化规律,一定有助于我们的人生达到新的高度。

一位司机的困惑

20世纪80年代,我国实行对外开放政策,许多外国企业纷纷来到中国开办工厂。

一位经验丰富的汽车驾驶员,凭着优良的个人素质,成为某外资公司总裁的专车司机。可是工作不到一个多月,人事部门通知这个司机,他被总裁解聘了。

司机找到总裁说:"我接受公司的决定。只不过我希望知道解聘我的原因,让我知道自己错在哪里。"

总裁说:"你开车不遵守规则。"

司机听了非常吃惊,因为他开车多年,对自己的技术和职业操守非常自信:"您能告诉我,我什么时候违犯规则了吗?"

"昨天,在我们从机场回来的路上,你变道没有打转向灯。"总裁平静地说。

司机回想了一下,说:"当时不是前后都没有车吗?"

总裁说:"没有车也要打灯,这是规则。"

这件事被媒体报道后,在社会上引起激烈争论:一种观点认为外国总裁头脑僵化,前后没有人,打灯给谁看?一种观点认为外国人的规则意识强,不管有人没人都能自觉遵守交通规则。

请你从中西方不同思维方式的角度,分析司机和总裁认识结果不同的产生原因,并谈谈你的观点。

1.根据教材内容,谈谈你对"效法天地"思想的认识。

2.结合自己的生活经历,举例谈一谈你会如何处理"自强不息"与"潜龙勿用"两者的关系。

任务二 《论语》——文明的基石

导读

《论语》是春秋时期思想家、教育家孔子的弟子及再传弟子记录孔子及其弟子言行的语录文集,是孔门弟子集体智慧的结晶。相传在春秋后期孔子设坛讲学时期,《论语》的主体内容就已初始创成;孔子去世以后,他的弟子和再传弟子代代传授他的言论,并逐渐将这些口头记诵的语录言行记录下来,因此称为"论";《论语》主要记载孔子及其弟子的言行,因此称为"语"。清朝赵翼解释说:"语者,圣人之语言,论者,诸儒之讨论也。""论"又有纂的意思,所谓《论语》,是指将孔子及其弟子的言行记载下来编纂成书,其编纂者主要是仲弓、子游、子夏、子贡,他们忧虑师道失传,首先商量起草以纪念老师,然后和少数留在鲁国的弟子及再传弟子共同完成。

《论语》全书共20篇492章,分为上、下两大部分。以《先进》篇为界,前十篇是上论,后十篇是下论,上论展示孔子思想及其渊源,下论则论其弟子及弟子与夫子之间的对话。《论语》全书以语录体为主,叙事体为辅,集中体现了孔子及儒家学派的政治主张、伦理思想、道德观念、教育原则等。作品虽为语录,但辞约义丰,语句篇章形象生动,其主要特点就是语言简练、浅显易懂,在简单的对话和行动中展示人物形象,传达深刻的思想。《论语》的思想主要有三个既各自独立又紧密相依的范畴:伦理道德范畴——仁,社会政治范畴——礼,认识方法论范畴——中庸。

《论语》不仅是儒家学派的经典著作,也是中华传统文化的奠基石。在数千年的历史流传中,《论语》以其独特的思想光辉影响着一代又一代文人志士。南宋时,朱熹将《论语》与《孟子》《大学》《中庸》合称为"四书";明清时,官方规定科举考试中的八股文题目必须从四书中选取,《论语》被当时读书人奉为"圣典";时至今日,《论语》中的思想观念和道德准则仍影响着当代青年人的成长和行为规范。2014年,《论语》被列为联合国教科文组织人类非物质文化遗产代表作之一,在世界范围内都享有极高的声誉和影响力,同时也对世界文化做出了重要贡献。

选文

学而篇

(一)子曰:"学而时习之①,不亦说乎②?有朋自远方来③,不亦乐乎?人不知而不愠④,不亦君子乎?"

(二)曾子⑤曰:"吾日三省吾身⑥:为人谋而不忠乎⑦?与朋友交而不信乎⑧?传不习乎⑨?"

(三)子贡⑩曰:"贫而无谄,富而无骄,何如⑪?"子曰:"可也;未若贫而乐⑫,富而好礼者也。"

(选自《论语·学而第一》)

译文

(一)孔子说:"学习到做人的道理然后不断践行,不也是快乐的事吗?有志同道合的人从远方来,不也是高兴的事吗?别人不理解自己的时候不生气,不正是有修养的人应有的行为吗?"

(二)曾子说:"我每天不断反省自己:替别人做事有没有做到尽心尽力?与朋友交往有没有存在不真诚?有没有按照老师传授的知识去做?"

(三)子贡问:"贫穷却不巴结谄媚,富贵却不骄傲自大,这样做人怎么样?"孔子说:"可以是可以,但是不如贫穷依然能够保持快乐,富贵依然能够以礼待人。"

选文

为政篇

(一)子曰:"学而不思则罔①,思而不学则殆②。"

(二)子曰:"由③!诲女知之乎④!知之为知之,不知为不知,是知也。"

(三)子张学干禄⑤,子曰:"多闻阙疑⑥,慎言其余,则寡尤⑦;多见阙殆⑧,慎行其余,则寡悔。言寡尤,行寡悔,禄在其中矣。

(选自《论语·为政第二》)

译文

(一)孔子说:"只学习不思考就容易陷入迷茫,只思考不学习就会因为事倍功半导致疲惫。"

(二)孔子说:"由!我今天告诉你什么叫作智慧!知道就是知道,不知道就是不知道,这才是真正的智慧。"

(三)子张请教为官之道,孔子说:"尽量听取更多的信息,把不明白的东西放在心里,谨慎地说出那些真正懂得的,就能少犯错误;尽量观察更多的现象,把不明白的东西放在心里,谨慎地实行那些真正懂得的,就能减少令人后悔的事发生。说话少出错,行动少后悔,自然就容易升官加禄。"

选文

里仁篇

(一)子曰:"富与贵,是人之所欲也;不以其道得之,不处也。贫与贱,是人之所恶也;不以其道得之,不去也。君子去仁,恶乎成名①?君子无终食之间违仁,造次必于是②,颠沛必于是③。"

(二)子曰:"朝闻道④,夕死可矣。"

(三)子曰:"参乎!吾道一以贯之⑤。"曾子曰:"唯。"子出。门人问曰:"何谓也?"曾子曰:"夫子之道,忠恕而已矣⑥。"

(选自《论语·里仁第四》)

译文

(一)孔子说:"发大财和做大官,是每个人都向往的;但是不能通过正当的方式得到它们,君子是不会接受的。穷困和低贱,是每个人都厌恶的,但是不能通过正当的方式摆脱它们,君子是不会摆脱的。君子离开了仁德,怎么能够成就君子的美名呢?君子不能有吃一顿饭的时间离开仁德,即使仓促之间也要遵守仁德,即使颠沛流离也要遵守仁德。"

(二)孔子说:"早晨明白做人的真谛,即使晚上死去也没有可遗憾的了。"

(三)孔子说:"曾参呀!我的学说有一个贯穿始终的核心。"曾参答道:"是的。"孔子离开以后,其他学生问道:"老师说的是什么?"曾参说:"夫子学说的核心只不过是忠恕罢了。"

选文

述而篇

（一）子曰："默而识①之,学而不厌,诲②人不倦,何有于我哉③?"

（二）子曰："德之不修,学之不讲,闻义不能徙④,不善不能改,是吾忧也。"

（三）子曰："饭疏食⑤饮水,曲肱⑥而枕之,乐亦在其中矣。不义而富且贵,于我如浮云。"

（选自《论语·述而第七》）

译文

（一）孔子说："把所见所闻默默地记在心里,努力学习而从不满足,教导别人而不知疲倦,这些事我做到了多少呢?"

（二）孔子说："不培养品德,不讲习学问,听到义之所在不能去追随,有缺点不能改正,这些是我所忧虑的。"

（三）孔子说："吃粗粮,喝凉水,弯起胳膊当枕头,快乐就在这样的生活之中。做着不符合道义的事,过着富裕权贵的生活,对于我来说就像浮云一般毫无意义。"

解读

《论语》是孔子及其弟子在不同环境下的对话,这些对话体现了孔子的思想,但由于这些对话是零碎的、片段的,所以我们在学习中需要结合其他资料来分析和把握其中的含义。本教材节选内容分别来自《论语》学而篇、为政篇、里仁篇和述而篇,每篇选择了三段文字,现按照次序分别予以解读。为了便于大家学习理解,我们为每篇解读的内容标了一个题目。

（一）修身的要诀

学而篇的内容，主要是讲个人如何修身。

开篇第一段讲"学而时习之，不亦说乎"，这里需要注意的是，孔子讲的"学"，与我们现在所说的"学习"同义，但是学习的内容和目的有所不同。孔子的"学"，古代的"学问"，主要的内容是如何做人，也就是人格的完善。孟子说："学问之道无他，求其放心而已矣。"所谓的"学问"，就是做人的道理。《论语》中孔子讲学习，也主要是讲学习如何做人的道理，属于精神的层面。我们今天所说的学习，内容主要是知识、技术，更多的属于谋生的层面。这句话中的"习"，也与我们通常说的"学习"的"习"的含义有所不同。我们通常所说的"学习"的"习"，主要指练习、复习，即对学习内容的重复。孔子所讲的"习"，则是要把学到的做人的道理付诸实践。我们每个人都有学习的经历，复习就是重复同样的学习内容，这样的活动怎么会产生快乐呢？按照现代神经生理学的研究成果，不断地重复同样的内容，由于好奇心的缘故，人的感觉就会逐渐趋向疲倦、厌倦，这样的过程是不可能产生快乐的。但是，如果把学到的东西付诸实践，人就会产生成就感，就会产生新体会，随之而来的就是机体的自我奖励，也就是神经系统产生快乐的感觉。所以，孔子在这里讲了一个自我修身的重要方法，就是学以致用，学用结合，不断提高修身的境界。明代思想家王阳明有一个著名的"知行合一"理论，讲求"知者行之始，行者知之成"，要求把人的认识和实践统一起来。孔子在这里讲"学"和"习"的关系及其作用，实际上就隐含着"知行合一"的道理。"有朋自远方来"，为什么会"不亦乐乎"？因为志同道合的人一起交流探讨，就会产生新收获、新体会，也就会产生快乐。然而，交流的过程难免发生观点的碰撞，对彼此的观点可能相互不理解、不认同，遇到这种情况怎么办呢？孔子认为不能生气，当然更不能与人争吵，"君子同而不和，小人和而不同"，允许别人保留与自己不同的观点，这才是一个有修养的人应该具有的行为。遇到顺利的事情就高兴，遇到不顺利的事情就懊丧，这是人之常情。据说左宗棠率领大军赴新疆平叛路过兰州，与当地有名的象棋高手对弈，连赢对方三局，左宗棠心下自喜：所谓的兰州第一高手也不过如此！平叛归来，二人再次对弈，左宗棠连输三局，于是询问前后两次对弈结果如此不同的原因。这位老棋手说："下棋是小事，前次将军出征之际，让将军赢棋可以顺心境；此次胜利归来，让将军输棋可以戒骄气。"同样的故事也发生在淮海战役前后陈毅与当地的一位老人之间。以左宗棠和陈毅的见识修养，在下棋这样的小事上，也不免会因为输赢产生快乐与懊恼的情绪，一般人可想而知。在日常生活中，每个人都会遇到顺心与不顺心的事。有的人顺心则得意忘形，不顺心则暴跳如雷；有的人则喜怒不形于色。人们往往说前一种人没修养,后一种人有修养,其实所谓的有修养与没修养,实际上就是理性思维方式与感性思维方式的不同。孔子讲君子和小人的不同,实质上也是讲两种思维方式的不同。中华文化讲人的修养,历史上许多名人把"戒怒""静心"之类的箴言作为座右铭,究其实质就是努力从感性思维方式转变到理性思维方式。

　　第二段是孔子得意门生曾参的话,讲的是另一种修身的方法,即反省。反省也称内省,是中华文化中提高人的修养的重要方式。"吾日三省吾身"的"三",不是实数,表示的是多的意思。这是古代人的语言习惯,比如"三人行必有吾师",为什么是"三人行",而不是四五六人行呢?因为"三"就是多,就包括四五六人在内。曾参每天不断地反省自己的行为,反省的内容也是三点,即替别人做事有没有做到尽心尽力,与朋友交往有没有不真诚的表现,老师传授的道理有没有照着去做。第一点在中华传统文化中简称为"忠",是儒学修身的重要内容,我们接下来在里仁篇中要着重讲,此处就不展开了。第三点与"学而时习之"的含义相同,也不再重复。这里着重讲一下第二点。在这里曾参提出了一个非常重要的概念——"信"。在中华文化的发展过程中,孔子提出"仁、义、礼"的概念,孟子将其延伸为"仁、义、礼、智",董仲舒又扩充为"仁、义、礼、智、信",也被称为儒家"五常",也就是做人起码的道德准则。然而作为"五常"之一的"信"的概念,实际上在《论语》中已经提出来了,并且被曾参作为每天修身的重要内容。值得注意的是,曾参在这里讲的是"与朋友交而不信乎",他把"信"的实施范围限定在朋友的交往上。后代有人把"信"的实施范围扩大到与"人"交往上,这就是把真理往前推了一步,超出了真理的正确范围,因为不是所有人与人的交往都适合用"信"。更有甚者,如"尾生抱柱"的典故,说的是一个名叫尾生的青年与恋人相约在一座桥下相会,然后一起私奔。尾生在桥下等候,姑娘却被家人扣留。山洪暴发,河水上涨到桥下,尾生为了守约,抱住桥柱不肯离开,最后被河水淹死。过去有人把尾生抱柱作为诚信做人的典范,但这种做法实际上违背了中华文化的基本精神。

　　第三段是孔子与他的学生子贡的一段对话,说的是关于修身的目标。子贡问:"贫穷却不巴结谄媚,富贵却不骄傲自大,这样做人怎么样?"意思是修身达到这样的标准是不是就可以了。孔子回答:"可以是可以,但是不如贫穷依然能够保持快乐,富贵依然能够以礼待人。"子贡与孔子的标准有什么差别呢?差别在于前者是被迫的,是通过抑制自己实现的;后者则是自觉的,是发自内心的自觉行为。对于前者来说,贫穷依然是让人厌恶的,富贵依然是让人喜爱的,只不过通过理性改变人本能的行为。对于后者来说,贫穷也罢,富贵也罢,都不过是外在的生存环境,修身者有比这种外在因素更重要的精神追求,这种精神是其生命的主宰,因此外在的环境已经无法改变他的心态和行为。在孔子的学生中,孔子最欣赏的是颜回,他在《语语·雍也》中赞叹说:"贤哉,回也!一箪食,一瓢饮,在陋巷,人不堪其忧,回也不改其乐。贤哉,回也!"孔子之所以赞叹颜回,就在于颜回基本上达到了孔子心目中理想的修身目标。北宋范仲淹把这种目标表述为"不以物喜,不以己悲"。对于真正的儒者来说,修身不是为了自己有多么好的生活,而是"治国平天下",让天下老百姓都过上好日子。

(二)为政的要诀

为政篇的内容,主要是讲个人如何为政,即处理社会事务。

为政篇的篇名,遵循选取该篇第一章内容头两个字的惯例,然而从内容上看名副其实。不过,这里"政"的含义,与现代人们说的"政治"的含义不同。现代人讲政治,一般包含两种含义:一种是阶级、政党为夺取政权或维护政权开展的活动,通常表现为具体的制度、政策、法令等国家治理活动;一种是从政者个体为了自身利益采取的行动,通常表现为各种权力争斗。较之这个层面的政治,《论语》中"政"的含义更加宽泛。该篇第二十一章记载了一个故事。有人问孔子:"你为什么不参与政治?"孔子回答说:"《尚书》上说:'孝乎惟孝,友于兄弟,施于有政。'孝敬父母,友爱兄弟,这就是参与政治,为什么一定要做官才算参与政治呢?"由此可见,现代我们理解的"政治"是狭义的政治概念,《论语》中的政治是广义的政治概念。广义的政治包括狭义的政治,但较后者的涵盖面更广,不仅包括统治者的行为,也包括一般平民的行为;不仅包括人们现实的活动,也包括对未来社会的构想。从广义的政治概念出发,人与人之间的任何互动行为,都会对社会的发展产生影响。因此,《论语·为政》不仅讲如何为官,而且讲如何为孝、识人、与人相处等问题。

第一段讲学与思的关系。这里的"学",不仅是从老师讲授中学习,更重要的是从"三人行"中学习,也就是从社会中学习。"学而不思则罔",说的是在这样的学习活动中,单纯地接受知识、模仿行为是不够的,还必须自觉地进行思考、辨析,否则就会陷入迷茫。为什么呢?因为生活中许多知识和行为是相互矛盾的,只有通过思考才能明白其中的真正含义。比如《论语·先进》记载的一个故事。子路问孔子:"听到一件事马上就去做吗?"孔子说:"你爸你哥还活着,怎么能听到就做呢?"意思是要先请教一下父兄。过了一会,冉有进来问同样的问题,孔子却说:"听到就做。"两个人问话的时候,孔子的另一个学生公西华一直在旁边,就非常不解地问孔子,为什么同一个问题却给出两种不同的回答。孔子解释说,冉有胆小,所以要鼓励;子路莽撞,所以要压制一下。生活中类似的现象很多,如果不思考,就难免陷入迷茫。"思而不学则殆",这里的"殆",包含两个含义,一个是"疲惫",一个是"危险"。只思考,不学习,许多前人已经解决的问题,你都从头做起重新解决,必然是费时费力,事倍功半,所以会使人疲惫。有时候还不仅仅是费时费力的问题,还有可能出现错误,以此行动就可能给自己带来危害。

　　第二段讲什么是聪明智慧。孔子告诉子路说:"由!我今天告诉你什么叫作智慧!知道就是知道,不知道就是不知道,这才是真正的智慧。"从这段话的语气看,孔子似乎有点生气。《史记·仲尼弟子列传》记载"子路性鄙,好勇力,志伉直",在成为孔子的弟子之前,曾经欺凌孔子。根据资料记载,孔子的父亲叔梁纥是鲁国有名的勇士,孔子继承了父亲的英勇,身高九尺三寸(相当于今天1.9米以上),臂力过人。以孔子的体魄和才干,并且大子路九岁,尚且为子路欺凌,子路的威猛可想而知。子路性子粗野,缺乏理性,难免会不懂装懂假装聪明,孔子可能是针对他出现的问题教育他。这段话既适用于一般的学习知识,更重要的是适用于在社会上做事。如果不明白的事情却要假装明白,在实践中必然会犯错误,从而给自己和周围的人带来危害。

　　第三段讲为官之道。"干禄",字面意思是谋求俸禄,也就是涨工资。怎么才能涨工资呢?自然是要升职。所以这句话的意思,也可以理解为升官发财。学生请教怎样才能升官发财,孔子说关键是三点。一是多听多看,也就是多了解情况。按现代的说法,就是要多做调查研究。二是要阙疑阙殆,也就是把自己不懂的、不明白的、不知道怎么做的东西放在心里,既不要说更不要做,这样就能少犯错误。三是慎言其余、慎行其余,也就是谨慎地说出自己理解的东西,实践自己明白的事情,这样工作就容易取得成效。少犯错误,多出成效,自然就容易升职加薪了。孔子这段话是针对子张的问题而言,但是这段话表现的思维方式却远远超出了为官之道的范畴。在人类初年,人类的视野中遍布各种未知的问题,如世界是怎么形成的?人类是怎样诞生的?为什么会刮风、下雨、打雷、闪电?等等。如何对待这些问题,或者说解决这些问题的方法,奠定了一个民族文化的基础。世界上大多数民族都是靠本能应对,也就是依靠想象。比如,古希腊人普遍认为世界是由某种原质构成的。泰勒斯说"万物是由水做成的";克西美尼说"基质是气";色诺芬尼说"相信万物是由土和水构成的";赫拉克利特则认为,世界"过去、现在和未来永远是一团永恒的活火"……把现实中的具体事物作为万物起源的观点,显而易见会产生难以自圆其说之处,于是人们转而从抽象的概念中寻找出路,最终的结果就是各种神和宗教的诞生。为什么中华文化没有产生宗教?就在于孔子及其先贤们这种思维方式。《论语》说"子不语怪力乱神",因为"怪力乱神"说不清楚,所以需要阙疑阙殆,先存疑,先不说,等有资料能说清楚的时候再说。如果不具备说清楚的条件却要硬说,那就只能是想着说,最终的结果就会同世界上大多数文化一样,走上宗教的道路。

(三)修身的理想

里仁篇的"里",指的是居所;里仁,字面意思是居住在仁,引申为修身的目的就是成为仁者。

第一段讲君子对于富贵和贫穷的态度,这一点我们在解读《论语·学而》第三段选文时已经谈过。这一段选文的重点是讲君子应该如何对待富贵和贫穷,核心就是人们经常说的"君子爱财取之有道",也就是要遵循正道。比如,贫穷者巴结权贵可以得到钱财,经商者行贿权贵可以赚钱,为官者收受贿赂可以富贵,但是这些行为违反道德所以君子不为。君子在任何情况下,即便是仓促之间、颠簸之时,都要使自己的行为始终符合仁德的规范。

第二段讲明白做人道理的重要性。"朝闻道,夕死可矣",短短七个字,却蕴含着深刻的人生哲理。在人类初年,大多数人仍然像动物一样生活,没有明确的人生目标,一切行为都依靠本能驱使。只有少数智者和在生活中遭受重大挫折的人,才开始思考人何以为人的问题。西晋人周处出身官宦家庭,年轻时臂力过人,好勇斗狠,肆欲相邻。当地南山有一只猛虎,河里有一只蛟龙,人们将其与周处一起称为"三害"。周处听人说猛虎和蛟龙的危害,就入山杀死猛虎,下河与蛟龙争斗了三天三夜,一直漂流到离开家乡几十里的地方才击杀了蛟龙。周处满心以为自己为家乡除了大害,回来后却发现人们正在庆贺他和猛虎、蛟龙的死去。身心疲惫的周处找到当时一位有名的儒者,向他倾诉了自己的苦闷和委屈。儒者告诉他做人的道理,并用"朝闻道,夕死可"这句话鼓励他。周处痛改前非,潜心学习,最终成为西晋一代名臣。

第三段讲孔子学说的核心精神。孔子说他的学说有一个一以贯之的核心,曾子说这个核心精神就是"忠恕"。什么是"忠恕"?关于"忠",我们在《论语·学而》第二段选文中已经接触过,曾参也就是本节选文的曾子,每天反省的一个内容,就是"为人谋而不忠乎",当时我们讲了尽心为人为忠。以往研究认为,《论语·雍也》中孔子所说的"己欲立而立人,己欲达而达人",是对"忠"最合理的解释,意思是自己想站起来就要想着让别人也站起来,自己想事事顺达就要想着让别人也事事顺达。关于"恕"的含义,孔子在《论语·卫灵公》已经做了明确的说明。当时子贡问孔子:"有没有一句话可以作为人终身奉行的准则?"孔子回答说:"有的话大概就是'恕'吧!己所不欲,勿施于人。"作为孔子学说的核心,"忠"是从积极的方面而言,是人修身的最高标准;"恕"是从消极的方面而言,是对人修身的基本要求,也就是做人的底线。孔子认为一个人修身的最高境界是"仁",在《论语·颜渊》中,孔子的学生樊迟问孔子什么是仁,孔子回答说"爱人"。爱人,就是要爱自己的同类,这是人与动物的根本区别。孔子把"仁"作为人修身的目标,就是要人摆脱兽性趋向人性。在现实生活中如何做到"爱人"呢?就是要力行"忠恕",要努力做到"己欲立而立人,己欲达而达人",最起码也要做到"己所不欲,勿施于人",这就把"仁"这个修身目标进一步具体化。

(四) 修身的经验

《论语·述而》的内容是孔子讲述自己修身的经验体会。修身的过程也就是人生的经历过程,会遇到各种各样的问题,对这些问题的思考和解决,就构成修身的经验。本教材节选了三段文字,介绍和解读这方面的内容。

第一段讲学习方面的体会。孔子讲了三个方面的体会,首先是"默而识之"。"默",指默默地、静静地,也就在别人不知道的情况下把所见所闻中有价值的东西记在心里,这是一种学习方法。其次是"学而不厌",即学习知识永不满足,永远保持旺盛的求知欲,这是一种学习态度。第三是"诲人不倦",即教导别人永不厌倦,始终保持充足的耐心,这也是一种态度。这里需要注意的是孔子讲这三个体会的背景。孔子在当时已经是知识渊博的智者,面对孔子这样杰出的人才,包括他的学生在内的许多人都认为他是天生的圣人。孔子在这里强调他的学习方法和态度,有一个目的就是告诉学生,他的博学多识不是天生的。《论语·述而》中孔子还有三段与此相关的话,第一段是"我非生而知之者,好古,敏以求之者也",明确地表明自己不是什么天才,不是一出生就知道一切,只不过是喜欢古代文化,勤勉地学习才掌握了众多知识。第二段是"盖有不知而作之者,我无是也。多闻择其善者而从之,多见而识之。知之次也",也就是再次强调自己不是生而知之。自己靠什么呢?靠多闻多见,把其中好的东西默默地记下来,这是一种仅次于生而知之的智慧。第三段是"如果说到'圣'和'仁',我怎么敢当呢?不过是学习不知道满足,教导人不知道倦怠,也就是这样罢了"。为什么孔子把"诲人不倦"也作为一种修身经验呢?《礼记·学记》说:"学然后知不足,教然后知困。知不足然后能自反也,知困然后能自强也。故曰:'教学相长'也。"也就是说,教导别人的过程也是教育者学习提高的过程,教和学对于教育者而言实际是一回事。孔子正是在这个意义上,把"诲人不倦"作为自己的修身体会。孔子讲学习方法和学习态度,根本的目的就是要告诉学生,世上没有什么天才,学习好的人只不过是有好的学习态度和掌握了好的方法。

第二段讲自己平时思考的问题。孔子讲了四个他平时反复思考的问题。第一个问题是"德之不修",也就是有的人不重视培养品德,把"德之不修"放在首位,说明孔子修身的重点在培养品德,也就是人格的完善。第二个是"学之不讲","学"在此处指学问,古代的学问主要指做人的学问;"讲"指讲习,包括自己践行和向别人传播两个方面,自己践行也是一种传播方式,所以这个问题可以理解为不重视传播学问。第三个是"闻义不能徙",就是听到义之所在不能奔向那里。第四个是"不善不能改",就是知道自己哪里错了却不能改正。四个问题的逻辑关系,即培养品德是根本目的,传播品德、奔赴道义和闻过即改是培养品德的具体路径。同样是修身思考的问题,我们可以把孔子思考的四个问题和前面曾参每天思考的三个问题比较一下,曾参的"传不习乎"与孔子的"学而不讲"类同,其他两个问题则是孔子"德之不修"的两个具体问题。相比较而言,孔子的问题更抽象概括,意味着内涵更大;更具有逻辑层次,也就是更具有可行性、适用性。这就是老师和学生的差别,核心是思维格局的差别。

第三段讲如何看待生活条件。孔子说:"吃粗粮,喝凉水,弯起胳膊当枕头,快乐就在这样的生活之中。做着不符合道义的事,过着富贵权势的生活,对于我来说就像浮云一般毫无意义。"孔子这段话用了对比的手法,比较两种不同的生活。一种是条件简陋,孔子觉得乐在其中;一种是条件优越,但通过不符合道义的方式获得,孔子认为毫无意义。同类的问题在《论语·学而》第三段选文和《论语·里仁》第一段选文中已经讲过,说明这个问题是孔子时代困扰人们的普遍问题。从今天来看,这个问题可以说是人类生活永恒的问题,每一个时代每一个人都必然面对的问题。孔子之所以宁愿过贫穷的生活而不愿过富贵的生活,根本的原因在于前者符合道义后者违背了道义,所以道义是孔子看待生活条件的根本标准。孔子为什么能够在简陋的生活条件下仍然保持快乐,是因为孔子和众多的先贤心中有着更重要的追求,他们修身不是为了自己有多么好的生活,而是让天下老百姓都过上好日子。孔子及其先贤们在不违背道义的前提下愿不愿意过上富裕的生活呢?答案是肯定的。但是,在物质普遍匮乏的社会条件下,一个心系天下苍生的人由于把精力用在社会整体的发展上,个人自然难以获得较好的生活条件,所以先贤有名言:"贫者,士之常。"其中的道理,也就是马克思主义者所说的:"无产阶级只有解放全人类,才能最终解放自己!"

讨论

笑与哭的选择

在十多年前的一档相亲节目中,有一位男青年问年轻的女大学生说:"你愿意坐在我的自行车后面过一辈子吗?"女大学生回答说:"我宁愿坐在宝马车里哭,也不愿意坐在自行车后面笑!"这句话出来以后,在社会上引起强烈的反响。

请从思维方式的角度,分析女大学生这句话产生的原因,并谈谈你对这句话的看法。

思考

1.学与思的关系,可以分为学而不思、思而不学、不学不思、亦学亦思四种类型,你属于哪种类型?需要如何改进?

2.如果人人都能做到"己欲立而立人,己欲达而达人;己所不欲,勿施于人",那么,这个社会将会发生哪些变化?你是否希望有这种变化?为什么?

任务三 《礼记》——为人的准则

 导读

《礼记》又名《小戴礼记》《小戴记》,成书于西汉,相传为西汉礼学家戴圣所编。该书不是一人在某一特定时间所写的专著,而是从春秋战国到西汉初期这一时期内诸多儒家学者关于礼制的单篇文章结集(论文集)。编辑这个文集的是汉宣帝(前73—前48)时的戴德和他的侄儿戴圣,他们各编了一个选本,戴德编的选本有八十四篇(世称《大戴礼记》),戴圣编的选本有四十九篇(世称《小戴礼记》)。汉末马融对小戴礼记作了修订重编,又由郑玄为它作注,一直流传下来,现在我们所读的《礼记》就是经马融重编、郑玄作注的《小戴礼记》。

《礼记》是中国古代一部重要的典章制度选集,共计二十卷四十九篇,九万九千多字。书中内容主要写先秦的礼制,可分四大类:第一类是阐述礼乐制度的性质、功能等一般理论,属于现代所谓"通论"的性质;第二类记述古代礼俗制度,包括居处、执事、事亲、丧葬、吊问、饮食、教育、待人接物等礼俗,以及先王班爵、宴会、祭祀、受禄、体育竞技、养老送终等;第三类是解释《仪礼》,它和作为《礼经》的《仪礼》的区别在于《仪礼》记载各种礼仪的内容和程序,而《礼记》中这一部分则侧重阐述各种礼仪形式的意义;第四类记录一些名儒的生活和言行。礼记的思想内容十分丰富,包含了古代社会政治、伦理、经济、教育、哲学、宗教、美学等许多方面。在哲学思想方面,《礼记》集中体现了天人合一的"天道观"、宇宙生万物的"宇宙观"和修身养性的"人生哲学";在教育思想方面,《大学》《学记》《中庸》三篇集中反映了《礼记》的教育思想,尤其是《学记》,为中国古代教育理论的发展树立了典范,成为中国"教育学的雏形";在政治思想方面,《礼记》进一步发挥孔子儒家"以教化政"的原则,在政教合一并无其他外力可制约政治权力的条件下,欲借宗法社会中可借用的力量并对其加以改造来制衡政治权力。在美学思想方面,《乐记》提出了物动心感说、礼主乐辅说、礼乐中和说、礼乐仁义说、礼乐昌德说、礼乐辅政说、礼乐治心说、观乐知风说、乐者乐也说等诸多美学观念,为我国古代美学理论奠定了重要的基础。

　　《礼记》作为儒家经典的重要著作,对中国历史发展和文化传承产生了深远影响。该书中对礼仪制度的详尽论述,对华夏礼乐文明传承起到了重要的奠基作用,在宋代之后,《礼记》位居"三礼"之首,成为当时社会的最高典范之一。《礼记》所阐述的礼乐制度在中国历史上曾发生重大影响,有些至今仍有借鉴意义。例如,《礼运》篇里阐述的"大同之世""天下为公"的社会理想,就概括而明晰地反映了劳动人民的普遍愿望和要求。孙中山先生以"天下为公"号召同盟会取得了辛亥革命的伟大胜利,以后又以此领导国共两党取得联合北伐的胜利。又如《礼记》中所宣扬的维护血缘关系和宗法制度的伦理思想,在抗日战争时期,激励了我国几百万乃至千万青年儿女"为国尽忠,为民族尽孝",奔赴前线,奋勇杀敌,助推彪炳史册的抗日战争的伟大胜利。此外,《礼记》中还有许多自我道德修养的理论,有些时至今日仍有很大的借鉴意义,成为中华民族向世界文化宝库贡献的珍贵遗产。

选文

学　记

（一）玉不琢,不成器。人不学,不知道①。是故古之王者,建国君②民,教学为先。《兑命》③曰:"念终始典于学④。"其此之谓乎!

（二）虽有嘉肴,弗食,不知其旨⑤也。虽有至道⑥,弗学,不知其善也。是故学然后知不足,教然后知困⑦。知不足,然后能自反⑧也;知困,然后能自强也。故曰:教学相长也。《兑命》曰:"敩学半⑨。"其此之谓乎!

（三）古之教者,家有塾,党有庠,术有序,国有学。⑩比年⑪入学,中⑫年考校。一年视离经辨志,三年视敬业乐群,五年视博习亲师,七年视论学取友,谓之"小成"。

九年知类通达,强立而不反,谓之"大成"。夫然后足以化民易俗,近者说服而远者怀之,此大学之道也。《记》曰:"蛾子时术之[13]。"其此之谓乎!

(选自《礼记·学记第十八》)

译文

(一)玉石不经过琢磨,就不能成为器物。人不经过学习,就不会明白道理。所以古代的君王,建立国家,领导民众,首先要设学施教。《尚书·兑命》中说:"要始终想着学习典籍。"这里讲的正是这个道理。

(二)即使有最美味的饭菜,不吃就不知道它的味道。即使有最美好的道理,不学就不知道它的用处。所以,学习之后才能知道自己的不足,教人之后才知道自己不懂的地方。知道了自己的不足,然后才能回过头学习;知道了自己不懂的地方,然后才能努力学习。正是因为这个原因人们才说:教和学是相互促进的。《尚书·兑命》中说:"学与教是同一事物的两个方面。"这里讲的正是这个道理。

(三)古代的教育场所,以"闾"为单位建立的称为"塾",以"党"为单位建立的称为"庠",以"遂"为单位建立的称为"序",天子和诸侯在国都建立的称为学。每年吸收新学生进入学校,每隔一年对学生进行一次考试。第一年考查学生对经文断句、分章和记忆的情况,第三年考查是否专心学习、亲近同学,第五年考查是否学习广博、亲近老师,第七年考查研讨学问、识人交友的能力。通过以上考试,就称为学业"小成"。第九年如果能够触类旁通、信念坚定、不违反师教,就称为学业"大成"。学业大成以后,就能够教化民众、移风易俗,使身边的人心悦诚服,使远方的人衷心向往,这就是大学教育人的最终目的。古书上说:"蚂蚁不停地衔土,最终垒成了土丘。"这里讲的正是这种积渐为功的道理。

乐 记

(一)凡音之起,由人心生也。人心之动,物使之然也。感于物而动,故形于声。声相应,故生变,变成方①,谓之音。比②音而乐之,及干戚羽旄③,谓之乐。

(二)乐者,音之所由生也,其本在人心之感于物也。是故其哀心感者,其声噍以杀④;其乐心感者,其声啴⑤以缓;其喜心感者,其声发以散⑥;其怒心感者,其声粗以厉⑦;其敬心感者,其声直以廉⑧;其爱心感者,其声和以柔。六者非性也,感于物而后动。是故先王慎所以感之者。故礼以道其志,乐以和其声,政以一其行,刑以防其奸。礼乐刑政,其极⑨一也,所以同民心而出治道也。

(三)人生而静,天之性也。感于物而动,性之欲也。物至知知⑩,然后好恶形焉。好恶无节于内,知诱于外,不能反躬,天理灭矣⑪。夫物之感人无穷,而人之好恶无节,则是物至而人化物也。人化物也者⑫,灭天理而穷人欲者也。于是有悖逆诈伪之心,有淫泆作乱之事。是故强者胁弱,众者暴寡,知者诈愚,勇者苦怯,疾病不养,老幼孤独不得其所,此大乱之道也。是故先王之制礼乐,人为之节;衰麻哭泣,所以节丧纪也;钟鼓干戚,所以和安乐也;昏姻冠笄,所以别男女也;射乡食飨,所以正交接也。礼节民心,乐和民声,政以行之,刑以防之,礼乐刑政,四达而不悖,则王道备矣。

(选自《礼记·乐记第十九》)

译文

(一)大凡"音"的形成,都是由人心的感情所产生。人的感情之所以产生变化,是由外物造成的。人的感情受外物影响发生变化,表现为口中发出的"声"。不同的声相互呼应,于是就发生变化,形成一定的节奏,这种有节奏的"声"就叫作"音"。按照"音"的节奏用乐器演奏,手持干戈羽旄随着节奏舞蹈,这种形式就叫作"乐"。

(二)"乐"是由"音"产生的,它的本原在于人心被外物所感动。因为这个原因,受外物所感产生的悲哀之情,发出的"声"急促而衰微;受外物所感产生的快乐之情,发出的"声"就安适而舒缓;受外物所感产生的欢喜之情,发出的"声"就悠扬而舒畅;受外物所感产生的愤怒之情,发出的"声"就粗暴而凌厉;受外物所感产生的恭敬之情,发出的"声"就正直而清亮;受外物所感产生的爱怜之情,发出的"声"就平和而温柔。这六种情感并非出自人的本性,而是受外物所感后产生。由于这个原因,历代君王都非常看重外物感化人的作用。所以用"礼"引导人们的志向,用"乐"调和人们的声音,用"政"统一人们的行为,用"刑"防止人们的奸邪。礼乐政刑,它们的目的是一致的,都是为了统一民众的思想行为而提出的治理方法。

(三)人生来喜欢安静,这是人的自然天性。受到外物的影响情感发生变化,是人的天性产生的欲求。外物到来被心智感知,于是就形成好恶之情。好恶之情在内心得不到节制,心智又受外物诱惑,不能回过头约束情感,人的天性就泯灭了。外物对人的影响是无穷无尽的,如果人内心的好恶之情得不到节制,那么接触外物就会被外物感化。人被外物感化的结果,就是天性泯灭无穷尽地追求欲望。于是就会产生狂悖、叛逆、欺诈、作假的想法,出现荒淫、佚乐、犯上、作乱的行为。因此,就会出现强者威胁弱者,多数人欺侮少数人,聪明人欺骗老实人,强悍的人折磨懦弱的人,有病的人得不到治疗,老人、幼童、孤儿、寡母无法安身,这就是导致天下大乱的原因。所以古代圣王制定礼乐,就是为了规范人们的行为。关于衰麻哭泣的礼制,是用来节制丧葬中的行为;关于钟鼓干戚的礼制,是用来协调庆贺中的行为;关于婚姻冠笄的礼制,是用来区别男女的行为;关于射乡食飨的礼制,是用来规范交往中的行为。用礼节制民心,用乐协调民声,用政统一行为,用刑防止奸邪。礼、乐、刑、政四种制度通达协调,也就具备了王道之治的条件。

选文

中 庸

(一)天命①之谓性,率性之谓道②,修道之谓教③。道也者,不可须臾④离也,可离非道也。是故君子戒慎乎其所不睹⑤,恐惧乎其所不闻⑥。莫见乎隐⑦,莫显乎微,故君子慎其独也⑧。喜怒哀乐之未发⑨,谓之中⑩;发而皆中节⑪,谓之和⑫;中也者,天下之大本也⑬;和也者,天下之达道也⑭。致中和⑮,天地位焉⑯,万物育焉⑰。

(二)君子素其位而行⑱,不愿乎其外。素富贵,行乎富贵;素贫贱,行乎贫贱;素夷狄,行乎夷狄;素患难行乎患难,君子无入而不自得焉。在上位不陵下,在下位不援上⑲,正己而不求于人,则无怨。上不怨天,下不尤人。故君子居易以俟命⑳,小人行险以徼幸。子曰:"射有似乎君子,失诸正鹄㉑,反求诸其身。"

(三)诚者㉒,天之道也;诚之者㉓,人之道也。诚者不勉而中,不思而得,从容中道,圣人也。诚之者,择善而固执㉔之者也。博学之,审问之㉕,慎思之,明辨之,笃行之。有弗学,学之弗能,弗措也㉖;有弗问,问之弗知,弗措也;有弗思,思之弗得,弗措也;有弗辨,辨之弗明,弗措也;有弗行,行之弗笃,弗措也。人一能之己百之,人十能之己千之。果能此道矣。虽愚必明,虽柔必强。

(选自《礼记·中庸第三十一》)

译文

(一)先天具有的禀赋叫作"性",遵从本性做事叫作"道",按照道的原则修正行为叫作"教"。道是不可以片刻离开的,如果可以离开就不是真正的道。因为这个原因,君子在人们看不见的地方会更加谨慎,在人们听不见的地方会更加小心。为了不在人们看不见的地方违背道,不在细小的事情上违背道,君子非常注意自己独处时的行为。喜怒哀乐没有表现出来的时候叫作"中",表现出来以后都能符合节度叫作"和"。中是人类的基本天性,和是人类修身追求的最高目标。达到中和的境界,人就能各得其所,万物就能繁衍生长。

(二)君子要从所处的地位出发做能够做的事,不能想着去做力所不及的事。身处富贵就做富贵者能做的事,身处贫贱就做贫贱者能做的事,身处夷狄就做夷狄人能做的事,身处患难就做患难人能做的事;君子不会在哪种情况下而不能怡然自得。身居上位不欺凌下位者,身居下位不巴结上位者,严格要求自己而不苛求别人,就不会招来怨恨。上不抱怨天,下不怪罪人。所以君子安身处世应对命运,小人铤而走险企求侥幸。孔子说:"射箭类似于君子之道,没有射中靶,就要回头检查自身的问题。"

(三)真诚是天的法则,追求诚实是人的法则。天生真诚的人,不用努力就能达到,不用思考就能获得,自然而然就能符合天的法则,这样的人就是圣人。追求真诚的人,就是选择善行并锲而不舍地践行的人。这就需要广泛地学习,详细地询问,周密地思考,明晰地辨别,忠实地实践。有的可以不学,但需要学的没有学会就不能中止。有的可以不问,但需要问的没有问明白就不能中止。有的可以不思考,但需要思考的没有想出结果就不能中止。有的可以不辨别,但需要辨别没有辨别分明就不能中止。有的可以不做,但需要做的没有做好就不能中止。别人用一分努力做的,我用百倍的努力去做;别人用十分努力做的,我用千倍的努力去做。如果真能这样做,即使愚笨的人也一定会变得聪明,即使柔弱的人也一定会变得刚强。

选文

大 学

(一)大学之道①,在明明德②,在亲民③,在止于至善④。知止而后有定⑤,定而后能静⑥,静而后能安⑦,安而后能虑⑧,虑而后能得⑨。物有本末,事有终始。知所先后,则近道矣。

(二)古之欲明明德于天下者,先治其国。欲治其国者,先齐其家⑩。欲齐其家者,先修其身⑪。欲修其身者,先正其心。欲正其心者,先诚其意。欲诚其意者,先致其知⑫。致知在格物⑬。物格而后知至,知至而后意诚,意诚而后心正,心正而后身修,身修而后家齐,家齐而后国治,国治而后天下平。自天子以至于庶人⑭,壹是皆以修身为本⑮。其本乱而末治者否矣⑯。其所厚者薄⑰,而其所薄者厚⑱,未之有也⑲。

(三)所谓诚其意者⑳,毋㉑自欺也。如恶恶臭㉒,如好好色㉓,此之谓自谦㉔。故君子必慎其独也㉕!小人闲居㉖为不善,无所不至,见君子而后厌然㉗,掩㉘其不善,而著㉙

其善。人之视己,如见其肺肝然,则何益矣。此谓诚于中㉚,形于外。故君子必慎其独也。曾子曰:"十目所视,十手所指,其严乎!"富润屋德润身㉛,心广体胖㉜。故君子必诚其意。

(选自《礼记·大学第四十二》)

译文

(一)"大学"的宗旨在于弘扬光明正大的品德,在于使人热爱人民,在于使人达到最完善的境界。知道应达到的境界才能够志向坚定,志向坚定才能够虚心静气,虚心静气才能够心安理得,心安理得才能够思虑周详,思虑周详才能够有所收获。每个物体都有根本有枝末,每件事情都有开始有终结,明白了本末始终的道理,就接近事物发展的规律了。

(二)古代那些要想在天下弘扬光明正大品德的人,先要治理好自己的国家;要想治理好自己的国家,先要管理好自己的家庭;要想管理好自己的家庭,先要修养好自身的品性;要想修养好自身的品性,先要端正自己的心思;要想端正自己的心思,先要使自己的意念真诚;要想使自己的意念真诚,先要使自己获得智慧;获得智慧的途径在于研究事物的规律。掌握事物的规律才能获得智慧,获得智慧才能意念真诚,意念真诚才能心思端正,心思端正才能有良好修养,有良好修养才能管理好家庭,管理好家庭才能治理好国家,治理好国家才能使天下太平。上自天子下至平民百姓,人人都要以修养品性为根本。如果这个根本被扰乱了,家庭、国家、天下要治理好,是完全不可能的。应该重视的得不到重视,不应该重视的却被重视,本末倒置却想获得成功,从来都不会有这样的事!

(三)所谓的使意念真诚,就是不要自己欺骗自己。就像厌恶腐臭的气味,就像喜爱美丽的女人,这些说的都是自己内心真实的感受。所以,君子一定要重视自己独处时候的行为。一般人私下里做不好的事情,毫无顾忌,见到有修养的人就很不自然,掩盖不好的事情只说好的事情。每个人看自己的行为,就像能看到自己的心肺肝脏一样清楚,掩盖有什么用处呢!这就叫作内心真诚,外在行为也一定真诚。所以君子一定要重视自己一个人独处时候的行为。曾子说:"十只眼睛看着,十只手指着,这难道不令人畏惧吗?"财富可以装饰房屋,品德可以修养身心,心胸开阔才能身体健康,所以君子一定要使自己的意念真诚。

《礼记》成书于汉代,内容汇集了汉以前的典章制度以及有关制定典章制度的宗旨、目的和方法方面的文章。《礼记》共四十九篇,本教材节选了其中学记篇、乐记篇、中庸篇和大学篇的部分内容,希望通过这些选文使同学们对这部经典有所了解,现分别予以解读。

(一) 为学之道

《学记》是一篇专门论述教育和教学问题的文章,内容包括教育的目的及作用,教育和教学的制度、原则和方法,教师的地位和作用,教育过程中的师生关系以及同学关系等。

选文第一部分讲教育和教学活动产生的原因。开篇采用比喻的手法,先说玉石不经过雕琢不能成为器物,由此引出人不经过学习就不能知道道理。玉石在这里指的是璞玉,就是没有经过加工处理的玉石,也称为璞石。没有经过加工的璞石与一般石头没有太大区别,有的璞石内里有玉,有的则没有。正是因为这个原因,春秋时期楚国人卞和两次向国王进献玉石都被认为是欺骗,每次都被砍掉一只脚。第三次国王看他这么坚持,就让人对他进献的璞石进行开解加工,最终形成了历史上有名的和氏璧。璞石一经雕琢立刻价值连城。人不学习只不过是自然生物,经过学习就可能成为国之栋梁。通过这样的比较,学习的重要性立刻凸显出来。正是因为学习有如此重要的作用,所以古代的君王为了使国家长治久安,都把教育放在第一位。《尚书·兑命》中说"要始终想着学习典籍",讲的就是这个道理。

选文第二部分讲学习的方法。仍然是采用比喻的手法,先说一个大家熟悉的事实:即使有再美好的食物,一个人如果不去品尝,就永远不会知道食物味道的美妙。随之引出一个道理:即使有天下最高明的学说,一个人如果不去学习它,就永远不会知道它的高明之处。这里主要是劝学,因为人天生的思维方式是形象思维,如大家都喜欢看电影看电视,小孩子也不例外。看书对许多人来说就有点犯难,因为看书学习是理性思维,是后天形成的。理性思维活动难,但是正是理性思维的发展,才使人能够脱离了动物属性,成为真正的人。所以说,学习是人之为人的基本路径。劝学之后,开始讲学习和教学的规律:只有经过学习才能知道自己的不足处,只有在教别人的过程中才能发现自己不明白的地方。知道了自己的不足,才能回过头学习,补上不足的地方;发现了自己不明白的地方,才能返回头学习,把不明白的地方搞明白。知道不足补上不足,发现不明白把这个地方搞明白,在这个过程中人的学识就会得到增长,正是因为这个原因人们才说:教别人学习和自己学习是相互促进的。《尚书·兑命》中说"学与教是同一事物的两个方面",讲的就是这个道理。

选文第三部分讲古代学校的设置和管理。首先讲学校的设置方法和名称。古代的学校按社会管理单位设置,每二十五家为一个基层管理单位,称为"闾",闾建立的学校称为"塾"。近代富裕人家为自家孩子建的学校称为"私塾",名称即就由此而来。每五百家为第二级管理单位,称为"党","乡党"一词就是由此转化而来,一个党建立的学校称为"庠"。每12500家为第三级管理单位,称为"遂",本文中称为"术",遂一级建立的学校称为"序"。天子和诸侯在国都建立的学校称为"学","国学"一词即由此而来,最初指的是学校。其次讲学校的管理。古代学校每年招收新学生入学,每隔一年对学生进行一次考试。第一年考查学生对经文断句、分章和记忆的情况,第三年考查是否专心学习、亲近同学,第五年考查是否学习广博、亲近老师,第七年考查研讨学问、识人交友的能力。四种考查实际上也就是四个阶段的学习内容和教学目的。通过了以上四次考试,就称为学业"小成"。第九年如果能够触类旁通、信念坚定、不违反师教,就称为学业"大成",即完成了学校教育。达到此阶段,就能够教化民众、移风易俗,使身边的人心悦诚服,使远方的人衷心向往,这就是古代大学教育人的最终目的。《学记》这本书可能很早就已经失传,现有的注释、翻译都无法说明其出处。选文引用《学记》中"蚂蚁不停地衔土,最终垒成了土丘"这句话,说明积渐为功的为学之道,其内涵可以从两个层面理解:一个是从个人学习的角度,强调的是持之以恒,久久为功;一个是从教育的角度,强调的是循序渐进,积渐为功。从现代教育的实际看,两个层面的内容反映了学习和教育的基本规律。

(二)音乐之道

《乐记》是一篇专门论述音乐的文章,包括音乐的原理、特点、社会作用等内容,是目前世界上最早、最系统地论述音乐的著作,对中国音乐的发展产生了深刻的影响。

选文第一部分讲音乐的产生过程和定义。文章提出,所有"音"的形成,都是由于人内心感情的变化所产生。人的感情之所以产生变化,是因为受到外部事物的影响。在这种影响下,人的感情首先表现为口中发出的"声"。不同的声相互呼应,于是简单的"声"就发生变化,由此形成一定的节奏,这种有节奏的"声"就叫作"音"。按照"音"的节奏用乐器演奏,手持干戚羽旄配合着节奏舞蹈,这样的形式就叫作"乐"。

在这段选文中,首先值得注意的是,文章提出的"声""音""乐"三个基本概念,这三个概念的含义与其现代用义有所不同。《乐记》中的"声"的含义,近似于现代的"声响";"音"的含义,近似于现代的"音乐"。差别最大的是"乐"的含义。从形式上讲,《乐记》中"乐"包括现代的音乐、舞蹈和歌唱三种形式;从内容上讲,《乐记》中"乐"除了包括一般意义上的音乐、舞蹈和歌唱的内容,主要指古代按照礼的规定制定的"乐"。中国古代,为了使社会从自然的无序状态进入有序的文明状态,在制定礼仪规定的同时,与之相对应地制定了一套系统的关于用乐的规定。比如,朝堂上欢庆用什么样的乐,诸侯家欢庆用什么乐,其他不同身份的人,以及不同的社交场合应该用什么乐,都有明确的规定。《论语·八佾》记载:鲁国大夫季氏让人演奏"八佾"的乐舞,孔子愤然道:"是可忍,孰不可忍也!"因为按周礼规定,"八佾"只能是周天子使用的,大夫只能用"四佾"的乐舞,用"八佾"便是"僭越"。为此孔子感叹说:"礼云礼云,玉帛云乎哉!乐云乐云,钟鼓云乎哉?"意思是礼难道只是敬献的玉帛之物,乐难道只击打的钟鼓之声? 其潜台词是:这些只不过是形式,最重要的是其中蕴含的伦理道德规范。所以在学习《乐记》时,需要仔细辨别这几个概念。其次值得注意的是,文章揭示的音乐产生的机理,即外物激发人的情感,情感外在表现为音乐。这种机理符合现代相关研究的结果,为音乐的各种社会作用提供了科学的基本理论基础。

选文第二部分讲音乐感化人情感的规律。文章首先提出,"乐"是从"音"发展而来的,根本的原因在于人心被外物感动所产生的情感。其次指出情感形成音乐的六种规律:悲哀之情发出的"声"急促而衰微,快乐之情发出的"声"安适而舒缓,欢喜之情发出的"声"悠扬而舒畅,愤怒之情发出的"声"粗暴而凌厉,恭敬之情发出的"声"正直而清亮,爱怜之情发出的"声"平和而温柔。这种认识显然来自对同类现象的认真观察总结,因而是符合现实的。比如人突然遇到悲哀的事,总是情不自禁地发出短促而极高的声音:啊!妈呀!天哪!开始声音很高,很快就由高转低,由呼天抢地转为低声抽泣,如此等等。再次特别强调,这六种情感并非出自人的本性,而是受外物所感然后产生,所以历代君王都非常看重外物感化人的作用。用"礼"引导人们的志向,用"乐"调和人们的声音,用"政"统一人们的行为,用"刑"防止人们的奸邪。礼乐政刑,它们的目的是一致的,都是为统一民众的思想行为而提出的治理方法。在这段选文中,值得重视的首先是关于外物感化人情感的规律,也就是说不同的外部事物和环境会激发人不同的情感。这种认识对音乐的运用具有明确的指导意义,如现代社会重视美育,不能笼统地提艺术教育,而必须根据受教育者的特点,有针对性地选择相应的艺术形式,才能起到应有的作用,否则很可能事倍功半甚至事与愿违。其次是把"乐"与"礼、政、刑"相提并论,作为一种治国方略的认识。因为只有在这个意义上,才能认识古代的"乐"与现代的音乐的不同,包括内涵和社会作用等不同方面。

选文第三部分讲用音乐治理社会的机理与方法。文章首先提出一个观点:人的天性喜欢安静,外物的影响导致人内心的情感发生变化,也就是产生躁动,由此产生各种欲求,于是就形成喜欢或者厌恶之类的情感。人的天性喜欢静还是喜欢动,在历史上一直存在争议,这类似于关于人性本善还是性本恶的争论。从现代相关研究看,人的天性既有好静的因素,也有好动的因素;从社会道德的角度评价,既有善的因素,也有恶的因素。所以以往关于人性好静还是好动、性本善还是性本恶的观点,都是从一方面因素出发的结果,都是不全面的。文章其次提出,好恶之情在内心得不到节制,心智又受外物诱惑,不能回过头约束情感,人的天性就泯灭了。天性泯灭就是不再喜欢安静,情感处于躁动状态,人完全被好恶之情控制,被外物所感化。人被外物感化的结果,就是无穷尽地追求各种欲望的满足。于是就会产生狂悖、叛逆、欺诈、作假的想法,出现荒淫、佚乐、犯上、作乱的行为。因此,社会上就会出现强者威胁弱者,多数人欺侮少数人,聪明人欺骗老实人,强悍的人折磨懦弱的人,有病的人得不到治疗,老人、幼童、孤儿、寡母无法安身,这就是导致天下大乱的原因。从现代相关研究的结果看,文章把天性与欲望对立起来、把欲望的产生完全归结于外物影响的认识是不全面的,因为诸如人的生死本能、好奇本能、性本能等都属于人的天性,都会产生相关的欲望,所以天性与欲望相关,欲望不完全是由外物引起。虽然文章关于欲望产生原因的论述不够全面,但是关于欲望得不到节制会造成危害的认识是合理的,因为人修养的根本目的就是要控制情感,用理性思维代替感性思维。在列举情感得不到节制的危害之后,文章再次提出,古代圣王制定礼乐就是为了规范人们的行为:关于衰麻哭泣的礼制,是用来节制丧葬中的行为;关于钟鼓干戚的礼制,是用来协调庆贺中的行为;关于婚姻冠笄的礼制,是用来区别男女的行为;关于射乡食飨的礼制,是用来规范交往中的行为。用礼节制民心,用乐协调民声,用政统一行为,用刑防止奸邪。礼、乐、刑、政四种制度通达协调,也就具备了王道之治的条件。这里的王道之治,从治理效果而言,与天下大乱相对;从治理方法而言,与霸道之治相对。其主要的特点,就是通过道德教化使民众自觉地遵守人与人之间礼仪,从而达到天下大治的目的。如何才能实现这一点呢?礼乐教育就是最重要的方式。孔子提出人才成长的三部曲是"兴于诗,立于礼,成于乐",就是因为礼乐教育能够使人在快乐的过程中把礼仪变成内在的行为规范,成为自觉的行动。正是因为这个原因,中华传统文化非常重视以德治国。改革开放初期,我国曾经存在以德治国与依法治国的争论,实际上片面地强调任何一种因素都是错误的。这篇写于两千多年前的文章,把"礼、乐、刑、政四种制度通达协调"作为王道之治的前提条件,中华文化的悠久和优秀由此可见一斑。

(三) 中庸之道

《中庸》是一篇专门论述儒家修身之道的文章。南宋将其从《礼记》中择出,与《论语》《孟子》《大学》一起,合称"四书"。从元代开始直到清代"四书"成为官定的学校教科书和科举考试的必读书,在中国古代社会产生了极大的影响。

选文第一部分是《中庸》开篇第一章,内容分为三小节,主要讲修身的基本方法和目的。第一小节讲修身的三个基本概念。文章提出,先天具有的禀赋叫作性,遵从本性做事叫作道,按照道的原则修正行为叫作教。关于"性"的解释容易理解,这里值得注意的是关于"道"和"教"两个概念的解释。在《论语》导读中我们介绍过,孔子一以贯之的道是"忠恕",是需要克制人的天性才能努力达到的。这里把率性做事称为道,这种认识显然建立在《乐记》中提到的"人生而静,天之性也"的基础之上,也就是把人性善作为前提条件,所以这种认识与孔子的主张存在差异。"教"一般指教化,是从施教者而言。此处说"修道之为教",显然不仅包括施教者的教化,也包括受教者的个人修养,从结果而言,二者均属于教化的范畴。第二小节从"道也者"至"是故君子慎其独也",主要讲君子修身的基本方法。文章首先提出一个观点:道是不可以片刻离开的,如果可以离开就不是真正的道。怎样才能做到片刻不离开道呢?文章给出的方法是:君子在人们看不见的地方会更加谨慎,在人们听不见的地方会更加小心。为了不在人们看不见的地方违背道,不在细小的事情上违背道,所以君子非常注意自己独处时的行为。这里提出的"慎独"概念,是传统文化中人格修养的重要方法,即重视个人独处时的行为。为什么修身需要"慎独",因为在没有外部监督的情况下,人往往会随心所欲,从而违背修身的宗旨。第三个小节从"喜怒哀乐之未发"至全段结束,讲中庸概念的基本内涵,也就是修身的目的。文章提出,喜怒哀乐没有表现出来的时候叫作"中",表现出来以后都能符合节度叫作"和"。中是人类的基本天性,和是人类修身追求的最高目标。达到中和的境界,人就能各得其所,万物就能繁衍生长。中庸的"中",指的就是中和;"庸",有"用"和"常"两种解释,何晏《论语集解》称:"庸,常也,中和可常行之道。"因此,中庸就是中和的运用,指待人接物不偏不倚,恰到好处。中庸是儒家修身的最高境界,所以孔子在《论语·雍也》中说:"中庸之为德也,其至矣乎。"

选文第二部分是《中庸》的第十四章,主要讲致中和的一种具体方法,即素位做事,反身求己。文章首先指出,君子修身要从自己所处的地位出发做能够做的事,不能想着去做力所不及的事。也就是说,虽然人的社会地位不同,但都可以修炼中庸之道,关键是要从自己的地位出发做事。身处富贵就做富贵者能做的事,身处贫贱就做贫贱者能做的事，身处夷狄就做夷狄人能做的事，身处患难就做患难人能做的事，总而言之，不论身处什么地位，不论在什么环境下，都要努力保持怡然自得的心态。文章接着提出不同地位的人实践中庸之道的具体方法，就是身居上位不能欺凌下位者，身居下位不巴结上位者，遇事严格要求自己而不苛求别人，这样就不会招来怨恨，周围没有人怨恨，人就容易保持良好的心态。文章最后总结致中和的基本要求，即上不抱怨天，下不怪罪人。君子按照这个原则行事，安身处世应对命运，小人却总是铤而走险乞求侥幸。孔子说："射箭类似于君子之道，没有射中靶，就要反回头检查自身的问题。"在这里，不怨天、不尤人是基本要求，从自己身上查找原因是具体方法，二者合在一起，构成现实生活中修身遇到问题时具体的解决方法。在现实生活中，我们往往不能改变环境，不能改变他人，但我们可以改变自己；我们也是环境的一种因素，我们通过改变自己，也就在一定程度上改变了环境，改变了他人。这就是第一部分选文中讲的："致中和，天地位焉，万物育焉。"

选文第三部分节选于《中庸》第二十章，讲的是致中和的求诚之道，即真心待人，诚心做事。选文的背景是鲁哀公咨询孔子如何治理国家，孔子告诉他为政在人，要取信于人，关键在于诚身。由此文章首先提出真诚是天的法则，也就是自然的法则，追求真诚是人修身的法则。天生真诚的人，不需要努力就能达到，不需要思考就能获得，随心而做就能符合真诚的法则，这样的人就是圣人。在学习《论语》的时候我们提到，孔子其实不认为有这种天生的"圣人"，当时许多人认为孔子是圣人，孔子反复强调自己不是圣人，自己的学识都是后天努力学习的结果。不能生而真诚，就需要通过修身使自己真诚。孔子认为追求真诚的人，就是选择善行并锲而不舍地践行的人。如何修养才能做到诚身，文章接着提出了具体的方法和要求：一是学、问、思、辨、做五种方法，即需要广泛地学习，详细地询问，周密地思考，明晰地辨别，忠实地实践。二是按照五种方法修身的基本要求：即有的可以不学，但需要学的没有学会就不能中止；有的可以不问，但需要问的没有问明白就不能中止；有的可以不思考，但需要思考的没有想出结果就不能中止；有的可以不辨别，但需要辨别没有辨别分明就不能中止；有的可以不做，但需要做的没有做好就不能中止；别人用一分努力做的，我用百倍的努力去做，别人用十分努力做的，我用千倍的努力去做。在五种方法中，学、问、思、辨是要达到对事物规律的了解，也就是修智慧；做就是"学而时习之"，也就是践行规律。五项要求是对五种修身结果的要求，就是要真正弄通弄懂做实，"知之为知之，不知为不知"，如此才可以称为真诚。文章最后提出，如果真能按照五种方法和要求修身，即使愚笨的人也一定会变得聪明，即使柔弱的人也一定会变得刚强。

(四)大学之道

《大学》是一篇专门论述儒家道德修养的文章,原为《礼记》第四十二章,南宋时将其择出,与《中庸》《论语》《孟子》合为"四书"。

选文第一段是《大学》的开篇段,主要讲大学的宗旨。古代有小学与大学之分,没有现代的中学,小学教授"洒扫、应对、进退、礼乐、射御、书数"之类的文化课和基本的礼节,大学教授伦理、政治、哲学等"穷理正心,修己治人"的学问。中国古代教育以修身做人为主要目的,也就是首先要让人成为人。大学是教育的最高阶段,也就是出产品的阶段,所以大学的教育宗旨,同时也就体现了人之为人的标准。这一段选文的内容可以分为两个层次,第一层次提出大学的宗旨,即大学教育在于弘扬光明正大的品德,在于使人热爱民众,在于使人达到最完善的境界。"明明德""亲民"和"止于至善",被称为古代大学教育的"三纲领"。"明明德",第一个"明"是动词,包含知道了解和发扬光大两层含义,也就是首先要学习了解,其次要发扬光大优秀的品德。"亲民",即热爱民众,也就是爱人,是儒家修身的重要目标。孔子说"仁者,人也,亲亲为大"(《中庸第二十章》),意思是仁就是爱人,爱人首先是爱自己的亲人。孟子说"仁者爱人"(《孟子·离娄下》第二十八章),进一步明确了儒家修身的这一基本要求。北宋程颐认为"亲民"应该改为"新民",即使民众弃旧迎新,弃恶扬善,后代学者多用此说。这样一来,大学教出来的可能就是一群高高在上的教师爷,而不是亲人爱人的仁者了,所以这种解释不符合儒家的宗旨。"止于至善"指到达最完善的境界,什么是最完善的境界呢,也就是学无止境,需要不断努力。第二个层次讲明确大学宗旨的意义,即知道应达到的境界才能够志向坚定,虚心静气,心安理得,思虑周详,有所收获。这就像每个物体都有根本有枝末,每件事情都有开始有终结,明白了本末始终的道理,就接近事物发展的规律了。苏轼说"不识庐山真面目,只缘身在此山中"。修身也一样,只有明确最终目的,才能有坚定的信心和平和的心态,才能找到实现目的的最佳方法。

选文第二段是《大学》的第二自然段,讲实现大学宗旨即道德修养目的的方法路径,内容可以分为三部分。第一部分讲历史的经验。文章提出,古代那些要想在天下弘扬光明正大品德的人,先要治理好自己的国家;要想治理好自己的国家,先要管理好自己的家庭;要想管理好自己的家庭,先要修养好自身的品性;要想修养好自身的品性,先要端正自己的心思;要想端正自己的心思,先要使自己的意念真诚;要想使自己的意念真诚,先要使自己获得智慧;获得智慧的途径在于研究事物的规律。第二部分讲古人这样做的原因。文章指出,掌握事物的规律才能获得智慧,获得智慧才能意念真诚,意念真诚才能心思端正,心思端正才能有良好修养,有良好修养才能管理好家庭,管理好家庭才能治理好国家,治理好国家才能使天下太平。第三部分讲由古人的做法和原因总结的规律:即上自天子下至平民,人人都要以修养品性为根本。如果这个根本被扰乱了,家庭、国家、天下要治理好,是完全不可能的。应该重视的得不到重视,不应该重视的却被重视,本末倒置却想获得成功,从来都不会有这样的事!在这段选文中,有八个概念值得注意,即格物、致知、诚意、正心、修身、齐家、治国、平天下,以往被称为大学教育的"八条目"。事实上,这八个概念不应该是并列关系,格物、致知、诚意和正心都是修身的方法。格物就是研究事物的规律,目的是致知,也就是提高智慧或者说对规律的认识。有了较高的智慧就可以诚意正心,诚意就是《中庸》讲的求诚,修养真诚的目的就是使心思端正。所以格物与致知、诚意与正心,是一个事物的两个方面,都属于修身的范畴。人们习惯讲修身、齐家、治国、平天下,因为这四项是并列关系,说明了修身的四大目的。

　　选文第三段是《大学》的第六篇,讲诚意的内涵、方法和作用,可以分为四个层次。第一个层次讲诚意的内涵。文章提出,所谓的使意念真诚,就是不要自己欺骗自己。比如我们追求道德修养,就要做到像厌恶腐臭的气味、喜爱美丽的女人一样,发自内心地喜爱道德修养。因为只有发自内心的对道德修养的喜好才称得上诚意,所以君子一定要重视独处时候的行为,因为独处的时候才能考验一个人道德修养的真假。第二个层次讲一般人与君子独处时的区别。文章提出,一般人私下里做不好的事情毫无顾忌,见到有修养的人就会很不自然,总是掩盖不好的事情只说好的事情。每个人看自己的行为,就像能看到自己的心肺肝脏一样能看到内心的深处,在人前遮掩有什么用处呢!这就是人们常说的"诚于中,形于外"的道理,内心的想法总会在外在行为中表现出来,所以君子一定要重视自己一个人独处时候的行为。第三个层次引用曾子的话:"十只眼睛看着,十只手指着,这难道不令人畏惧吗?"意思是有人看的时候人会因为心怀畏惧而不违背道德规范,因此修身的关键就在于诚意,诚意的关键在于慎独。第四个层次讲诚意的作用。文章指出,财富可以装饰房屋,品德可以修养身心,心胸开阔才能身体健康,所以君子一定要使自己的意念真诚。"心宽体胖"这个成语就出自这里,所谓的"心广"或者"心宽",就是指诚意状态下的心理状况,特点是神心通畅、知行统一。现代医学证明,人的精神活动会影响身体的生理状态,如果人的精神不畅、想的和做的不统一,就会影响身体的健康。孔子说"仁者寿",讲的就是修身对人的身体乃至寿命的影响,有修养的人之所以长寿,就在于心胸开阔、身心统一。

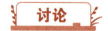

一念之差送命

1989年,刘某大学毕业被分配到广州白云机场担任售票员,工作轻松,收入也高,许多朋友都羡慕她。有一天,刘某下班核对账目时发现账户上差500元钱。此时刘某有两种选择:向上级汇报,接受处罚,或者私下将缺口补平。刘某犹豫再三,决定用抛硬币的方式选择,最终通过偷改发票的方法补上了500元缺口。

此后的日子里,刘某一个月里几乎都没有睡好觉。不过让她庆幸的是机场谁也没发现这件事,于是刘某的胆子越来越大,不断通过偷改发票敛财。刘某自以为做得滴水不漏,但上级查账时还是发现了。白云机场组织人逐笔核对发票和钱款,最终发现刘某工作8个月间通过偷改发票贪污公款55万元。

在公安局,刘某如实交代了自己的罪行和赃款的下落,55万元藏在她卧室的床下,一分钱都没有花出。当时全国严打刑事犯罪,刘某贪污公款数额巨大,情节恶劣,被广州市中级人民法院判处死刑,立即执行。1991年的一个清晨,23岁的刘某带着贪污犯的牌子被押往刑场,在一声枪响中画上了人生的句号。

请结合案例,谈一谈你对《中庸》中"君子居易以俟命,小人行险以徼幸"的理解。

杨震"四知"的故事

杨震是东汉时期华阴人,少年好学,成年后学识广博,被人们誉为"关西孔子"。东汉时实行察举制,官员由地方官推荐给朝廷任命。杨震教书20余年,年近50经人推荐步入仕途,先后担任荆州刺史、东莱太守等职。杨震赴任东莱时,途经昌邑县,昌邑县令王密此前由杨震推荐进入仕途。王密晚上拜访杨震,给杨震送上十斤黄金。杨震没有想到自己举荐的人竟会如此,痛心地说:"我自以为了解你,而你却不了解我,你为什么要这样做呢?"王密劝道:"夜深人静,无人知晓,老师您就放心地收下吧!"杨震正色说:"天知地知,你知我知,怎么能说无人知晓呢?"王密只好带着礼物羞愧地离开了。杨震家贫,要好的朋友想为他筹办产业,他说:"我把清官后人这种赞誉留给子孙,不也是一份很丰厚的遗产吗?"

请结合案例,谈谈你对《大学》中诚意慎独修身方法的理解。

1. 根据《礼记》中关于古代教育的内容,比较分析其与现代教育的区别。
2. 根据《乐记》关于外物感化人的机理,思考我们如何提高自己的审美素养。

任务四 《孝经》——误读的经典

导读

　　《孝经》是儒家"十三经"之一,是一部阐述孝道和孝治思想的中国古代儒家经典著作。关于《孝经》的作者,历来有多种说法,而以孔子向曾子陈说孝道,曾子退而记录成书较为普遍。《史记·仲尼弟子列传》记载:"孔子以为(曾子)能通孝道,故授之业,作《孝经》。"《汉书·艺文志》说:"《孝经》者,孔子为曾子陈孝道也。"也认为《孝经》是孔子传授给曾子的。郑玄《六艺论》曰:"孔子以'六艺'题目不同,指意殊别,恐道离散,后世莫知根源,故作《孝经》以总会之。"说孔子既修《诗》《书》《礼》《乐》《易》《春秋》"六经",担心"六经"各自内容不一,人们不好把握,因此又写了一本来总会之,这就是《孝经》。《孝经》实乃"六经"之纲领,义理之管钥。

　　《孝经》以"孝"为中心,虽然篇幅很短,全文不到两千字,但却系统地阐述了儒家的孝道思想,形成一个相对完整的孝道思想体系。按学者胡平生的观点,全书大致可分为三部分。第一部分讲"孝"的基本理论,主要讲"孝为德本",提出了"孝"由初级至高级的三个阶段,即"始于事亲,中于事君,终于立身",并分别规定了天子、诸侯、卿大夫、士、庶人五种不同的"孝"的内涵。第二部分讲"孝道"与政治的关系,主要讲述"以孝治天下"的道理和方法,提出"移孝于忠"的思想。第三部分讲"孝道"的实行,主要讲实行"孝道"的一些原则和礼法,又说明了服亲丧时孝子应尽的礼仪。例如"生事爱敬,死事哀戚",就是阐述作为子女应如何行孝;"孝亲以礼"就是要求行孝道不仅要有恭敬顺从之心,更要合乎礼仪,不能"悖礼""悖德";"父失则谏"则鼓励子女对于父母的不义行为敢于直言相劝,而不能只是一味地服从;等等。

　　《孝经》在中国古代文化传承中占有重要地位。长期以来,《孝经》都被看作是

"孔子述作,垂范将来"的经典,历代施政者对它都极力提倡。汉平帝时,地方学校设置《孝经》师。至唐代,唐玄宗亲自为它作注,要求在官学中学习的人必须兼通《孝经》和《论语》。清雍正皇帝也为其作了《御纂孝经集注》。《孝经》不仅是中国古代统治者维护封建社会伦理、治国平天下的重要工具,也是人们遵循的基本道德准则规范。作为两千多年前的作品,《孝经》不可避免地含有时代色彩,但如果取其精华、去其糟粕,此书还是具有很强烈的现实意义的。

选文

开宗明义章

仲尼居,曾子侍。子曰:"先王有至德①要道,以顺天下,民用和睦,上下无怨。汝知之乎?"曾子避席②曰:"参不敏③,何足以知之?"子曰:"夫孝,德之本也,教之所由生也。复坐④,吾语汝。身体发肤,受之父母,不敢毁伤,孝之始也。立身行道,扬名于后世,以显父母,孝之终也。夫孝,始于事亲⑤,中于事君,终于立身。"《大雅》云:"无念尔祖,聿修厥德。⑥"

(选自《孝经·开宗明义章第一》)

译文

孔子闲居在家,他的学生曾子侍坐在旁边。孔子说:"先代的帝王有至高的德行和治世的良方,可以使天下人心归顺,人民和睦相处,无论贵贱上下都没有怨恨不满。你知道是什么吗?"

曾子站起身来,离开座位恭敬地回答:"曾参不够聪明,哪里能够知道这个呢?"

孔子说:"这就是孝。它是一切德行的根本,也是教化产生的根源。你坐下,我告诉你。人的身体四肢、毛发皮肤,都是父母赋予的,不敢予以损毁伤残,这是孝的开始。人在世上遵循仁义道德,有所建树,显扬名声于后世,从而使父母显赫荣耀,这是孝的终极目标。所谓孝,首先是侍奉父母,其次是效力国君,最终是作为为人处世的根本。《诗经·大雅·文王》篇中说过:'怎么能不思念你的先祖呢?要称述修行先祖的美德啊!'"

选文

纪孝行章

子曰:"孝子之事亲也,居则致其敬①,养则致其乐②,病则致其忧③,丧则致其哀④,祭则致其严⑤。五者备矣,然后能事亲。"

"事亲者,居上不骄⑥,为下不乱⑦,在丑不争⑧。居上而骄则亡,为下而乱则刑,在丑而争则兵⑨。三者不除,虽日用三牲之养⑩,犹为不孝也。"

(选自《孝经·纪孝行章第十》)

译文

孔子说:"作为孝子,侍奉自己的父母亲,当照料起居时要充分表达出对父母最大的敬意,当供给饭菜饮食时要保持最愉悦的心态和表情,当父母生病照料时要怀着最忧愁焦虑的心情,当父母去世送葬时要表现出悲哀痛惜的感情,当祭祀亡父亡母时要极尽崇敬肃穆的神情。这五个方面都做到了,然后才能算是侍奉父母尽了孝道。"

"作为侍奉父母的孝子,当他处于如国君这样的高位时不可骄傲自满,当他处于臣下之位时不可反叛犯上,当他处于平民百姓的地位时不可激愤相争。处于君位而骄横自傲就会遭到灭亡,处于臣下之位而犯上作乱就会被处以刑罚,处于平民百姓之位而激愤争斗就会被兵器戮杀。这三戒不除去,虽然每天给父母供给猪、牛、羊俱全的美味佳肴,还是不孝之子。"

选文

广要道章

子曰:"教民亲爱,莫善于孝①。教民礼顺,莫善于悌②。移风易俗,莫善于乐。安上治民,莫善于礼。礼者,敬而已矣③。故敬其父,则子悦;敬其兄,则弟悦;敬其君,则臣悦;敬一人,而千万人悦。所敬者寡,而悦者众,此之谓要道也。"

(选自《孝经·广要道章第十二》)

译文

孔子说:"教育民众互相亲近友爱,没有比倡导孝道更好的了。教育人民礼貌和顺,没有比服从自己兄长更好的了。转变风气、改变旧的习惯制度,没有比用音乐教化更好的了。要使君主安心,民众顺从,没有比推行礼制更好的了。所谓的礼,也就是尊敬而已。因为尊敬他人的父亲,其儿子就喜悦;尊敬他人的兄长,其弟弟就愉快;尊敬他人的君主,其臣下就高兴。尊敬一个人,却能使千万人高兴愉快。所尊敬的对象虽然只是少数,为之喜悦的人却有千千万万,这就是这种治理方式被称为治世良方的原因。"

选文

谏诤章

曾子曰:"若夫①慈爱、恭敬、安亲、扬名,则闻命②矣。敢问子从父之令,可谓孝乎?"子曰:"是何言与,是何言与!昔者,天子有争臣七人,虽无道,不失其天下;诸侯有争臣五人,虽无道,不失其国;大夫有争臣三人,虽无道,不失其家;士有争友③,则身不离于令名;父有争子,则身不陷于不义。故当不义,则子不可以不争于父④,臣不可以不争于君;故当不义,则争之。从父之令,又焉得为孝乎!"

(选自《孝经·谏诤章第十五》)

译文

曾子说:"像慈爱、恭敬、安亲、扬名这些孝道,已经听过了先生的教诲,我想再冒昧地问一下,做儿子的一切都听从父亲的话,就可称得上是孝顺了吗?"孔子说:"这是什么话呢?这是什么话呢?从前,天子身边有七个直言相谏的诤臣,纵使天子是个无道昏君,他也不会失去其天下;诸侯有五个直言谏争的诤臣,即便诸侯是个无道君主,也不会失去他的诸侯国;卿大夫有三位直言劝谏的下属,即使他是个无道之臣,也不会失去自己的家园;读书人有直言劝争的朋友,就不会丧失自己的美好名声;做父亲的有敢于直言力争的儿子,就能使父亲不陷身于不义之中。因此在遇到不义之事时,如系父亲所为,做儿子的不可以不劝争力阻;如系君王所为,做臣子的不可以不直言谏争。所以对于不义之事,一定要谏争劝阻。如果只是盲目地听从父亲的话,又怎么能够称得上是孝顺呢?"

解读

《孝经》是儒家十三经之一,集中阐述了儒家关于孝道和孝治的思想。关于《孝经》的作者虽然存在不同说法,但毫无疑问的是《孝经》是最早系统阐释孝道的经典著作。从《孝经》中,可以看到早期儒家提倡孝道的初衷,与后期经过历代封建统治者改良的孝道的差异,从而对中华文化中的孝道有一个完整的认识。

(一)开宗明义章

选文第一部分是《孝经》第一章,篇名称"开宗明义",就是要阐释《孝经》的基本原理。全篇的内容分为三小节。

第一节讲文章的来源或者说产生的背景。有一天,孔子闲居在家,他的学生曾子侍坐在旁边。孔子就问曾子:"先代的帝王有至高的德行和治世的良方,可以使天下人心归顺,人民和睦相处,无论贵贱上下都没有怨恨不满。你知道是什么吗?"曾子站起身来,离开座位恭敬地回答:"曾参不够聪明,哪里能够知道这个呢?"在第一节中,有两个值得重视的地方。首先是对"至德要道"的理解。"至德"指至高无上的德行,这一点与以往人们的认识是一致的。对"要道"的理解则不然,有的解释为"最重要的道德",这就与"至德"几乎没有什么区别了。李隆基《孝经注疏》把"要道"解释为"要约之道"。"要约"在此处意为控制,延伸为治理;"道"在此处指符合规律的方法。所以"要约之道"也就是治世良方。"至德"讲的是孝道,"要道"讲的是孝治,二者是《孝经》的宗旨。其次是对"以顺天下,民用和睦,上下无怨"的理解,讲的是孝的作用,也是《孝经》主要论述的内容。

第二节讲孝的内涵和意义。孔子问先王的至德要道,曾子说自己太笨不知道,孔子告诉他:"这就是孝。它是一切德行的根本,也是教化产生的根源。"这里讲的是孝的意义。孔子让曾子坐下,然后从三个层面为他讲什么是孝。第一个层面:"人的身体四肢、毛发皮肤,都是父母赋予的,不敢予以损毁伤残,这是孝的开始。"也就是说,保护好自己的身体,健康的成长,不要让父母操心、担心、揪心、伤心,这就是最基本的孝。第二个层面:"遵循仁义道德,有所建树,显扬名声于后世,从而使父母显赫荣耀,这是孝的终极目标。"这个层面讲人的社会作用,人在社会中有所建树,不仅在于扬名后世,其中也包含了孝敬父母的能力,如果一个人连自己的生存问题都无法解决,总是需要"啃老",怎么谈得上孝敬父母呢!第三个层面:"所谓孝,首先是侍奉父母,其次是效力国君,最终是作为立身之本。"侍奉父母、效力国君,是对前两个层次内容的总结和具体化。有人把"终于立身"理解为建功立业,这就与"效力国君"同义。在这段话中,"始于""中于"和"终于",不是一二三的顺序关系,而是下中上的层次关系。孝敬父母是最基本的孝行。效力国君或者说效力国家是升级版的孝行,在儒家学说中称为"忠"。作为立身之本是高级版的孝行,在儒家学说中称为"仁"。孔子说"仁者,人也,亲亲为大",强调的是仁的初级版,爱自己的亲人,孝即其中最重要的。孟子说"仁者爱人",强调的是仁的高级版,即由爱自己的亲人推及爱自己的同类。以孝作为立身之本,也就是以仁作为立身之本,这是儒家修身的最高境界。

第三节引用《诗经》中的话为孝的学说作证。"《诗经·大雅·文王》篇中说过:'怎么能不思念你的先祖呢?要称述修行先祖的美德啊!'"《文王》这首诗南宋朱熹认为是周公所作,余培林《诗经正诂》提出该诗的旨意可以用"法天敬祖"四个字概括,与《孝经》的精神相符合。孔子引用此诗句,是为了证明自己所讲的与先贤所讲同义,并非凭空虚构。

(二)纪孝行章

选文第二部分是《孝经》第十章,内容如篇名,讲述孝子孝敬父母具体应该如何做,内容分为两小节。

第一节讲孝子居家尽孝的五项要求和标准,即当照料起居时要尽力做到对父母的尊敬,当送上饭菜饮食时要尽力做到和颜悦色,当父母生病时要发自内心的忧愁担心,当父母去世时要表现出悲哀伤痛,当祭祀父母时要极尽崇敬肃穆。孔子认为,只有做到以上五点,才能算是侍奉父母尽了孝道。分析居家尽孝的五项要求,最根本的要求是尽心,是发自内心的为了父母好。《论语·为政》中,子夏请教孝行的关键,孔子回答说"色难",也就是做到和颜悦色最难,因为脸上的表情最能看出一个人的行为是不是发自内心。

第二节讲孝子在社会上做事尽孝的三种要求和标准,即当他处于如国君这样的高位时不可骄横行事,当他处于臣下地位时不可犯上作乱,当他处于平民地位时不可激愤相争。因为处于君位骄横自傲可能会导致国家灭亡,处于臣下之位犯上作乱可能会被处以刑罚,处于平民百姓之位激愤争斗可能会被兵器伤害。这三种行为不仅会让父母担心,而且会给父母带来伤害,所以这三种行为如果不能免除,即使每天给父母献上再美味的佳肴,还是没有尽到孝道。如果说居家尽孝的五项要求着眼于现时,在社会上做事尽孝的三种标准则着眼于长远,二者共同构成儒家孝道行为的规定。

(三)广要道章

选文第三部分是《孝经》第十二章。所谓"广要道",即推广要道,所以本章主要讲如何推广要道也就是以孝道治理天下的方法。全篇内容分为两个层次。

第一个层次讲推广孝道的方法,孔子共讲了四个方面的治理方法。一是在教育引导民众之间互相亲近友爱方面,没有比倡导孝道更好的方法了。二是在教育民众讲礼貌守法规方面,没有比倡导服从自己兄长更好的方法了。三是在改变社会风俗习惯方面,没有比采用音乐教化更好的方法了。四是在使君主安心民众顺从方面,没有比推行礼制更好的方法了。四个治理方法,在传统文化中分别被称为孝、悌、乐、礼,成为一种以孝为基础的社会治理系统,即孝治,也就是文章开篇所讲的"要道"。

第二个层次讲孝道以及由此建立的礼制治理社会的机理。孔子告诉曾子,所谓的礼,说白了很简单,不过是尊敬罢了。因为尊敬别人的父亲,他的儿子就会喜悦;尊敬别人的兄长,他的弟弟就会愉快;尊敬别人的君主,他的臣下就会高兴。这样一来,尊敬一个人，却能够使千万人高兴。虽然尊敬的人很少，但因为尊敬的行为而喜悦的人却有千千万万。简单的行为却能够让众多的人高兴，并且因为这种高兴而愿意听从你，这就是这种治理方式被称为治世良方的原因。

（四）谏诤章

选文第四部分是《孝经》第十五章，内容如篇名，讲作为臣子不可不谏诤君亲，帮助君亲改正过失，以免君亲陷于不义。全篇内容分为四个层次。

第一个层次是通过曾子询问的方式提出问题。曾子问："像慈爱、恭敬、安亲、扬名这些孝行，前面已经听过了老师的教诲，我想再冒昧地问一下，做儿子的一切都听从父亲的话，就可以称得上是尽孝了吗？"慈爱指慈祥怜爱，一般用于年长者对年幼者而言；恭敬指谦恭而有礼貌，一般用于年幼者对年长者或下位者对上位者而言；安亲指使父母放心；扬名指扬名于世。这四个方面的内容在《孝经》此前的篇章中讲过，所以曾子说已经听过教诲。曾子疑惑的是：做臣下或做儿女的，是不是只要听从君王或父母的话就算尽孝道了？这个问题是本篇需要解决的主要问题。

第二个层次是孔子对这个问题的态度。听完曾子的问题，孔子立即答道："这是什么话呢？这是什么话呢？"不论是从语气还是从重复反问的句式看，孔子听了这个问题的反应非常强烈，意思是怎么能这样说呢？或者说怎么能得出这样的结论呢？很显然，孔子不赞成这种说法，明确反对这种说法。

第三个层次是从历史的经验说明这种说法是错误的、不可取的。孔子告诉曾子："从前，天子身边有七个直言相谏的诤臣，即便天子是个无道昏君，也不会失去他的天下；诸侯有五个直言相谏的诤臣，即便诸侯是个无道君主，也不会失去他的诸侯国；卿大夫有三位直言劝谏的下属，即便他是个无道之臣，也不会失去自己的家园；名士有直言劝告的朋友，就不会丧失自己的美好名声；做父亲的有敢于直言力争的儿子，就不会使父亲陷身于不义之中。"孔子通过历史经验说明，天子、诸侯、卿大夫、名士和父亲，有敢于直言谏诤的大臣、朋友或儿子，就可以避免陷入危难。反过来说，如果大臣、朋友和儿子只是一味听话，他们的君王、上级朋友、父母就会陷入危难。所以结论很明显，一味听话的行为是不可取的。

第四个层次是从正面回答曾子提出的问题。孔子告诉曾子："从历史的经验出发，只要是不正确的东西，做儿子的不可以不尽力劝阻父亲，做臣子的不可以不直言谏诤君王。总之，凡是不符合道义的事情，任何人都有责任劝说阻止。如果只是盲目地听从父亲的话，又怎么能够称得上是尽孝呢？"这段话背后的逻辑，是因为孝道的实质是下位者发自内心地为了上位者好，一味听话违背了这个初衷，所以不属于孝道的范畴。

在上述选文的内容中,有两个地方值得特别注意:第一个是强调儿子、臣下对父母、君王的谏诤责任,这说明孝道不是下对上单纯的顺从,也包括谏诤这样的抵制、反对行为。第二个是曾子列举的慈爱行为,即父母对儿女、君王对臣下的慈祥怜爱责任,曾子将其列在各种孝行之首,排在各种孝行之先,说明慈爱是孝道的基础。事实上,在早期儒家的思想体系中,孝道是一个系统的教化方略,既包括上对下的慈爱,也包括下对上的孝敬,是对包括天子、君王、父母在内的各种人的行为规范。在孝道这个体系中,上对下和下对上是相互关联的,而不是相互独立的。孔子讲君君、臣臣、父父、子子,要求君王要有君王的样子,臣子要有臣子的样子,父亲要有父亲的样子,儿子要有儿子的样子,不同社会地位的人要有各自不同的行为标准。所谓君贤臣忠、父慈子孝、兄友弟恭,总是把上位者放在前面,首先强调上位者的责任。所以,讲孝道单方面地讲下对上的孝敬,或者单方面地讲上对下的慈爱,都是不全面的,这体现了中华传统文化整体思维方式的特点。

但是在现实生活中,并不是人人都有这样的整体认识。早在先秦时期,就有人单方面地强调下对上的孝道行为。在《孟子》一书中,齐宣王就提出"武王伐纣"是"臣弑其君",是违反孝道的行为。孟子批驳这种认识说:"贼仁者谓之贼,贼义者谓之残。残贼之人谓之一夫。闻诛一夫纣矣,未闻弑君也。"(《孟子·万章章句上》),意思是说,纣王违背道义,不符合君王的行为,只能是一个匹夫,所以武王讨伐纣王只不过是杀了一个违背道义的匹夫,而不能说是臣下弑君的悖逆行为。还有一个叫作万章的人问孟子:舜娶妻子不告诉父母,尧把女儿嫁给舜也不告诉舜的父母,这种做法是不是违背了孝道的规定?孟子回答说,男婚女嫁是头等人伦大事,舜的父亲和后母总是处心积虑地迫害舜,如果让他们知道了,舜的婚事就会告吹,还会惹得他们生气,所以舜和尧就没有告诉他们。到了汉代以后,随着封建皇权的不断加强,这种片面强调下对上孝道行为的认识逐渐成为社会主流。董仲舒根据他的阳尊阴卑的理论,提出了所谓的"三纲"原理,即君为臣纲、父为子纲、夫为妻纲,要求为臣、为子、为妻的必须绝对服从于君、父、夫,这就把孝道中下对上的行为绝对化,使孝道失去了应有的合理性。至于在此基础上提出的"君要臣死,臣不死是为不忠;父叫子亡,子不亡则为不孝",被后人发展为"君要臣死,臣不得不死;父要子亡,子不得不亡",实际上完全违背了早期儒家的孝道理论,在历史发展中产生了极坏的影响。这种认识一方面有谄媚统治者的因素,另一方面还在于片面思维方式的结果。所以,我们在学习传统孝道文化时,一方面要把正确的孝道文化与扭曲了的孝道文化相区别,认识孝道文化的合理性;另一方面要认识孝道文化被后代扭曲的原因,特别是思维方式的原因,从而认识和掌握中华文化优秀的思维方式。

讨论

孔雀东南飞

《孔雀东南飞》是汉代乐府民歌中的长篇叙事诗,记述了东汉献帝年间发生在庐江郡的一桩婚姻悲剧。年轻的府吏焦仲卿与妻子刘兰芝结婚两年多,二人相亲相爱,情投意合。焦仲卿的母亲不喜欢刘兰芝,开始处处刁难,进而逼迫焦仲卿将刘兰芝遣送回娘家。迫于母亲的压力,焦仲卿与刘兰芝商量,先送刘兰芝回娘家,然后再寻找机会接回。刘兰芝回娘家后,先后有县令等高官的儿子听闻刘兰芝的贤淑美貌上门提亲,刘兰芝均婉言谢绝。她的兄长为此大怒,做主将她嫁给府君的公子。婚礼的前一天晚上,刘兰芝与闻讯赶来的焦仲卿相见,二人不愿从此分离,最后双双选择自杀身亡。

请结合《孔雀东南飞》分析一下致力于人际和谐的"孝道"思想,为什么在现实生活中却会催生出这样的人间悲剧。

思考

1.历史上,孟懿子、孟武伯、子夏和子游都向孔子问过孝,但孔子对每个人的回答却各不相同。请结合《孝经》的学习,思考究竟什么是孝,该如何践行孝道。

2.五四运动中,有学者批判儒家孝道思想,认为"其流毒诚不减于洪水猛兽"。请结合《孝经》的学习,谈谈应该如何看待近代以来对"孝道"的批判。

子部——智者箴言

教学目标

1.指导学生阅读《老子》《庄子》《荀子》《淮南子》等子部典籍,了解其主要内容、历史贡献和文化影响。

2.帮助学生理解《老子》《庄子》《荀子》《淮南子》的核心思想、精神内涵以及选篇中所表达的人生态度和处世智慧。

3.以典为鉴,结合实际案例,指导学生树立正确的人生观,提高道德修养水平。

子部概要

国学经典中的子部又称丙部,是中国古代图书四部分类法中的第三大类。由于子部著作的创作时间多早于史部作品,故这里将子部置于史部之前。子部主要收录了诸子百家著作和艺术、谱录等书,包括儒家类、兵家类、法家类、农家类、医家类、天文算法类、术数类、艺术类、谱录类、杂家类、类书类、小说家类、释家类、道家类等十四大类,其中天文算法类又分推步、算书二属,术数类又分数学、占侯、相宅相墓、占卜、命书相书、阴阳五行、杂技术七属,艺术类又分书画、琴谱、篆刻、杂技四属,谱录类又分器物、食谱、草木鸟兽虫鱼三属,杂家类又分杂学、杂考、杂说、杂品、杂纂、杂编六属,小说家类又分杂事、异闻、琐语三属。

儒家:崇奉孔子学说的重要学派。崇尚"礼乐"和"仁义",提倡"忠恕"和"中庸",主张"德治""仁政",重视伦常关系。

道家:先秦时期的一个思想派别。以老子、庄子为代表人物,主张顺应自然,无为而治。后亦指崇尚黄帝、老庄之说者。

释家:即佛教。

法家：战国时期的学派，以尚法明刑为主，以李悝、商鞅、韩非等人为代表。

兵家：古时对军事家或用兵者的通称，亦指研究军事的学派。

农家：战国时期反映农业生产和农民思想的学术派别，主张劝耕桑，以足衣食。

杂家：寥寥不能成类者，并入杂家，杂之义广，无所不包……以立说者谓之杂学，辩证者谓之杂考，议论而兼叙述者谓之杂说，旁究物理、胪陈纤琐者谓之杂品。

术数：术数，谓以种种方术，通过观察自然界可注意的现象，来推测人的气数和命运，也称"数术"。

医家：即医学。

艺术：泛指六艺以及术数方技等各种技术技能。

书画：书法图画。

谱录：记载器物、食谱、草木鸟兽虫鱼等的表册。

类书：综合性的大型类书，就是古代的百科全书。辑录经、史、子、集各类著作，所收内容相当广泛，几乎无所不包。类书起源于三国时期，有魏文帝曹丕命儒臣所编成的《皇览》。

蒙学：学童启蒙书籍。

子部经典品类众多，以其明确的道德准则、家庭伦理和社会秩序等内容，成为塑造中国传统价值观和道德观念的重要依据。作为国学经典的一大品类，子部经典著作不仅对古代的政治、道德和教育产生了深远影响，也对后世的思想和文化产生了广泛的影响。

任务一　《老子》——救世的药方

《老子》又名《道德经》《老子五千文》，是道家学派的主要著作，相传为春秋末期老子所作。老子又称老聃，名李耳，春秋时期楚国人，曾担任东周王室的柱下史。相传，东周末年，老子归隐，在途经函谷关时，遇到了守关的长官尹喜。尹喜向老子问道，老子遂留下这五千余字的《老子》。

《老子》主要阐述了"道"和"德"的深刻含义，它代表了老子的哲学思想，后也被道教奉之为主要经典。《老子》全书共分 81 章,前 37 章为《道经》,讲的是世界观问题,后 44 章为《德经》,讲的是人生观问题。全书文辞简奥,哲理丰富,虽只有短短的五千言,但内容广博,主题、内涵十分丰富,涉及宇宙、生命、道德、政治等宏大主题。此外,《老子》也涉及个人的养生、美德的培养、人际关系的和谐、事业成功的要素等实用的智慧。这些内容深深影响和塑造了两千年来的中华文化,传递着中华民族高尚、理性、和平与博爱的人道主义精神,是中华民族为全人类贡献的一份智慧。

《老子》以"道"解释宇宙万物的演变,将道看作万物的本源,对道教发展产生了深刻的影响。道教的教理教义,如上善若水、尊道贵德、道生德育、自然无为、清静寡欲、柔弱不争等根本宗义,皆源于《道德真经》。道教祖天师张道陵建立道教教团之时,即以《道德真经》为圣典,并作《老子想尔注》,阐说道教要旨和修行准则,建立起道教教义的思想体系。道教所尊奉的《南华真经》和《冲虚真经》,承袭《道德真经》的思想,对道教修身体道、精神逍遥、坐忘养生、神仙变化等思想加以丰富和阐扬,使偏重理性的道家学说在后世高道的阐扬下,过渡到道教的教义学说。《老子》全书贯穿了大量的朴素唯物主义观点和辩证法观点,对中国古代哲学、中国思想史的发展均产生了深刻影响。

选文

道名有无

道①可道②,非常③道;名可名,非常名。无,名天地之始④;有,名万物之母⑤。故常无,欲以观其妙;常有,欲以观其徼⑥。此两者,同出而异名,同谓之玄⑦。玄之又玄,众妙之门。

(选自《老子·上篇·一章》)

译文

道可以用语言表达出来,那就不是真正的道;名可以用文字表现出来,那就不是真正的名。无,说的是天地万物的开始;有,说的是天地万物的根源。所以,人们思考真正的无,希望能认识到天地万物产生的奥妙;考察真正的有,希望能认识到天地万物变化的规律。无和有这两个概念,是同一事物的不同名称,一起被称为变化莫测。变化莫测的极处,是天地万物各种现象的产育之门。

选文

功成弗居

天下皆知美之为美,斯恶已①;皆知善之为善,斯不善已。有无相生,难易相成,长短相形,高下相倾,音声②相和,前后相随,恒也。是以圣人处无为之事③,行不言之教;万物作而弗始④,生而弗有,为而弗恃⑤,功成而弗居。夫唯弗居,是以不去。

(选自《老子·上篇·二章》)

译文

天下的人都知道美之所以为美,丑也就随之产生了;都知道善之所以为善,恶也就随之产生了。所以有和无是相互比较而产生,难和易是相互比较而促成,长和短是相互比较而呈现,高和下是相互比较而有所区别,音和声是相互应和而存在,前和后是相互排列而出现,这是亘古不变的规律。因此,有道的人用"无为"的法则处理世事,用"不言"的方式施行教化;万物自由发展而不随意干涉,促成万物产生而不据为己有;促进万物生长而不使其依赖,万物最终完成而不占为自己的功劳。正因为他不占为自己的功劳,所以他的功劳永远不会失去。

选文

不争无尤

上善若水①。水善利万物而不争,处众人之所恶②,故几于道③。居善地④,心善渊⑤,与善仁,言善信,政善治⑥,事善能,动善时。夫唯不争,故无尤⑦。

(选自《老子·上篇·八章》)

译文

最高的善就像水一样。水可以滋润万物却不与其争利,总是停留在大多数人不愿去的低洼之地,所以水的品德接近于"道"了。(所以人要向水学习。)居住在善的地方,心灵在善的深渊游动,与有善行的人交往,说适当的话取信于人,用正当的方法施政,做事选择最适宜的方法,行动选择最适宜的时机。正因为有不争的美德,所以才不会出现过失,招来怨咎。

选文

柔弱胜刚强

将欲歙之①,必固张之②;将欲弱之,必固强之;将欲废之,必固兴之;将欲取之,必固与之。是谓微明③,柔弱胜刚强。鱼不可脱于渊④,国之利器不可以示人⑤。

(选自《老子·上篇·三十六章》)

译文

想要让它收拢,一定要先让它张开;想要让它衰弱,一定要先让它强壮;想要让它荒废,一定要先让它兴盛;想要让它归附,一定要先给予它。这些讲的是一种微妙高明的道理,就是柔弱能够战胜刚强。鱼儿不能离开深渊,国家的利器不可以轻易向人展示。

解读

《老子》是道家学说的经典,与《周易》《论语》等儒家经典一样,是中华传统文化的奠基之作。《老子》共八十一章,本教材节选其中四章,希望通过这四篇文章的学习,使同学们对这部经典有基本的认识。现分别解读如下。

(一)道家学说的基础

第一部分选文是《老子》的第一章,介绍道、名、无、有四个概念,以及它们的作用和相互关系,是全书的导论,内容分为三个层次。

第一层含义讲"道"和"名"两个概念。文章提出:"道可以用语言表达出来,那就不是真正的道;名可以用文字表现出来,那就不是真正的名。""道"是道家学说的核心,也是《老子》一书阐述的主要内容。老子在这里提出"道"和"名"的概念,但没有正面论述它们的内涵,而是从否定的角度,指出可以用语言表示出来的道就不是真正的道,可以用文字表述出来的名就不是真正的名。这样一来,老子的"道"就成为后世争论不休的话题,以至于南怀瑾在《老子他说》一书中不无讽刺地说,要知道老子的道是什么意思,只有去问老子。那么,什么是老子心目中真正的"道"和"名"呢?结合前后的文义看,老子的"道"指的是天地万物的本源,"名"指的是天地万物的形态。老子认为"道"和"名"是不可言说的,这可以从两个方面理解。一是不能认识。在现实生活中,一个物体在常人眼中是一个样子,放在显微镜下就是另一个样子,在不同度数的显微镜下也会呈现出不同的样子。同一物体,在不同的时间、不同人的眼中,会得出不同的认识结果,这种现象在古代就引起人们的注意。西方哲学认为,人在不同情况下认识到的物体都是相对的,都不是物体的本体。康德将物体的本体称为"自在之物",认为人的认识可以无限接近,但永远不能完全认识。二是无法表述。《庄子·天道》中用"轮扁斫轮"的故事说明其中的原因:轮扁用斧子斫了一辈子车轮,面对什么样的材料,在什么情况下该用多大的劲,他心里很清楚,但是他无法把这种经验教给自己的儿子,实际就是无法把这种体会准确地表述出来。庄子由此认为,真正的认识是无法用语言和文字表述出来的,用语言和文字表述出来的只不过是"糟粕"而已。这种认识在中华传统文化中很有影响,禅宗就因此主张"不立文字"。从现代科学发展的角度看,前一种认识的关键,在于割裂了人的认识和认识对象之间的联系,否定了认识与认识对象的同一性。这种认识甚至延伸到现代科学发展进程中,牛顿力学认为,现实生活中的时间和运动都是相对于绝对时间和绝对空间而展开的,绝对时间和绝对空间与外界任何事物无关。绝对时间和绝对空间与外界任何事物无关,那么怎样证明它们的存在呢?牛顿无法回答这个问题,只能说绝对时间和绝对空间是上帝的创造。这样的解释显然不符合现代科学精神。爱因斯坦关于相对论的研究证明,所谓的绝对时间和绝对空间只是人的一种想象,在现实世界是不存在的。现实世界中事物的存在方式,总是相对于一定认识能力的认识者而言,离开人的认识能力讲事物的存在状态,是一种毫无意义的假设,无论从理论还是从实践角度而言都是错误的。后一种认识的关键,在于混淆了人的认识和感觉的关系。在现实生活中,人们看见一个穿红衣服的女孩很美,的确很难表述这种美的感觉,但却能够准确地表述她的服装。"轮扁斫轮"的故事说明了人的感觉难以表述这个事实,但是把这种结论推及人的一切认识,却是以偏概全。老子关于道和名的认识,比较接近康德的"自在之物",然而却不是从认识的角度提出,而是从表述的角度提出。这种认为语言文字无法表述正确认识的观点存在内在的矛盾,唐朝诗人白居易就讽刺老子说:"言者不如知者默,此语吾闻于老君。若道老君是知者,缘何自著五千文?"意思是说,既然语言文字不能够表述正确认识,智者为此宁可沉默不语,老子为什么还要写《道德经》呢?事实上,禅宗尽管以"不立文字"为宗,六祖慧能也留下了《坛经》一书。理论和实践不能够统一,从一定程度上反映了理论存在内在的缺陷。考察中华传统文化的发展过程,先秦时期各派学说都经常用到"道"这个概念。《周易》讲"天行健",讲的是天道,即自然之道,来自对天象的观察;孔子说"吾之道一以贯之",讲的是人道,来自对人类生活的观察。从思维方式的角度考察,《周易》的天道和孔子的人道都是现实思维方式的产物。老子的"道"则更多的具有想象的成分,属于本体思维方法的产物,这也是道家学说之所以后来会衍生出道教的理论原因。

第二层含义讲"无"和"有"两个概念。文章提出:"无,说的是天地万物的开始;有,说的是天地万物的根源。"这里的"无",指的是天地万物产生之前的状态,也就是上文提出的"道";"有",指的是天地万物产生之后的状态,也就是上文提出的"名"。由此可见,"道、名、无、有"四个概念是两组相互联系的概念,从不同的角度说明天地万物。"道、名"是对天地万物产生前和产生后的称谓,"无、有"是对天地万物产生前和产生后形态的描述。这四个概念是老子学说的基本概念,是老子学说展开的基础。

第三层含义讲"道、名、无、有"的作用和相互关系。文章提出:"人们考察真正的无,希望能认识到天地万物产生的奥妙;考察真正的有,希望能认识到天地万物变化的规律。无和有这两个概念,是同一事物的不同名称,一起被称为变化莫测。变化莫测的极处,是天地万物各种现象的产育之门。"此前讲过,"无"是天地万物产生前的状态,所以人们考察"无"就是考察事物从无到有的变化过程,目的是希望能够认识事物产生的规律;"有"是天地万物产生之后的状态,所以考察"有"就是考察事物从有到无的变化过程,目的是希望能够认识事物发展的规律。所谓的"无"和"有",或者从无到有和从有到无,实际上只不过是对事物发展不同阶段的称谓而已,讲的都是天地万物的存在状态,它们最突出的特点就是变化莫测。这一段文章如果到此停止,与《周易》和《论语》在思维方式上就基本一致。不过老子没有停笔,他进一步提出:"变化莫测的极处,是天地万物各种现象的产育之门。"这样一来,就把天地万物变化莫测的无穷景象汇集为一个具象,也就是他所谓的"道"。如果说在论述事物发展过程时老子依据的是对现实世界的观察,体现的是现实思维方式;那么,把万千景象归为一个具象,却是想象的产物,又一次表现出本体思维方式的特点。

(二) 功成不居的人生法则

第二部分选文是《老子》的第二章,讲的是功成不居的人生法则,内容分为三个层次。

第一个层次讲为什么要采取功成不居行为,也就是这种行为法则的内在机理。文章首先提出现实生活中的两种现象:"天下的人都知道美之所以为美,丑也就随之产生了;都知道善之所以为善,恶也就随之产生了。"人类的初年,就像今天幼小的儿童一样,是没有美丑善恶这些社会概念的,如果明白了美的概念、善的概念,同时也就明白了丑的概念、恶的概念,因为这些概念都是相互对立的存在。文章在说明了美丑、善恶这两种现象产生的规律之后,接着提出一系列与之相类似的现象:"所以有和无是相互比较而产生,难和易是相互比较而促成,长和短是相互比较而呈现,高和下是相互比较而区别,音和声是相互应和而存在,前和后是相互排列而出现。"进而提出事物相互对立而存在"是万古不变的规律"。

第二个层次讲如何才能做到功成不居,也就是这一行为法则的具体化。世间各种现象都是相互对立的存在,对立的现象相互转化是永恒不变的规律,所以人能够做的就是遵循这种规律。如何遵循这种规律呢?文章提出:"有道的人用'无为'的法则处理世事,用'不言'的方式施行教化;帮助万物发展而不随意干涉,促成万物产生而不据为己有;促进万物生长而不使其依赖,帮助万物最终完成而不占为自己的功劳。"这里提出了几个重要的概念,对中国社会影响巨大。第一个是"无为之事"的概念,讲的是社会治理,最终形成了后世"无为而治"的社会治理理念。无为而治并不是不作为,强调的是要顺从社会自身的发展规律,顺势而为,不要乱作为。第二个是"不言之教"的概念,讲的是教育,最终形成了后世"身教重于言教"的教育理念。不言而教并不是不要语言教育,强调的是要重视培养受教育者自身的学习动力,不要影响他们自主学习的积极性。第三个是"作而不始"的概念,讲的是促进外部事物发展的规律,最终形成了"顺势而为"和反对"揠苗助长"之类的行为理念。第四个是"功成而不居"的概念,讲的是如何对待成功的态度和行为法则,其中包括"生而弗有,为而弗恃,功成而弗居"三个概念,分别讲帮助事物产生、成长和成功三个环节的态度和行为,其中以功成不居对后世影响最大,所以可以用功成不居概括这三个环节。为什么要为功而不居功?首先是因为事物成功是多方面因素的结果,每个人即使在其中起了较大的作用,也只是其中的一个因素,居功自傲实质上就是贪天之功为己功。比如汉朝的建立,韩信厥功至伟,但他的功劳能超过刘邦吗?即使与萧何、张良、陈平、周勃等人比,也是各有千秋。最重要的是,天下统一是人心所向,是社会发展的大势所趋。看不到这一点,居功自傲就是短视行为,就要受到规律的惩罚。其次是上面讲到的事物相辅相成的转化规律,功成功败也会遵循同样的规律转化。所以,居功自傲就是走向功败的开端,功成不居才能避免走向功败,才是一个人最恰当、最合理的行为。

  第三个层次讲功成不居的结果。居功自傲会走向功败,功成不居会怎么样呢?文章提出:"正因为他不占为自己的功劳,所以他的功劳永远不会失去。"为什么功成不居反而永远不会失去功劳?从人生的角度看,实际是当事人为自己此前的行为画上了句号。以范蠡为例,当他协助勾践兴越灭吴之后挂冠而去,他就为自己与勾践的合作画上句号,他在兴越灭吴这个事件中的行为、形象、功劳,就永远地定格在他离开的那一刻。他后来的行为,是一种新的行为,与此前的行为完全无关,因而就不会影响人们对他此前行为的评价。反观文种,他不听从范蠡的劝告,功成之后不愿意离开,最终被勾践赐死,也就是从功成走向了功败。范蠡在劝文种的信中说,"狡兔死,走狗烹;飞鸟尽,良弓藏;敌国破,谋臣亡"。这是对社会发展规律的总结。从走狗、良弓、谋臣的角度讲似乎有点残忍,有点不合理,但是只要理智地想一想,没有了狡兔、飞鸟、敌国,走狗、良弓、谋臣还有什么用处?为什么历史上新朝代建立,都要清洗旧功臣特别是悍将?因为和平环境已经不需要他们,而他们却没有认识到这一点,反而居功自傲作威作福,因而只能顺从社会发展的规律走向反面,从功臣走向罪臣,从功成走向功败。

(三) 不争无尤的人生智慧

  第三部分选文是《老子》的第八章,讲的是不争无尤的人生智慧,内容分为三个层次。

  第一个层次讲了一个不争无尤的榜样——水的品德。文章首先提出一个命题:上善若水,即最高的善就像水一样。接着分析上善若水的原因:水可以滋润万物却不与其争利,所以会为万物喜爱;水总是停留在大多数物种不愿去的低洼之地,所以不会与其他物种发生冲突。因为道生万物而不居功,利万物而不争利,所以水的品德就接近于道了。这里的道,指的是人道,即做人的最高法则。

  第二个层次讲不争无尤的具体行为方式。上善若水,所以人就要向水学习,居住在善的地方,心灵在善的深渊游动,与有善行的人交往,说适当的话取信于人,用正当的方法施政,做事选择最适宜的方法,行动选择最适宜的时机。这段话的关键是对

"善"的理解,根据上文上善若水、水德近于道的内容,所谓的善地、善渊、善仁、善信、善治、善能,指的都是相关的行为要符合道的要求,也就是有利万物而不与其争利。

第三个层次讲不争无尤的结果。文章提出:"正因为有不争的美德,所以才不会出现过失,招来怨咎。"不争是一种处世态度,不争的范围很广,涉及人生的方方面面。就以"居善地"为例,什么是"善地"呢?就是不会引起相争的地方。在中国历史上,明朝建立后的四十余年间,先后组织了十八次从山西向河南、山东、苏北、皖北一带移民。这些地方至今流传着这样的民谣:"若问老家在何处,山西洪洞大槐树;祖先故居叫什么,大槐树下老鸹窝。"为什么要从山西一带向这些地方移民呢?因为这些地方是平原地区,交通便利,物产丰富,也就成为不同势力优先争夺的地方。先是元朝与宋朝在这里征战,后是元朝与元末农民起义军在这里征战,明朝建立后又发生了南京的建文帝与北京的燕王朱棣在这里反复拉锯式的战争,史称"靖难之役"。长期战乱导致这里民众死亡惨重,剩余的民众纷纷逃往太行山之西的地区,以致明朝建立时河南和河北的人口加在一起还没有山西人口多,由此引发了明初的移民活动。通过这件事可以看到,所谓的"善地",所谓的"不争",不仅是当事人不与人争,而且包括不卷入他人之争。只有不争,才不会招致别人的怨恨和报复,自己才能平安生活。

(四)柔弱胜刚强的人生哲理

第四部分选文是《老子》的第三十六章,讲的是柔弱胜刚强的人生哲理,内容分为三个层次。

第一个层次讲四个方面的现象。一是想要让一种物体收拢,一定要先让它张开。二是想要让一种事物衰弱,一定要先让它强壮。三是想要让一件事情荒废,一定要先让它兴盛。四是想要让一件事物归附于自己,自己一定要先为它付出。

第二个层次是对这些现象的理性总结。文章提出:"这些讲的是一种微妙高明的道理,就是柔弱能够战胜刚强。"为什么从这些现象可以得出柔弱胜刚强的道理呢?因为这些现象说明了万事万物运行的一个基本规律,即不同形态之间总是会相互转化。为什么想让一种事物收拢先要让他张开,因为张开到一定程度必然导致收拢。事物的衰弱与强壮、荒废与兴盛、得到与付出,也是基于同样的规律演化。按照事物之间相互转化的规律,眼下柔弱的必然转向刚强,眼下刚强的必然转向柔弱,所以看似柔弱的事物最终会胜过刚强的事物。这里的"胜",指的是两种力量之间的竞争,这种竞争更多的是比较,而不是单纯的争斗。比如婴儿与成人比较,婴儿是柔弱的,成人是刚强的,但是婴儿最终会胜过成人,不仅是力量的比较,也包括寿命的比较。

第三个层次讲的是柔弱胜刚强规律的运用,也就是规律运用需要遵循的条件。

第一个是"鱼儿不能离开深渊",讲的是柔弱的事物胜过刚强的事物,前提条件是必须在适合事物发展的环境之中,就像鱼和鱼之间的比较不能离开深渊一样。第二个是"国家的利器不可以轻易向人展示",讲的是不同力量之间的比较必须遵循正确的方法。比如国与国之间的竞争,弱小的一方可以战胜强大的一方,但是弱国如果没有正确的发展方略,轻易让对方知晓自己的底牌,那就只能是自寻死路,也就不会有什么柔弱胜刚强的结果了。

通过以上选文,我们可以看到《老子》一书的基本结构和特点,就是第一章讲述基本的概念和理论,其他各章分别讲述具体的事物发展变化的法则。在讲述基本概念和理论的时候,特别是对天地万物产生原因的论述,显然带有想象的成分;讲述的具体的事物发展变化法则,则明显来自对现实事物的观察和总结。所以从思维方式的角度而言,老子的思维方式不是彻底的现实思维方式,而是现实思维方式与本体思维方式并用,这也是其学说不及孔子学说之处。

许光达让衔

许光达1908年出生于湖南省长沙县东乡萝卜冲的一个贫苦农家,1925年加入中国共产党,次年受组织派遣考入黄埔军校炮兵科学习,1927年参加南昌起义,在土地革命战争、抗日战争和解放战争中英勇奋战,屡立战功,多次受伤。中华人民共和国成立后任中国人民解放军装甲兵司令员兼政治委员,开展组建装甲兵的各项工作。

1955年,中国人民解放军首次实行军衔制。授衔之前,许光达听说自己将被授予大将军衔,心里十分不安。他多次当面向贺龙同志提出降衔要求,并亲笔给毛泽东主席写了一份降衔申请,认为自己"在中国人民解放军行列里,在中国革命的事业中,不要说同大将们比,心中有愧。与一些年资较深的上将比,也自愧不如。我诚恳、慎重地向主席、各位副主席申请:授我上将衔。"然而组织根据他的资历和贡献,仍然授予他大将军衔。

1965年,中国取消军衔制,改为国家行政级别。根据规定,许光达可评为行政四级。他又主动提出降低级别。在他的一再请求下,组织上满足了他的请求,改定行政五级。在中国十位开国大将中,只有许光达低于行政四级。

许光达在评定军衔和级别时的谦虚和真诚,被人们称为"前无古人,无以复加",毛泽东主席称赞他:"几番让衔,英名天下扬!"

结合《老子》功成不居的人生法则,谈谈你对许光达让衔行为的看法。

思考

1.现代社会竞争激烈,大学生之间的"内卷"成为一种普遍现象。请结合自己的实际,思考如何理解《老子》的"不争无尤"思想。

2.在现实生活中,强弱几乎等同于胜败。请结合实际思考《老子》"柔弱胜刚强"的观点对自己成长的启示。

任务二 《庄子》——人生的极境

《庄子》是继《老子》之后体现道家思想的另一部重要之作,与《老子》《周易》合称为"三玄",相传由战国中期的庄子及其门徒后学所共著。庄子名周,战国中期思想家、哲学家、文学家,庄学的创立者,与老子并称"老庄"。庄子因崇尚自由而不应楚威王之聘,仅担任过宋国地方的漆园吏,史称"漆园傲吏",被誉为地方官吏之楷模。据传庄子曾隐居南华山,死后葬于南华山,故唐玄宗天宝初,庄子被诏封为南华真人,《庄子》一书亦被奉为《南华真经》。

《汉书·艺文志》载《庄子》有55篇。今本《庄子》共33篇,分为内篇7篇、外篇15篇和杂篇11篇。庄学界一般认为内篇是庄子自著,偏重于论述哲学;外篇和杂篇出于庄子门人及庄周学派后学之手,偏重于批判社会。《庄子》一书内容包罗万象,博大精深,涵盖了天地无为、万物齐一等重要思想法则。对宇宙大道、人与自然万物的关系、生命的价值、道德的标准等,都有详细论述,集中反映了庄子的批判哲学和审美观。庄子提倡率情任性的自然人生,奉行全性保真的贵生主义,采取安命与齐物的人生态度,追求超脱自由的人生境界。他的文章不仅极富哲理性和思想性,还有很高的艺术性,善用想象和寓言来传达思想内涵,因事譬喻,随物赋形,同时文章形式洸洋自恣、千姿百态,即便是描写平凡小事,也能写出排山倒海的气势。南宋文学家刘辰翁称其"不随人观物,故自有所见"。鲁迅称"其文则汪洋辟阖,仪态万方,晚周诸子之作,莫能先也"。

《庄子》的思想深刻,想象力丰富,语言灵活多变,把微妙难言的哲理说得引人入胜,被人称为"文学的哲学,哲学的文学",对中华文化产生了深远的影响。

选文

小知不及大知

小知不及大知,小年不及大年①。奚以知其然也？朝菌不知晦朔②,蟪蛄不知春秋③,此小年也。楚之南有冥灵者④,以五百岁为春,五百岁为秋；上古有大椿者⑤,以八千岁为春,八千岁为秋,此大年也。而彭祖乃今以久特闻⑥,众人匹之,不亦悲乎！

汤之问棘也是已:穷发之北⑦,有冥海者,天池也。有鱼焉,其广数千里,未有知其修者,其名为鲲。有鸟焉,其名为鹏,背若泰山,翼若垂天之云,抟扶摇羊角而上者九万里⑧,绝云气,负青天,然后图南,且⑨适南冥也。斥鴳⑩笑之曰:"彼且奚适也？我腾跃而上,不过数仞而下,翱翔蓬蒿之间,此亦飞之至也,而彼且奚适也？"此小大之辩也。

故夫知效一官⑪,行比一乡⑫,德合一君,而徵⑬一国者,其自视也,亦若此矣。而宋荣子犹然笑之⑭。且举世而誉之而不加劝,举世而非之而不加沮,定乎内外之分,辩乎荣辱之境,斯已矣。彼其于世,未数数然也⑮。虽然,犹有未树也。夫列子御风而行,泠然善也,旬有五日而后反。彼于致福者,未数数然也。此虽免乎行,犹有所待者也⑯。若夫乘天地之正,而御六气之辩⑰,以游无穷者,彼且恶乎待哉！故曰:至人无己,神人无功,圣人无名⑱。

(选自《庄子·逍遥游》)

译文

　　小智比不上大智，短命比不上长寿。怎么知道是这样的呢？朝生暮死的菌虫不知道黑夜和黎明，夏生秋死的寒蝉不知道春天和秋天，就是因为生命太短暂。楚国的南方有一种叫冥灵的灵龟，它把五百年当作一个春季，五百年当作一个秋季。上古时代有一种树叫作大椿，它把八千年当作一个春季，八千年当作一个秋季。更何况彭祖这种至今仍然以年寿长久而闻名于世的人，一般人与他相比，岂不是很悲哀吗？

　　商汤问棘的话也有同样的道理。商汤问棘说："上下天地四方，有没有边界呢？"棘说："世界无边无际，无穷之外，还是无穷。在草木不生的极远的北方，有个很深的大海，那就是天池。里面有条鱼，它的身子有几千里宽，没有人知道它有多长，它的名字叫作鲲。有一只鸟，它的名字叫作鹏，鹏的背像泰山，翅膀像天边的云；鹏盘转起飞像旋风一样直上九万里，超越了云层，背负青天，然后向南飞去，将要一直飞到南海去。草丛里的麻雀讥笑鹏说：'它要飞到哪里去呢？我一跳就飞起来，不过数丈高就落下来，在蓬蒿丛中盘旋，这就是最好的飞行了。而它还要飞到哪里去呢？'"这就是小和大的不同了。

　　由此可以知道，那些才智可以胜任一官的人，能力可以庇护一乡百姓的人，德行可以符合君王要求的人，威望能够取得全国信任的人，他们看待自己，也就像上面的那只麻雀一样。这些人自己觉得了不起，而宋荣子对他们只是不屑地一笑。宋荣子这个人，世上所有的人都称赞他，他不会因此就更加努力；世上所有的人都诽谤他，他不会因此就感到沮丧。他能够准确地判断内心追求和外物影响的区别，分辨清楚荣耀和耻辱的界限，他能做到的不过就是这些罢了。他对待世人看重的东西，都不会去汲汲追求。即使如此，他还是没有达到最高的境界。还有那列子驾驭风飞行，怡然自得，水平非常高超，一次可以飞十五天才返回。他对于世人四处求福的事，也不会去汲汲追求。御风而行虽然可以避免步行，但还是需要有所凭借的。倘若能够顺应天地万物的本性，驾驭六种天象的变化，遨游于无穷的境地，哪还有什么需要凭借的呢？所以说：至人不求为己，神人不求功绩，圣人不求名声。

选文

列御寇善射

列御寇为伯昏无人射①,引之盈贯②,措杯水其肘上③,发之,适矢复沓④,方矢复寓。当是时,犹象人也⑤。伯昏无人曰:"是射之射,非不射之射也。尝与汝登高山,履危石,临百仞之渊,若能射乎?"于是无人遂登高山,履危石,临百仞之渊,背逡巡⑥,足二分垂在外,揖御寇而进之⑦。御寇伏地,汗流至踵。伯昏无人曰:"夫至人者,上窥青天,下潜黄泉,挥斥八极⑧,神气不变。今汝怵然有恂目之志⑨,尔于中也殆矣夫⑩!"

(选自《庄子·田子方》)

译文

列御寇为伯昏无人表演射箭,把弓拉得满满的,放一杯水在左肘上,然后开始射箭。射出的箭一支接着一支,在空中形成整齐的行列;前面的箭射中靶心,后面的箭紧随着射在同一个位置。在那个时候,他就像一个木偶一般纹丝不动。伯昏无人说:"这是一般人都能射的射法,不是一般人不能射的射法。我尝试与你一起登上高山,脚踏危石,面对着百仞深渊,你还能这样射吗?"于是伯昏无人登上高山,踏上崖边的大石,背对着百仞深渊向后退,直到两只脚有一半悬在大石外,揖请列御寇到那个地方表演射箭。列御寇吓得趴在地上,冷汗直流到脚跟。伯昏无人说:"作为至人,上能探测青天,下可潜察黄泉,纵放自如于四面八方,而神情不会有丝毫变化。现在你害怕得神色都变了,恐怕要想射中靶子已经很难了!"

选文

佝者承蜩

仲尼适楚,出于林中,见痀偻者承蜩①,犹掇之也②。仲尼曰:"子巧乎!有道邪③?"曰:"我有道也。五六月累丸二而不坠,则失者锱铢④;累三而不坠,则失者十一;累五而不坠,犹掇之也。吾处身也⑤,若厥株拘⑥;吾执臂也⑦,若槁木之枝;虽天地之大,万物之多,而唯蜩翼之知。吾不反不侧,不以万物易蜩之翼,何为而不得!"孔子顾谓弟子曰:"用志不分,乃凝于神⑧,其痀偻丈人之谓乎⑨!"

(选自《庄子·达生》)

译文

孔子到楚国去,从树林中走出来的时候,看见一个驼背的老人在持竿粘蝉,就好像用手拾取一样毫无遗漏。

孔子说:"你真是太巧妙了!这里面有什么技艺吗?"

老人回答说:"我是有技艺的。我花了五六个月的时间练习在竹竿头上叠放丸子,当叠放两个丸子不会掉下来了,粘蝉时失误就很少了;叠放三个丸子不会掉下来,粘蝉时失误就只有十分之一;叠放五个丸子不会掉下来,粘蝉就好像用手拾取一样准确无误了。我立定身子,就像竖起的树干;我举臂执竿,就像干枯的树枝。虽然天地广大,万物众多,我的心中只有蝉翼。我的身体纹丝不动,不会因其他事物影响对蝉翼的关注,这样一来怎么能得不到蝉呢!"

孔子回过头对弟子们说:"专心致志,聚精会神,说的就是这位驼背老人吧!"

选文

庄子妻死

庄子妻死，惠子吊之，庄子则方箕踞鼓盆而歌①。惠子曰："与人②居，长子、老、身死，不哭③，亦足矣，又鼓盆而歌，不亦甚乎！"庄子曰："不然。是其始死也，我独何能无概然④！察其始而本无生，非徒无生也而本无形⑤，非徒无形也而本无气⑥。杂乎芒芴之间⑦，变而有气，气变而有形，形变而有生，今又变而之死，是相与为春秋冬夏四时行也。人且偃然寝于巨室⑧，而我噭噭然⑨随而哭之，自以为不通乎命⑩，故止也。"

（选自《庄子·至乐》）

译文

庄子的妻子死了，惠子前往吊唁，庄子却正双腿叉开像簸箕一样坐在地上，一边敲打着瓦缶一边唱歌。惠子说："你和你的妻子生活了一辈子，她帮你养大了孩子，现在老了、死了，你不哭也就算了，又是敲打瓦缶又是唱歌，这样做是不是太过分了！"

庄子说："不是这个道理。当她刚刚去世的时候，我怎么能不和常人一样悲伤呢！然而静下心来思考，她最初原本就没有生命；不只是没有生命，原本就没有形体；不只是没有形体，原本就没有元气。开始她混杂在似有似无的物象之中，渐渐变化而有了元气，元气变化而有了形体，形体变化而有了生命。如今变化又回到死亡，这就跟春夏秋冬四季运转一样。死去的人将安静地在天地之间睡去，而我却呜呜地围着她啼哭，我觉得这是不通晓天命的行为，所以就停止了悲伤。"

解读

《庄子》是与《老子》齐名的道家经典之作，不过也有学者认为庄子脱胎于儒家

(郭庆藩《庄子集释·前沿并序》)。《庄子》一书现存三十三章,本教材节选其中四章的内容,以期使同学们对这部经典有所了解。《庄子》一书不同于先秦其他诸子的著作,多采用以寓言故事说理的表现形式,其中的事件虽多为想象虚构,所阐释的人生哲理却深刻入微,这是学习《庄子》需要掌握的特点。

(一) 小知不及大知

这一部分选文选自《庄子·逍遥游》,主要讲述庄子心目中的理想人格,内容分为四个层次。

第一个层次讲寿命短长的区别。开篇首先提出一个命题:"小智慧比不上大智慧,寿命短比不上寿命长。"接着举出四个例子进行证明:第一个是被称为朝菌的小虫,因为早晨出生下午死亡,所以连夜晚和黎明都不知道;第二个是寒蝉,因为夏天出生秋天死亡,所以连春天和秋天都不知道。当然也不会知道冬天,只不过为了表述简洁被庄子省略掉了。第三个是楚国南方有一种叫冥灵的灵龟,它把五百年当作一个春季,五百年当作一个秋季。第四个是上古时代有一种树叫作大椿,它把八千年当作一个春季,八千年当作一个秋季。两种寿命短的生物,两种寿命长的生物,短的活不过一天,长的寿命达数万年,寿命短的所知道的东西自然无法与寿命长的比较。然后把通过四种生物比较得出的结论用到人与人的比较,如果一般人想与以年寿长久而闻名于世的彭祖比较智慧,岂不是很悲哀吗?

第二个层次讲体形大小的区别。文章引用了商朝开国君主成汤与其大夫棘的一段对话。商汤问棘说:"上下天地四方,有没有极限呢?"棘说:"世界无边无际,无穷之外,还是无穷。"为了说明世界之大,棘向商汤介绍了一种生物:"在草木不生的极远的北方,有个很深的大海,那就是天池。里面有条鱼,它的身子有几千里宽,没有人知道它有多长,它的名字叫作鲲。有一只鸟,它的名字叫作鹏,鹏的背像泰山,翅膀像天边的云;鹏盘转起飞像旋风一样直上九万里,超越了云层,背负青天,然后向南飞去,将要一直飞到南海去。"在这段对话中,棘称鲲为鱼、鹏为鸟,而在《逍遥游》开篇,庄子已经指出鹏为鲲所变化,所以鲲与鹏是一种生物。说完鲲鹏之大以及它的行为,棘接着讲了麻雀的行为:"草丛里的麻雀讥笑鹏说:'它要飞到哪里去呢?我一跳就飞起来,不过数丈高就落下来,在蓬蒿丛中盘旋,这就是最好的飞行了。而它还要飞到哪里去呢?'"很显然,麻雀的行为和追求是无法与鲲鹏相比的,之所以会出现这样的差别,文章认为"这就是小和大的不同了"。

第三个层次讲人的才能大小的区别。文章提出,由于寿命的长短不同、身体的大小不同,所以会导致智慧的不同,不过每一种生物往往都会自以为自己是最好的。由此可以知道,那些才智可以胜任一官的人,能力可以庇护一乡百姓的人,德行可以符合君王要求的人,威望能够取得全国信任的人,他们看待自己,也就像上面的那只麻雀一样。虽然这些人自己觉得了不起,然而宋荣子对他们只是不屑地一笑。宋荣子这个人,世上所有的人都称赞他,他不会因此就更加努力;世上所有的人都诽谤他,他不会因此就感到沮丧,外物已经不能影响他的心情和行为了。宋荣子能够准确地判断内心追求和外物影响的区别,分辨清楚荣耀和耻辱的界限,不过他能做到的也就是这些了。虽然他对待世人看重的东西,都不会去汲汲追求,即使如此,他还是没有达到最高境界。还有那列子驾驭风飞行,怡然自得,水平高超,一次可以飞十五天才返回。他对于世人四处求福的事,也不会去汲汲追求。御风而行虽然可以避免步行,但还是需要有所凭借的,所以也算不上最高境界。上面提到的人,在现实生活中都是出类拔萃的杰出人才,庄子仍然觉得不满意,所以他想象出一种最理想的人物:"倘若一个人能够顺应天地万物的本性,驾驭六种天象的变化,遨游于无穷的境地,哪还有什么需要凭借的呢?"

第四个层次是对上述讨论的总结,提出最理想的人格的特征。文章提出:"所以说:至人不求为己,神人不求功绩,圣人不求名声。"这里的至人、神人、圣人,实际上不是三种人,而是一种人,也就是庄子心目中最理想的人格,只不过为了表现论述的节奏感,庄子将其分开叙说而已。若不然,至人不求为己,神人、圣人求为己?神人不求为功,至人、圣人求为功?圣人不求名声,至人、神人求名声?在现实生活中,世人无不追求自身的利益、追求建功立业、追求青史留名,庄子认为这些都是有局限的,因而都不是最理想的人格。最理想的人格就是"天地与我并生,而万物与我为一"(《庄子·齐物论》),我就是天地,天地就是我,上天入地无所不能,与天地同寿与日月同辉。当然,这些都是庄子想象中的产物,这样的想象可以丰富人的精神,开阔人的视野,其副作用就是产生了后世的"真人""神仙",甚至把庄子自己也拉入了他想象出来的行列。

(二) 列御寇善射

这一部分选文选自《庄子·田子方》,该篇讲述了众多特异人物的行为。本文为该篇第八章,介绍列御寇为伯昏无人射箭的故事,主要讲述心态在人的修养中的作用,全文分为三个层次。

第一个层次讲列御寇为伯昏无人表演射箭的过程。列御寇把弓拉得满满的,放一杯水在左肘上,才开始表演射箭:射出的箭一支接着一支,在空中形成整齐的行列;前面的箭射中靶心,后面的箭紧随着射在同一个位置,就像前后进门一样。列御寇射箭的时候,他的身体就像一个木偶一样纹丝不动。

第二个层次讲伯昏无人对列御寇射箭的评价和要求。按照一般射箭的标准来看,列御寇毫无疑问属于世间少见的神射手。但是伯昏无人却说:"这是一般人都能射的射法,不是一般人不能射的射法。我尝试与你一起登上高山,脚踏危石,面对着百仞深渊,你还能这样射吗?"于是伯昏无人登上高山,踏上悬崖边的大石头,背对着百仞深渊向后退,一直退到两只脚有一半悬在大石外,才停下来揖请列御寇到那个地方表演射箭。列御寇吓得趴在地上,望着眼前的万丈深渊,冷汗从头一直流到脚跟。

第三个层次讲伯昏无人对修养最高境界的认识。伯昏无人说:"作为一个修养到最高境界的人,上能探测青天,下可潜察黄泉,纵放自如于四面八方,而神情不会有丝毫变化。现在你害怕得神色都变了,这时候要想射中靶子恐怕已经很难了!"射箭需要静心凝志,而静心凝志是古人修养的内容之一。列御寇作为一个神箭手,静心凝志的能力不能说不强,但是在伯昏无人看来,实际上也就是在庄子看来,这样的水平还没有达到修养的最高境界。伯昏无人口中的"至人",也就是庄子心目中人修养的最高境界。到了这个境界,人与天地万物同一,外界的环境、事物无论怎样变化,人的心境都不会受到影响而改变。庄子通过这个故事,把他心目中的"至人",也就是理想人格的标准进一步具体化。

(三)痀偻者承蜩

这一部分选文选自《庄子·达生》,该篇主要讲述通达生命的规律奥妙,本文是其中的第三章,通过痀偻者承蜩的故事,说明心志专一对人行为的影响,全文分为三个层次。

第一个层次是孔子与痀偻老人的对话,可以看作是全文的引子。所谓痀偻,现代人称为驼背。文章说孔子到楚国去,从树林中走出来的时候,看见一个驼背的老人在持竿粘蝉,就好像用手拾取一样毫无遗漏。蜩也就是今天的蝉,也称为知了。孔子感到很惊奇,不禁赞叹道:"你粘蝉的技术真是太巧妙了,这里面有什么诀窍吗?"

第二个层次是驼背老人的回答,是全文的中心,讲述粘蝉的诀窍。老人回答孔子说:"我之所以能做到这一点,其中是有诀窍的。在开始粘蝉之前,我花了五六个月的时间练习在竹竿头上叠放丸子,当我能在竹竿头上叠放两个丸子不会掉下来了,粘蝉时失误就很少了;叠放三个丸子不会掉下来,粘蝉时失误就只有十分之一;叠放五个丸子不会掉下来,粘蝉就好像用手拾取一样准确无误了。粘蝉时我立定身子,就像竖起的树干;我举臂执竿,就像干枯的树枝。虽然天地广大,万物众多,我的心中只有蝉翼。我的身体纹丝不动,不会因其他事物影响对蝉翼的关注,这样一来怎么能得不到蝉呢!"这里有两个值得注意的地方:一是老人的训练方法,即通过在竹竿头上叠放丸子,练习执杆粘蝉的能力。可以想象一下,竹竿头上叠放五个丸子,举起竹竿丸子不会掉下来是一种什么效果。这就是老人粘蝉时身体如树干、举杆如枯枝,能够做到纹丝不动的原因。二是老人粘蝉时的心态,整个世界似乎都不存在了,在他的心中和眼中只有蝉的翅膀。能力加心态,就是驼背老人粘蝉的诀窍。

第三个层次是孔子的评议,是将粘蝉的诀窍上升为人生修养的普遍规律。孔子听了驼背老人的介绍,回过头对弟子们说:"专心致志,聚精会神,说的就是这位驼背老人吧!"

人生修养是一个宏大的命题,可以从许多方面探索、总结和叙说。列御寇善射说的是不受外物的干扰,是从外物而言;痀偻者承蜩说的是心志专一,是从修养者自身而言。在生命的过程中,心志专一可以表现为两种形式:一种是一时一地的,如痀偻者承蜩时的状态;一种是贯穿生命相当长时期的,也就是人们常说的恒心,如滴水穿石、铁杵成针。庄子通过这个故事,为人们生动地展示了心志专一在前一种状态下能够达到的程度,能够取得的效果。如果一个人能把这种精神贯穿到整个生命过程,世间还有什么事情是他不能做到的呢!

(四)庄子妻死

这一部分选文选自《庄子·至乐》,该篇探讨人生怎样才能获得最大的快乐,选文是该篇的第二章,主要讲如何看待人生的死亡,全文分为三个层次。

第一个层次写妻子死去后庄子的行为表现。庄子的妻子死了,惠子前往吊唁,看见庄子正双腿叉开像簸箕一样坐在地上,一边敲打着瓦缶一边唱歌。这一部分没有评论,没有褒贬,完全是客观描写。

第二个层次写惠子对待庄子行为的看法。惠子说:"你和你的妻子生活了一辈子,她帮你养大了孩子,现在老了、死了,你不哭也就算了,又是敲打瓦缶又是唱歌,这样做是不是太过分了!"从惠子的话中可以得知,庄子与他的妻子生活了一辈子,孩子都大了,说明庄子妻子死的时候年龄也已经比较大了。夫妻生活了一辈子,妻子死了庄子不仅不哭,反而敲打着乐器唱歌,这在常人看来自然会觉得不可思议,所以惠子作为庄子的朋友,毫不客气地批评了庄子的这种行为。惠子对待庄子行为的态度,代表了一般人对待死亡的态度,就是亲人死亡是一件令人痛苦的事情,悲痛哭泣才是正常的行为。

第三个层次写庄子对于惠子批评的解释,实际就是庄子对于人生死亡的看法。庄子听了惠子的话,不同意他的说法,辩解说:"不是这个道理。当她刚刚去世的时候,我怎么能不和常人一样悲伤呢!然而静下心来思考,她最初原本就没有生命;不只是没有生命,原本就没有形体;不只是没有形体,原本就没有元气。开始她混杂在似有似无的物象之中,渐渐变化而有了元气,元气变化而有了形体,形体变化而有了生命。如今变化又回到死亡,这就跟春夏秋冬四季运转一样。死去的人将安静地在天地之间睡去,而我却呜呜地围着她啼哭,我觉得这是不通晓天命的行为,所以就停止了悲伤。"按照庄子的解释,妻子刚死去的时候,他也和常人一样感到很悲伤,表现了人之常情。然后他用思想家的理智思考人生死亡这件事,认识到人的生命的产生是一个从无到有的过程,是自然界事物发展的自然现象;生命的死亡是一个从有到无的过程,同样也是自然事物发展的正常现象;人的生死就像春夏秋冬四季转换一样,都是自然界的正常发展过程。从这种生死观念的角度出发,庄子认为为死去的人哭泣是一种不能正确认识生命的行为,因此他就停止了悲伤,恢复正常的生活方式。

庄子妻死这篇文章收录在《庄子》一书的外篇,从叙述的口吻看显然是庄子的门生记载庄子的行为。这篇文章表现了两种对待死亡的态度,惠子的看法是至今仍然流行于世的看法,是人的感情自然发展的结果。庄子的看法是思想家理智思考的结果,从现代科学发展的视角看,这种认识反映的是一种客观事实。前者从感情出发,后者从理智出发。现实中每个人都会从自身的经历选择自己的行为,然而远在两千多年前,庄子就为人们提供了一种不同的视角。在现实生活中,人们安慰死者的亲属,总会说"节哀顺变"。所谓"节哀",就是节制感性的因素;所谓"顺便",就是顺从生命变化的规律,顺从自然变化的规律,也就是顺从理性思维的结果。这正是庄子发现的摆脱痛苦、得到快乐的方法。在《达生》开篇,庄子把这种方法称为"无为",其实质就是认识规律、遵循规律。由此不难看出,庄子虽然喜欢扇动想象的翅膀飞翔,实际上却总是开动理性思维方式的导航。

讨论

史铁生的人生思考

1973年,22岁的史铁生因病失去了双腿,他如何面对这突然的变故,又是怎样走出人生的阴霾,成为许多人喜爱的作家的?史铁生在《我与地坛》一文中描述了自己的心理轨迹。

"两条腿残废后的最初几年,我找不到工作,找不到去路,忽然间几乎什么都找不到了,我就摇了轮椅总是到它(地坛)那儿去,仅为着那儿是可以逃避一个世界的另一个世界。"

"我一连几小时专心致志地想关于死的事,也以同样的耐心和方式想过我为什么要出生。这样想了好几年,最后事情终于弄明白了:一个人,出生了,这就不再是一个可以辩论的问题,而只是上帝交给他的一个事实;上帝在交给我们这件事实的时候,已经顺便保证了它的结果,所以死是一件不必急于求成的事,死是一个必然会降临的节日。这样想过之后我安心多了,眼前的一切不再那么可怕。"

"剩下的就是怎样活的问题了,这却不是在某一个瞬间就能完全想透的、不是一次性能够解决的事,怕是活多久就要想它多久了,就像是伴你终生的魔鬼或恋人。所以,十五年了,我还是总得到那古园里去,去它的老树下或荒草边或颓墙旁,去默坐,去呆想,去推开耳边的嘈杂理一理纷乱的思绪,去窥看自己的心魂。"

"其实总共只有三个问题交替着来骚扰我,来陪伴我。第一个是要不要去死?第二个是为什么活?第三个,我干吗要写作?"

"让我看看,它们迄今都是怎样编织在一起的吧。"

"你说,你看穿了死是一件无需乎着急去做的事,是一件无论怎样耽搁也不会错过的事,便决定活下去试试?是的,至少这是很关键的因素。为什么要活下去试试呢?好像仅仅是因为不甘心,机会难得,不试白不试,腿反正是完了,一切仿佛都要完了,但死神很守信用,试一试不会额外再有什么损失。说不定倒有额外的好处呢是不是?我说过,这一来我轻松多了,自由多了。为什么要写作呢?作家是两个被人看重的字,这谁都知道。为了让那个躲在园子深处坐轮椅的人,有朝一日在别人眼里也稍微有点光彩,在众人眼里也能有个位置,哪怕那时再去死呢也就多少说得过去了,开始的时候就是这样想,这不用保密,这些已经不用保密了。"

"我带着本子和笔,到园中找一个最不为人打扰的角落,偷偷地写。要是有人走过来,我就把本子合上把笔叼在嘴里。我怕写不成反落得尴尬。我很要面子。可是你写成了,而且发表了。人家说我写得还不坏,他们甚至说:真没想到你写得这么好。我心说你们没想到的事还多着呢。我确实有整整一宿高兴得没合眼。"

1998年,史铁生的肾病发展为尿毒症,靠着每周3次透析维持生命,但是他仍然笔耕不辍,自称"职业是生病,业余在写作",先后出版50多部作品,获得"茅盾文学奖"等众多奖项,历任中国作家协会全国委员会委员、北京作家协会副主席、中国残疾人联合会副主席。

请根据《庄子》阐述的生死观,结合史铁生的人生思考,谈谈你对人生意义的理解。

1. 根据《庄子》"小知不及大知"故事中不同生物的不同认识,结合自己以往的经历,思考整体思维方式中"整体"的范畴对思维结果的影响。

2. 根据《庄子》"列御寇善射"的故事,结合自己的实际经历,思考心态对人行为的影响。

任务三 《荀子》——儒家的法门

《荀子》是战国后期儒家学派最重要的著作之一,相传为荀子及其弟子所作。荀子,名况,字卿,战国末期赵国人,中国古代著名的思想家、文学家、政治家,时人尊称为荀卿,西汉时因避汉宣帝刘询讳,又称孙卿。年五十,始游学于齐国,曾在齐国首都临淄(今山东淄博)的稷下学宫任祭酒,因受到谗言而前往楚国,任兰陵(今山东苍山)令,后失官家居,著书立说,死后葬于兰陵。著名学者韩非、李斯均是他的学生。

《荀子》是记录荀子思想的主要著作,全书一共三十二篇,一般认为后五篇不是他本人的著作,而是他和弟子们整理或记录他人言行的文字。《荀子》一书内容丰富,博大精深,是先秦学术思想成果总结性的著作,展示了荀子在哲学、逻辑学、伦理、政治、经济、军事、教育、科学、文学、艺术等各方面的研究成果。荀子是一位儒学大师,在吸收法家学说的同时发展了儒家思想。他尊王道,也称霸力;崇礼义,又讲法治;在"法先王"的同时,又主张"法后王"。孟子创"性善"论,强调养性;荀子主"性恶"论,强调后天的学习。这些都说明他与嫡传的儒学有所不同。他还提出了人定胜天,反对宿命论,万物都循着自然规律运行变化等朴素唯物主义观点。

《荀子》一书是中国古代儒、法、道、墨等诸子学术思想的集大成之作。它对政治、经济、文化、思想的方方面面都提出了自己的看法,对中国社会影响深远。其中"人定胜天""隆礼敬士""尚贤使能""重法爱民""开源节流"等思想至今仍散发着熠熠生辉的时代价值。同时《荀子》一书又是先秦诸子散文创作的佼佼者。《论语》《孟子》

基本是语录体和记事体的结合,到了《荀子》则已形成完整的论文体。荀子的文章浑厚严谨,说理透彻,且多用比喻、对比、排比、引用名言等手法,观点鲜明,论据充分,在先秦诸子散文中独具特色。《荀子》与《孟子》《庄子》《韩非子》四部著作被誉为先秦诸子散文的四大支柱。

选文

学不可以已

君子曰:学不可以已①。

青,取之于蓝,而青于蓝②;冰,水为之,而寒于水。木直中绳③,𫐓④以为轮,其曲中规。虽有槁暴⑤,不复挺者,𫐓使之然也。故木受绳则直,金就砺则利,君子博学而日参省乎己⑥,则知明而行无过矣。

吾尝终日而思矣,不如须臾之所学也;吾尝跂⑦而望矣,不如登高之博见也。登高而招,臂非加长也,而见者远;顺风而呼,声非加疾也,而闻者彰⑧。假舆马者,非利足⑨也,而致千里;假舟楫者,非能水也,而绝江河。君子生非异⑩也,善假于物也。

(选自《荀子·劝学》)

注释

译文

君子说:学习是不可以停止的。

靛青是从蓝草里提取的,可是比蓝草的颜色更深;冰是水凝结而成的,却比水还要寒冷。一块木材直得合乎墨线,假如用火烤使它弯曲做成车轮,它的弧度就可以符合圆规的标准。即使又被风吹日晒而干枯了,木材也不会再挺直,是因为经过加工使它成为这样的。所以木材用墨线量过再经辅具加工就能取直,刀剑在磨刀石上磨过就能变得锋利,君子广泛地学习并且每天检验反省自己,那么他就会智慧明达而且行为没有过失了。

我曾经整天思索，却不如片刻学到的知识多；我曾经踮起脚远望，却不如登到高处看得广阔。登到高处招手，胳膊没有加长，可是别人在远处也能看见；顺着风呼叫，声音没有变得洪亮，可是听的人在远处也能听得很清楚。借助车马的人，并不是脚走得快，却可以达到千里之外；借助舟船的人，并不善于游泳，却可以横渡江河。君子的资质秉性跟一般人没有不同，只是君子善于借助外物罢了。

选文

君子役物

志意修则骄富贵①，道义重则轻王公；内省而外物轻矣。传②曰："君子役物，小人役于物。"此之谓矣。身劳而心安，为之；利少而义多，为之；事乱君③而通，不如事穷君④而顺焉。故良农不为水旱不耕，良贾不为折阅⑤不市，士君子不为贫穷怠乎道。

体恭敬而心忠信，术⑥礼义而情爱人，横行天下，虽困四夷，人莫不贵。劳苦之事则争先，饶乐之事则能让，端悫⑦诚信，拘守而详，横行天下，虽困四夷，人莫不任。体倨固而心埶诈⑧，术顺墨⑨而精杂污，横行天下，虽达四方，人莫不贱。劳苦之事则偷儒⑩转脱，饶乐之事则佞兑⑪而不曲，辟违而不悫⑫，程役而不录⑬，横行天下，虽达四方，人莫不弃。

（选自《荀子·修身》）

译文

志向修炼好就能傲视富贵，看重道义就能鄙薄王公贵族；内心清楚自己的追求，就能够轻看外来的财物。古书上说："君子支配外界事物，小人则被外物所支配。"说的就是这个道理。身体劳累但内心感到安适的事，就去做它；利益少但意义重大的事，就去做它；侍奉暴君违背礼仪而显达，不如侍奉穷困的君主而按照礼仪治理国家。

所以好的农民不因为遭到水灾、旱灾就不再耕种,好的商人不因为亏本就不再做买卖,有志向和学问的人不因为贫穷而怠慢道义。

外貌恭敬,内心忠诚,遵循礼义并且性情仁爱,这样的人走遍天下,即使困顿在边远偏僻的地区,也没有人不敬重他的;劳累辛苦的事抢先去做,有利可图、享乐的事却能让给别人,诚实守信谨守法度而又明察事理,这样的人走遍天下,即使困顿在边远地区,也没有人不信任他的。外表傲慢固执,内心阴险狡诈,遵循慎到、墨翟的一套而精神驳杂污秽,这样的人走遍天下,即使显贵四方,没有人不轻视他的;遇到劳累辛苦的事就逃避,遇到有利可图、得以享乐的事就用花言巧语地谄媚,毫不谦让地迅速抢夺,邪僻恶劣又不忠厚,轻贱而不善良,这样的人走遍天下,即使显贵四方,没有人不摒弃他的。

选文

君子小人之分

材性知能,君子小人一也。好荣恶辱,好利恶害,是君子小人之所同也,若其所以求之之道,则异矣。小人也者,疾①为诞而欲人之信己也,疾为诈而欲人之亲己也,禽兽之行而欲人之善己也。虑之难知也,行之难安也,持之难立也,成②则必不得其所好,必遇其所恶焉。故君子者,信矣,而亦欲人之信己也;忠矣,而亦欲人之亲己也;修正治辨矣,而亦欲人之善己也。虑之易知也,行之易安也,持之易立也,成则必得其所好,必不遇其所恶焉。是故穷则不隐,通则大明,身死而名弥白,小人莫不延颈举踵而愿曰:"知虑材性,固有以贤人矣。"夫不知其与己无以异也。则君子注错之当③,而小人注错之过也。故孰察小人之知能,足以知其有馀,可以为君子之所为也。譬之越人安越,楚人安楚,君子安雅④。是非知能材性然也,是注错习俗之节异也。仁义德行,常安之术也,然而未必不危也;污僈、突盗⑤,常危之术也,然而未必不安也。故君子道其常,而小人道其怪。

(选自《荀子·荣辱》)

译文

　　一个人的资质、本性、智慧、才能,君子和小人是一样的。喜欢荣誉而厌恶耻辱,爱好利益而憎恶祸害,这是君子和小人所相同的,至于他们用来求取光荣、利益的途径就不同了。小人,肆意妄言却还要别人相信自己,竭力欺诈却还要别人亲近自己,禽兽一般的行为却还要别人赞美自己。他们考虑问题难以明智,做起事来难以稳妥,坚持的一套难以成立,结果就一定不能得到他们所喜欢的光荣和利益,而必然会遭受他们所厌恶的耻辱和祸害。至于君子,对别人说真话,也希望别人相信自己;对别人忠诚,也希望别人亲近自己;善良正直而处理事务合宜,也希望别人赞美自己。他们考虑问题容易明智,做起事来容易稳妥,坚持的主张容易成立,结果就一定能得到他们所喜欢的光荣和利益,一定不会遭受他们所厌恶的耻辱和祸害;所以他们穷困时名声也不会被埋没,而通达时名声就会十分显赫,死了以后名声会更加辉煌。小人无不伸长了脖子踮起了脚跟而羡慕地说:"这些人的智慧、思虑、资质、本性,肯定有超过别人的地方啊。"他们不知道君子的资质才能与自己并没有什么不同,只是君子将它措置得恰当,而小人将它措置错了。所以仔细地考察一下小人的智慧才能,就能够知道它们是绰绰有余地可以做君子所做的一切的。这实际就像越国人习惯于住在越国,楚国人习惯于住在楚国,君子习惯于按照礼仪行事一样,并不是智慧、才能、资质、本性造成的,而是由于对其资质才能的措置以及习俗的节制的不同所造成的。奉行仁义道德常常是能得到安全的办法,然而不代表就不会发生危险;污秽卑鄙、强取豪夺常常是遭受危险的根源,但是不一定就得不到安全。虽然如此,君子总是会选择那正常的途径,而小人总是会选择那偏僻的途径。

选文

天行有常

　　天行有常,不为尧存,不为桀亡。应之以治则吉,应之以乱则凶。强本而节用,则天不能贫;养备而动时,则天不能病;修道而不贰①,则天不能祸。故水旱不能使之饥②,寒暑不能使之疾,袄怪不能使之凶③。本荒而用侈,则天不能使之富;养略而动罕④,则天不能使之全;倍道而妄行,则天不能使之吉。故水旱未至而饥,寒暑未薄而疾⑤,袄怪未至而凶。受时与治世同,而殃祸与治世异,不可以怨天,其道然也。故明于天人之分,则可谓至人矣。

（选自《荀子·天论》）

译文

天道运行有自身的规律,不会因为尧的贤明而使他存在,也不会因为桀的残暴而使他灭亡。用安定来适应天道就吉利,用混乱来适应天道就凶险。加强农业而节约费用,那么上天也不能使社会贫穷;衣食充足而按时劳作,那么上天也不能使社会混乱;坚持正确的方略而不出差错,那么上天也不能使社会产生灾祸。所以,水涝旱灾不能产生饥荒,寒暑异常不能导致疾病流行,怪异天象不能引起社会动荡。农业荒废而生活奢侈,那么上天也不能使社会富裕;衣食不足而又懒惰,那么上天也不能使社会安定;违背大道而胡作非为,那么上天也不能使社会和谐。所以,水涝旱灾没有发生就有饥荒,寒暑异常还没迫近社会就动乱,怪异天象没有出现社会就陷入危难。遇到的天时与安定的社会是一样的,而遇到的灾难祸患与安定的社会却不一样,这不能埋怨上天,是错误的治理方法造成的。所以,明白了天道和人道的不同作用,这样的人就可以称得上是至人了。

《荀子》一般认为是战国后期重要的儒家学派著作,但与早期儒家代表人物的主张具有明显的不同,该书主张"礼法并制",荀子的学生韩非子、李斯等均为法家的代表人物。作为战国后期的学术著作,《荀子》在内容上吸收了此前诸家学派学术争鸣的成果,在形式上分类阐述不同的具体问题,逻辑严密,分析透辟,善用比喻排比,语言优美凝练,对后世影响很大。本教材节选《荀子》中四章的内容,以期使同学们对这部经典有所了解。

(一) 学不可以已

这一部分选文选自《荀子·劝学》,主要讲述学习的重要性,内容分为三个段落,其中二三段落在原文中并不相连,但是意脉一贯,可以独立成篇。

第一个段落首先提出《荀子·劝学》全篇的论点，即"君子曰：学不可以已。"这句话是全篇的第一句，也是《荀子》一书的第一句。为什么首先要提出学习这个问题呢？因为荀子认为人的本性是"恶"的，所以必须通过学习来矫正。开篇首先提出学习问题，也就是提出全书论述的关键。所谓"君子曰"，是一种论述技巧。"君子"一词，在先秦诸子著作中被屡屡使用，其内涵一是与一般人相对而言，指具有道德修养的人；二是指具有很高的道德修养的人。此处显然运用的是第二个含义，以此提高论点的权威性。"学不可以已"的"已"，既可以理解为"停止"，也可以理解为"放弃"，二者的共同之处，就是强调学习的重要性。《论语》开篇第一句说，"子曰：学而时习之，不亦说乎！"《荀子》则以"君子曰：学不可以已"开篇，以此表明自己是孔子学说的继承人。

　　第二个段落论证为什么"学不可以已"，也就是学习的重要性，论证过程分为两个部分。第一部分首先提出三个物体变化的例子作为证明。第一个例证："青，取之于蓝，而青于蓝。"第二个例证："冰，水为之，而寒于水。"第三个例证："木直中绳，輮以为轮，其曲中规。虽有槁暴，不复挺者，輮使之然也。"在这三个例证中，木材经过火的烘焙做成车轮的寓意比较明显，借木材经过加工成为器物，比喻人只有经过学习才能成才的道理，说明学习在人成长中的作用。而青出于蓝胜于蓝、冰生于水寒于水的寓意则比较隐晦，文章将其列为第一和第二个例证，说明作者非常重视这种寓意，然而文章却没有对这种寓意做进一步的阐释。后世学者多将其看作学生可以超过老师，比如韩愈《师说》中的"弟子不必不如师，师不必贤于弟子"，然而这与学习有什么关系呢？其实这两个例证的寓意，可以用牛顿的一句话说明——"我之所以看得远一些，是因为我站在巨人的肩膀上。"青之所以胜于蓝，是因为萃取了蓝的精华；冰之所以寒于水，是因为在水的基础上进一步发展。人的成长亦然，学生之所以能够超过老师，是因为站在老师的肩膀之上；后人之所以胜过前人，也在于站在前人的肩膀上。反之，人如果不学习前人的经验，就不可能超过前人的高度，由此说明了学习在人的成长中的重要性。第二部分对例证的寓意加以说明和阐释。文章提出，从三个例证可以得出这样的结论："木材用墨线量过再经辅具加工就能取直，刀剑在磨刀石上磨过就能变得锋利，君子广泛地学习并且每天检验反省自己，那么他就会智慧明达而且行为没有过失了。"木材经过加工变化形态上述例证中已经提到，刀剑磨砺的道理与其相同，从这些例证中得出人经过学习可以知识通达避免过失的结论，就非常具有说服力。值得注意的是，此处的"君子博学而日参省乎己"，出自《论语·述而》的"吾日三省吾身"，这也再一次说明了《荀子》与《论语》的关系。

　　第三个段落讲的是如何学习的方法，内容分为三个部分。第一个部分讲述自己的经历："我曾经整天思索，却不如片刻学到的知识多；我曾经踮起脚远望，却不如登到高处看得广阔。"这种经历在现实中非常普遍，所以很容易获得人们的认同。第二部分分析这种经历产生的原因和结果："登到高处招手胳膊没有加长，可是别人在远处也能看见；顺着风呼叫声音没有变得洪亮，可是别人在远处也能听得很清楚。借助车马的人并不是脚走得快，却可以达到千里之外；借助舟船的人并不善于游泳，却可以横渡江河。"登高望远的例证是第一部分谈到的，顺风而呼、乘车而行、舟船渡河的例证此前没有提及，但因为与前者属于同一类型，所以紧随其后一口气陈说，不仅不显得突兀，反而使人感到流利酣畅，大大增强了文章的气势和说服力。第三部分是对上述例证所含寓意的总结和阐释："所以君子的资质秉性跟一般人没有不同，只是君子善于借助外物罢了。"人与人天生资质的区别，自古至今一直是一个有争议的话题。《荀子》认为君子的天生资质与一般人相同，这与孔子的观点相同。孔子认为自己不是什么"天才""圣人"，自己的才智是后天学习的结果。这些话背后的潜台词是：你们谁想当"天才""圣人"尽管去当吧，反正我不是这样的人。孔子因为博学多识，在当时就被人称为"天才""圣人"，孔子认为自己不是天生的，那么谁还有资格成为这样的人呢？结论就是世间本无生而知之的人。人生资质大体相同，为什么君子的才智德行却远远超过一般人？文章认为原因在于"君子善于借助外物"。君子如何借助外物呢？学习先贤的著作是借助先贤的智慧，听从师长的教诲是借助师长的智慧，见贤思齐是借助他人的经验，见不贤而思不肖是借助他人的教训，效法天地是借助天地的规律……如此种种的借助外物，实质是不同形式的学习，因此所谓的"善于借助外物"，实质就是善于运用不同的方式、向不同的对象学习。

(二) 君子役物

这一部分选文选自《荀子·修身》，主要讲述人的精神与外部事物的关系，内容分为三个层次。

第一个层次提出文章的论点，即"志意修则骄富贵，道义重则轻王公；内省而外物轻矣。""志意修"就是确立了志向，确立了什么样的志向呢？就是"道义重"，看重道义，追求道义。在对偶句中，两句话的词语形式相互对仗，内容则相互补充，此处的"志意修"与"道义重"，"骄富贵"与"轻王公"，就是对仗和补充的关系。这句话的意思是：确立了追求道义的志向，就能够傲视富贵、鄙薄权贵，这就叫作"内省而外物轻"。"内省"指内心清楚，清楚自己真正的追求，即精神追求的目标；"外物轻"即看轻外物，与一般人看重外物相区别。明确了人生有了精神追求就能够看轻外物，是这段文章论述的基本论点。

第二个层次论述"内省而外物轻"在现实中的具体表现。文章首先提出,古书上说"君子支配外界事物,小人则被外物所支配",以此说明自己的观点并不是凭空生造,前人就有这样的说法。其次提出这样的认识在现实中的具体行为,一是身体虽劳累但内心认为应该做的事,就要去做;二是得利虽少但符合道义的事,就要去做;三是即使侍奉违背礼仪的大国之君能够显达,也不如侍奉穷困小国的君主按照礼仪治理国家。在这三种行为中,行为的结果和意愿与现实生活中一般人的选择是相反的,体现的是追求道义轻视外物的志向。文章最后总结说,好的农民不会因为遭到水灾、旱灾就不再耕种,好的商人不会因为亏本就不再做买卖,确立志向的人不会因为生活贫穷而放弃道义。

第三个层次论述"内省而外物轻"的行为结果。文章对比了两种人的两种不同行为方式的结果:第一种人外貌恭敬,内心忠诚,遵循礼义并且性情仁爱,这样的人走遍天下,即使困顿在边远偏僻的地区,也没有人不敬重他的;劳累辛苦的事抢先去做,有利可图、享乐的事却能让给别人,诚实守信,谨守法度而又明察事理,这样的人走遍天下,即使困顿在边远地区,也没有人不信任他的。第二种人外表傲慢固执,内心阴险狡诈,遵循慎到、墨翟的一套而精神驳杂污秽,这样的人走遍天下,即使显贵四方,没有人不轻视他的;遇到劳累辛苦的事就逃避,遇到有利可图、得以享乐的事就花言巧语地谄媚,毫不谦让地迅速抢夺,邪僻恶劣又不忠厚,轻贱而不善良,这样的人走遍天下,即使显贵四方,没有人是不摒弃他的。第一种人的行为就是"内省而外物轻",第二种人则恰恰相反,前者为人尊敬和信任,后者被人轻视和摒弃,人应该选择哪一种行为,文章没有明确说明,结论其实已经不言而喻。

(三) 君子小人之分

这一部分选文选自《荀子·荣辱》,主要论述君子之所以为君子、小人之所以为小人的原因,内容分为五个层次。

第一个层次是提出论点。文章提出:"材性知能,君子小人一也。好荣恶辱,好利恶害,是君子小人之所同也,若其所以求之道,则异矣。""君子"指有修养的人,"小人"指一般的民众。"材性知能",指人天生的资质、本性、智力、能力。文章认为,在这些先天禀赋方面,君子和小人是一样的;在喜欢荣耀厌恶耻辱、喜欢利益憎恶危害这些后天好恶方面,君子与小人也是相同的。那么为什么会出现君子和小人的差别呢?文章提出本文的论点:如果探求君子之所以为君子、小人之所以为小人的原因,就在于他们追求自己希望得到的东西的路径不同。

第二个层次论述小人在追求目的时的路径和结果。小人肆意妄言却还要别人相信自己,竭力欺诈却还要别人亲近自己,禽兽一般的行为却还要别人赞美自己。他们考虑问题难以明智,做起事来难以稳妥,坚持的一套难以成立,结果就一定不能得到他们所喜欢的光荣和利益,而必然会遭受他们所厌恶的耻辱和祸害。

第三个层次论述君子在追求目的时的路径和结果。君子对别人说真话,也希望别人相信自己;对别人忠诚,也希望别人亲近自己;善良正直而处理事务合宜,也希望别人赞美自己。他们考虑问题容易明智,做起事来容易稳妥,坚持的主张容易成立,结果就一定能得到他们所喜欢的光荣和利益,一定不会遭受他们所厌恶的耻辱和祸害;所以他们穷困时名声也不会被埋没,而通达时名声就会十分显赫,死了以后名声会更加辉煌。

第四个层次分析君子与小人不同行为产生的原因。文章指出,小人看到君子的成就,纷纷伸长了脖子踮起了脚跟争相观看,嘴上总是羡慕地说:"这些人的智慧、思想、资质、本性,肯定有超过常人的地方啊。"其实他们不知道君子的资质才能与自己并没有什么不同,只不过君子把才能用对了地方,小人把才能用错了地方。所以,仔细地考察小人的智慧才能,就能够知道它们是绰绰有余地可以做君子所做的一切。这实际就像越国人习惯于住在越国、楚国人习惯于住在楚国、君子习惯于按照礼仪行事一样,并不是智慧、才能、资质、本性造成的。

第五个层次总结君子与小人选择行为方式的原则。文章提出,奉行仁义道德是常常能得到安全的办法,然而这也不代表就不会发生危险;污秽卑鄙、强取豪夺是常常会遭受危险的根源,但是这也不一定就得不到安全。文章认为,虽然现实生活中没有完美无缺的行为方式,但是"君子道其常而小人道其怪"。"道其常""道其怪"的"道",可以理解为说、重视、遵循;"常"指正常,"怪"指不正常、偏僻。意思是君子总是选择走正常的路径,小人总是选择偏僻的路径。为什么君子总是选择正常的路径,因为正常的路径可能短时期获利少,但风险也小,从长远看则效益最大;为什么一般人总是选择偏僻的路径,偏僻的路径类似于生活中的斜路,能够快速达到目的,但却存在较大的风险,从长远看可能效益最小。比如做买卖短斤少两,官场上买官卖官,眼下获利却损失长远利益。此处的"故君子道其常而小人道其怪",与《周礼·中庸》"故君子居易以俟命,小人行险以徼幸"文义相近,可以参照理解。

(四)天行有常

这一部分选文是《荀子·天论》的开篇章,主要论述人应该如何看待天象的变化,论述过程分为四个层次。

第一个层次首先提出论点。文章提出:"天行有常,不为尧存,不为桀亡。应之以治则吉,应之以乱则凶。"意思是天的运行有其基本的规律,不会因为尧的贤明而使其存在,也不会因为桀的昏聩而使其灭亡。在我国古代文化中,一直存在"天人感应"的说法,认为人的行为会感动天,天对人的不同行为会显示不同的天象。比如,贤明的君王主政,天会降下祥瑞以示勉励;君王的政令不当,天会降下灾害以示惩罚。墨子提出"爱人利人者,天必福之;恶人贼人者,天必祸之",西汉董仲舒把这种认识发展为一套系统的理论,对后世影响很大。《荀子》反对这种学说,明确提出"天行有常"的观点。那么怎么解释各种社会灾害产生的原因呢?文章提出了自己的观点,即"应之以治则吉,应之以乱则凶",意思是采取合理的治理措施就会得到好的结果,采取不合理的治理措施就会得到坏的结果。这就是说,社会发展的好坏与天象完全无关,关键在于采取什么样的治理措施,即在人而不在天。

第二个层次讲什么是"应之以治则吉",也就是采取合理的治理措施就会得到好的结果。文章提出了三个方面的正确做法:第一个是"强本而节用,则天不能贫"。"强本",指增强社会的根本,在古代就是发展农业;"节用",指节制社会对财富的使用,节约社会资源。农业发展了,社会财富增多了,再加上节约使用,那么上天也不能使社会贫穷。第二个是"养备而动时,则天不能病"。"养备",指准备充足的给养,古代主要是粮食和布匹。"动时",指按照时节安排社会活动,在农业社会,各种社会活动需要按一定的时间规律安排,这样才能保证农业生产正常进行。仓库存有足够的粮食和布匹,各种社会活动不误农时,保证农业有好收成,那么上天也不能使社会动乱。第三个是"修道而不贰,则天不能祸。""修道",指遵循规律行事;"不贰",指一以贯之,不轻易改变。遵循规律行事,坚定不移地执行合理的治理措施,那么上天也不能使社会产生灾祸。文章认为,如果坚持这样做,即使发生水灾、旱灾人们也不会缺衣少吃,即使寒暑变化不正常也不会导致疾病流行,即使出现怪异现象也不会给社会带来危害。

第三个层次讲什么是"应之以乱则凶",也就是采取不合理的治理措施就会得到坏的结果。文章列举了与上文相反的三种做法:第一种是"本荒而用侈,则天不能使之富",也就是农业生产荒废,社会奢侈成风,那么上天也不能使国家富裕。第二种是"养略而动罕,则天不能使之全",也就是库存的粮食布匹很少,各种社会活动又不按照正常的时节,农业生产所需的人力物力不能得到保证,那么上天也不能使社会安定。第三种是"倍道而妄行,则天不能使之吉",也就是违背道义随意妄行,那么上天也不能使社会安定和谐。文章认为,如果坚持这样做,即使水旱灾害没有来也会产生饥荒,即使没有寒暑变化不正常也会导致疾病流行,即使没有怪异现象出现社会也会陷入危难。

第四个层次讲最终的结论。文章提出，采取不合理的治理措施，遇到同样的天象与采取合理治理措施相比，产生的危害完全不同，这就说明不能把社会灾害产生的原因归咎于天，其中的道理是非常清楚的。因此，在社会发展过程中，能够清楚地分辨出上天与人事在其中的作用，这样的人就可以称得上是最高明的人了。

讨论

两个大学同学的人生选择

21世纪，某市买官卖官成风，干部不论工作好坏，不给上级领导行贿就不能晋升。

贾某和郑某是大学同学，毕业后一起分到该市工作。贾某投机取巧，通过行贿很快晋升为镇长。郑某毕业后则一直在镇农业技术站工作。贾某劝郑某也像他一样，而郑某始终不为所动。

几年后，该市买官卖官的黑幕被揭开，参与买官卖官的多名干部受到处分，贾某被免去原来的职务。这么多的干部被免职，一下子空出了许多岗位，组织了解到郑某毕业后一直兢兢业业工作，能够拒绝不正之风的诱惑，决定将其提拔到镇领导岗位。

结合上述故事，请谈谈你对《荀子·荣辱篇》"君子道其常而小人道其怪"这句话的理解。

思考

1.根据《荀子·修身》中"内省而外物轻"的思想，思考在现实中我们应该怎样看待精神追求和物质利益的关系。

2.根据《荀子·天论》"天行有常"的认识，思考面对纷纭变化的社会现实，我们应该怎样确立自己的行为原则。

任务四 《淮南子》——经典的淬炼

《淮南子》又名《淮南鸿烈》《刘安子》,是西汉皇族淮南王刘安及其门客李尚、苏非等收集史料集体编写而成的一部哲学著作,成书于西汉初年。因由西汉皇族淮南王刘安主持撰写,故而得名。刘安的父亲刘长是汉高祖的庶子,封为淮南王,刘安作为长子,承袭父爵,故亦称淮南王。

《淮南子》在继承先秦道家思想的基础上,糅合了阴阳、墨、法和一部分儒家思想的精华,对后世研究秦汉时期文化起到了不可替代的作用。《淮南子》著录共分为内二十一篇、中八篇、外三十三篇,内篇论道,中篇养生,外篇杂说。现存世的只有内篇,现今出版的版本,大多对内篇进行删减后再出版。《淮南子》的思想内容以道家思想为主,同时夹杂着先秦各家的学说,是战国至汉初黄老之学理论体系的代表作。该书在阐明哲理时,旁涉奇物异类、鬼神灵怪,保存了一部分神话材料,像"女娲补天""后羿射日""共工怒触不周山""嫦娥奔月""塞翁失马"等。

《淮南子》一书既保存了先秦时期光辉灿烂的文化,又开启了两汉以后的文化,构筑了一个以道论为主体的哲学思想体系,既对治国之道做出了有益的探索,还对中国古代科技发展做出了重要贡献,具有很高的文学价值和学术价值,是一部不可多得的奇书,也是中国古代文化典籍中的精品。

选文

不道之道

夫善游者溺,善骑者堕,各以其所好,反自为祸。是故好事者未尝不中①,争利者未尝不穷也。昔共工之力,触不周之山,使地东南倾。与高辛争为帝,遂潜于渊,宗族残灭,继嗣绝祀。越王翳逃山穴,越人熏而出之,遂不得已。由此观之,得在时,不在争;治在道,不在圣。土处下，不在高，故安而不危；水下流，不争先，故疾而不迟。

昔舜耕于历山，期年而田者争处墝埆②，以封壤肥饶相让③；钓于河滨，期年而渔者争处湍濑④，以曲隈深潭相予⑤。当此之时，口不设言，手不指麾⑥，执玄德于心，而化驰若神⑦。使舜无其志，虽口辩而户说之⑧，不能化一人。是故不道之道，莽乎大哉！夫能理三苗⑨，朝羽民⑩，徒裸国，纳肃慎，未发号施令而移风易俗者，其唯心行者乎？法度刑罚，何足以致之也！

是故圣人内修其本，而不外饰其末，保其精神，偃其智故⑪。漠然无为⑫，而无不为也；澹然无治也⑬，而无不治也。所谓无为者，不先物为也；所谓无不为者，因物之所为。所谓无治者，不易自然也；所谓无不治者，因物之相然也。

(选自《淮南子·原道训》)

译文

善于游泳的人容易淹死，善于骑马的人常会落马摔伤，他们各因自己的爱好特长而招致灾祸。所以放纵情欲的人没有不损伤自身的，争名夺利的人没有不穷困潦倒的。以前共工力大无比，一怒之下头撞不周山，使大地往东南倾斜，起因是与高辛氏争夺帝位，最终共工变成异物藏到深渊中，他的族人被屠戮灭绝。越王翳为太子时，不愿继承王位而躲进山洞，但越国人用火将他熏出来，还是推举他成为越王。由此看来，有所得取决于时势，而不取决于争夺；治理天下取决于合道，而不取决于圣明。土处低而不争高，反而安全没有危险；水下流而不争先，反而迅流没有迟滞。

过去舜在历山亲自耕种，一年后，耕田者都争着要耕贫瘠的土地而把肥沃的土地让给他人。舜在江边钓鱼，一年后，渔民都争着要在水浅流急的地方打鱼而将河湾深潭让给别人。那时的舜既不喋喋不休地说教，也不指手画脚地干预，他只是保持自然无为的信念而行事，然而感化民众的速度却达到如此神奇的效果。假如舜没有这种信念和德行，即使能言善辩而挨家挨户去劝说，也不能感化一人。因此，不可言说的

"道",其作用真的是浩大无垠!舜帝能治理三苗之乱,使羽国民众都来朝见,徙移裸国的习俗,接纳肃慎人,都未曾发号施令便能移风易俗,这大概只有顺应人心运行规律的人才能做到吧?靠法度刑罚哪能收到这样的效果!

所以圣人注重内在本性的修养,而不修饰外表的枝节,保全精神,偃息奸巧,虚静无为,按自然本性去办事,因而没有什么事办不成;坦然地不去刻意治理什么,反而什么都能治理好。所谓自然无为,是说不超越事物的发展规律去做事;所谓没有什么事办不成,是说要顺应事物的发展规律去做事。所谓不去治理,是说不改变事物的自然规律;所谓没有什么治理不好,是指顺应于事物发展的自然规律。

选文

知足不辱

公仪休①相鲁,而嗜鱼。一国献鱼,公仪子弗受。其弟子谏曰:"夫子嗜鱼。弗受,何也?"答曰:"夫唯嗜鱼,故弗受。夫受鱼而免于相,虽嗜鱼,不能自给鱼;毋受鱼而不免于相,则能长自给鱼。"此明于为人为己者也。故老子曰:"后其身而身先,外其身而身存。非以其无私邪?故能成其私。②"一曰:"知足不辱③。"

(选自《淮南子·道应训》)

译文

公仪休担任鲁国的国相,非常喜欢吃鱼。鲁国的人纷纷向他献鱼,公仪休一律谢绝不收。他的弟子问他说:"先生你喜欢吃鱼,又不接受别人送的鱼,为什么呢?"公仪休回答说:"正因为喜欢吃鱼,所以才不接受别人送的鱼。如果你收下了别人送的鱼,就有可能被君王罢免相位,这样反倒吃不到官府供给的鱼;不接受别人献的鱼,也就保住了相位,反倒能长期吃到官府提供的鱼。"这位公仪休懂得做人和为己的真谛。所以《老子》说:"置自身于最后,结果反而能占先;置自身于度外,结果反而能安存。这不正是由于他没有私心?所以能成就他的私心。"换一种说法是:"知道满足,就不会受到侮辱。"

选文

圣人之忧劳百姓甚矣

且古之立帝王者,非以奉养其欲也;圣人践位者①,非以逸乐其身也②。为天下强掩弱,众暴寡,诈欺愚,勇侵怯,怀知而不以相教,积财而不以相分,故立天子以齐一之③。为一人聪明而不足以遍照海内,故立三公九卿以辅翼④之。绝国⑤殊俗、僻远幽间之处,不能被德承泽,故立诸侯以教诲之。是以地无不任,时无不应,官无隐事,国无遗利。所以衣寒食饥,养老弱而息劳倦也。若以布衣徒步之人观之,则伊尹负鼎而干汤,吕望鼓刀而入周,百里奚转鬻,管仲束缚,孔子无黔突,墨子无暖席。是以圣人不高山,不广河,蒙耻辱以干世主,非以贪禄慕位,欲事起天下利,而除万民之害。盖闻传书曰:"神农憔悴,尧瘦臞⑥,舜霉黑,禹胼胝⑦。"由此观之,则圣人之忧劳百姓甚矣。故自天子以下至于庶人,四肢不动⑧,思虑不用,事治求澹者,未之闻也。

(选自《淮南子·修务训》)

译文

且说古代拥立帝王,不是为了满足他们的私欲;圣人登上君位,也不是为了让他们安逸享乐。这是因为天下出现以强凌弱、以多欺少、以诈骗愚、以勇侵怯、满腹经纶不肯指导别人、积财满堂不肯接济别人的现象,所以才拥立帝王来使天下人能够和睦相处;又因为天子帝王的聪明才智不足以普及遍照天下海内,所以又设置三公、九卿来辅佐帝王天子;还因为遥远异邦、偏僻地区无法承受到帝王天子的德泽,所以又分封诸侯来教诲那里的民众。因为有了这些人管理,所以才能做到地势无不利用、天时无不协调、官吏无不尽职、国家无不获益,才能使老百姓免于饥寒得以温饱,老弱病残得以供养,劳累疲倦时得以休养生息。

如果从平民百姓出身的人来观察,就会发现伊尹曾以烹调技术取得商汤的重用,吕望是由操刀屠牛入仕周朝,百里奚曾多次被转卖为奴,管仲曾被捆绑拘捕过,孔子长年周游列国家中的烟灶也没熏黑过,墨子四处奔走炕席都从没坐暖过。这些事情说明,圣人们不怕山高河宽,甘愿吃苦蒙受耻辱来谋得君王的信用,他们并不是为了贪图利禄、羡慕地位,而是一心想要为民谋利、为民除害。曾听说过古书上这样说:"神农憔悴,尧帝清瘦,舜帝脏黑,而禹王手足长茧。"由此看来,圣人君王为天下忧虑劳累实在太大了,远远超过一般百姓。所以从天子帝王到平民百姓,想不动手不抬脚,不费心思不用思虑就能将事情办好,欲望得到满足,这样的事还从来没有听说过。

选文

祸福相依

夫祸富之转而相生,其变难见也。近塞上①之人有善术者②,马无故亡而入胡。人皆吊之。其父曰③:"此何遽不为福乎?"居数月,其马将胡骏马而归。人皆贺之。其父曰:"此何遽不能为祸乎?"家富良马,其子好骑,堕而折其髀④。人皆吊之。其父曰:"此何遽不为福乎?"居一年,胡人大入塞,丁壮者引弦⑤而战,近塞之人,死者十九,此独以跛之故,父子相保。故福之为祸,祸之为福,化不可极,深不可测也。

(选自《淮南子·人间训》)

译文

祸福互相转化、互相促成的事,其中的变化规律很难发现。在靠近边塞的居民中,有一户精通术数的人家。一次这家人养的马莫名其妙地跑到胡人居住的地方去了,邻居家的人都为此事来安慰他们。这家的父亲却说:"这事难道就不能变成好事吗?"过了一段时间,跑走的马领着一群胡人的马又回来了。邻居家的人听到又都来祝贺。这家的父亲又说:"这事难道就不可能变为坏事吗?"果然,因为家里有不少胡人养的好马,这家的儿子骑这些烈马时将大腿骨给摔断了。这时候邻居又来安慰他们。这家的父亲又说:"怎么知道这事不会变成好事呢?"过了一年,胡人大举进攻边塞,青壮年男子都拿起武器参战,结果边塞附近的居民死去十分之九,唯独这户人家因儿子跛脚,父子性命都保住了。所以说福可变为祸,祸可变为福,这其中的变化难以捉摸,深不可测。

解 读

《淮南子》采撷汉之前诸子百家学说之长,在许多方面的认识都有新的突破,有人评价其"比《老子》更系统,比《论语》《孟子》更深刻,比《墨子》更全面,比《庄子》更现实"。全书以"道"为主题,分门别类探讨自然界和人类社会的发展变化规律,具有很高的学术价值。该书现存二十一篇,本教材节选其中四篇的内容,以期使同学们对这部经典有所了解。

(一) 不道之道

这一部分选文选自《淮南子·原道训》,该篇主要探讨"道"的内涵及其在现实生活中的表现。选文是其中的一部分内容,主要论述"道"在社会治理中的表现,内容分为三个段落。

第一个段落提出社会治理的关键在于顺应时势,即"得在时,不在争"。文章首先列举了两个案例:"善游者溺,善骑者堕",指出善于游泳的人经常会被淹死,善于骑马的人经常会坠马摔伤。这两个案例说明了什么道理呢?说明人们总是因为自己的爱好特长而招致灾祸。游泳和骑马虽然是小事,但是把其中的道理推而广之就可以看到,凡是爱好某件事的人最终都会因为这件事伤损自身,凡是喜欢争名夺利的人最终都会陷入穷困潦倒。文章接着列举共工和越王翳的不同做法和结果作为例证:共工力大无比,一怒之下头撞断不周山,导致大地往东南倾斜,事情的起因就是与高辛氏争夺帝位,最终的结果是他战败后变成异物潜藏在深渊,他的族人被屠戮灭绝。越王翳为太子时,不愿继承王位而躲进山洞,但是越国人不惜用火熏的方法把他从山洞熏出来,拥推他成为越王。共工为争夺王位最终被灭族,越王翳不愿为王最终却为王,文章由此推论:"得在时,不在争;治在道,不在圣。"即决定最终结果的因素是时势,而不在于争斗者的意愿和力量;社会治理的关键在于顺应社会发展规律,而不在于治理者的聪明才智。文章用土和水对比加以说明:土处在低处而不争着去高处,反而安全没有危险;水往下流而不争着当第一,反而迅捷没有迟滞,这就是顺应了自然之道的结果。

第二个段落以舜的治理为例说明顺应时势的作用。文章指出,以前舜在历山耕种,一年后当地的农夫都争着要耕贫瘠的土地而把肥沃的土地让给他人;舜在江边钓鱼,一年后渔民都争着要在水浅流急的地方打鱼而将河湾深潭让给别人。这段话的意思是,在舜的治理下,谦让之风代替人与人之间的争斗。在这个教化过程中,舜既没有喋喋不休地说教,也没有指手画脚地干预,他只是把内心崇高的品德转化为自己的行动,而他的德行感化民众的速度却达到如此神奇的效果。文章指出,假如舜没有这样的志向和德行,即使他能言善辩,挨家挨户地去劝说,也不能感化一个人。他之所以能够感化人,就在于他的德行与人们心中的愿景一致,这就是"道"。文章感叹道,从舜的教化效果看,前人所说的不可言说的"道",其作用真的是浩大无垠!舜帝治理三苗之乱,使羽国民众都来朝见,改变裸国的习俗,接纳肃慎人,始终都没有发号施令便能移风易俗,这大概只有遵循人心运行的规律才能做到的吧!仅仅依靠法度刑罚怎么能收到这样的效果呢!

第三个段落是对顺势而为内涵的阐释。文章指出,正是因为圣人认识到人心的发展规律,所以他们只注重内在心性的修养,而不重视外在形状的修饰,保全精神,偃息奸巧,虚静无为按自然本性去办事,因而没有什么事办不成,淡然地不去刻意去治理什么,反而什么都能治理好。文章接着对上述含义做了进一步的阐释,提出所谓"无为",不是什么事也不做,而是不超越事物的发展规律做事;所谓"无不为",不是说什么事都能成功,而是说要按照事物的发展规律做事。所谓"无治",不是说不去治理,而是说不改变事物发展的自然规律;所谓"无不治",不是说什么都能治理好,而是说遵循事物的自然发展规律治理。这一段文章,对"无为而治"的治理理论做了系统地阐释,是道家这一原本笼统模糊的理论清晰化,在中华文化的发展中具有重要意义,直到今天看来依然具有合理性。

(二) 知足不辱

这一部分选文选自《淮南子·道应训》,该篇主要论述道在事物发展中的具体表现,所谓"道应"也就是道的应验。该篇内容主要是收集了古代众多具体的事例,通过这些事例说明道的具体表现,集中地体现在祸福相依、利害相反的变化规律方面。这部分选文是其中的故事之一,内容分为两个层次。

第一个层次讲述故事的内容。文章首先介绍了鲁国国相公仪休的爱好,就是非常喜欢吃鱼。因为国相喜欢吃鱼,所以鲁国人争着给国相献鱼,可是公仪休一律谢绝不收。他的弟子感到奇怪,就问他说:"先生你喜欢吃鱼,为什么却不接受别人送的鱼?"公仪休回答说:"正因为我喜欢吃鱼,所以才不接受别人送的鱼。如果我收下了别人送的鱼,就有可能被君王罢免相位,这样反倒吃不到官府供给的鱼;不接受别人献的鱼,也就保住了相位,反倒能长期吃到官府提供的鱼。"从这个故事可以看出,古代对官员的要求也是很严格的,身为国相收受几条鱼也可能被罢免问责。这里需要注意的是对公仪休说罢免国相后不能"自给鱼",在相位则能"自给鱼"的理解。这里的"自给鱼",不是说在相位官府就供应鱼,而是说在相位就有俸禄,有了俸禄就可以自己买鱼吃。不在相位不仅没人再送鱼,而且没了俸禄连自己也没钱买鱼吃了。

第二个层次是对故事体现的道的内涵的阐释,也就是其中体现的事物发展的规律。文章认为,像公仪休这样的做法,才是真正地懂得了做人的道理,也才是真正地懂得如何为自己谋利益。在现实生活中,许多官员本来拿着很高的薪水,有着受人羡慕的社会地位,但是因为收受贿赂锒铛入狱,财产被没收自身受处分。这样的人是自私的人,但也是不懂的如何为自己谋利益的人。与公仪休相比,他们不懂得做人之道,也不懂得为己之道。这些人为了自己却害了自己,公仪休不为自己却成全了自己,这就是人生的辩证法,也是文章要阐释的道的体现。文章先是引用《老子》的话对这种规律进行总结:"置自身于最后,结果反而能占先;置自身于度外,结果反而能安存。这不正是由于他没有私心的原因吗?没有私心所以能成就他的私心。"接着用一句通俗的话进行说明:"知足不辱。"为什么知道满足就不会受到侮辱呢?因为不知道满足就是不知道行为的边界,必然会因为行为越界而受到惩罚。知道满足就可以内心安宁,无求于人,不用看别人的脸色,也不会因为行为越界受到惩罚,自然就可以免除各种侮辱。中华文化中常讲"知足常乐",讲的是自我的感受,"知足不辱"是从外部因素讲,讲的是可以免除他人的侮辱,免除侮辱也就可以保持常乐。

(三) 圣人之忧劳百姓甚矣

这一部分选文选自《淮南子·修务训》,该篇主要驳斥那种认为"无为"就是不主动作为的认识,提出"夫圣人之心,日夜不忘于欲利人"的观点。"修"意为勉,引申为努力;"务"意为"趋",引申为目标;"修务"即人生努力的方向。这部分选文是该篇第三自然段,内容分为三个层次。

第一个层次讲古代设立官位的目的。文章提出一个观点,即古时候设立帝王,不是为了满足他个人的欲望;圣人具有荣耀的地位,也不是为了让他安逸享乐。为什么文章要提出这个问题呢?因为自古以来一直存在着一种与其相反的认识。秦二世明确提出,"凡所为贵有天下者,得肆意其欲"(《史记·秦始皇本纪》),用现代话来说,就是"人们所说的贵有天下的人,就是能够随意满足自己欲望的人"。古今中外,相当多的官员权贵正是抱着这样的认识,把身份地位作为谋取私利满足私欲的工具。文章明确反对这样的认识,认为设立官位的原因,是因为天下出现以强凌弱、以多欺少、以诈骗愚、以勇侵怯、满腹经纶不肯指导别人、积财满堂不肯接济别人的现象,所以才设立帝王来解决这些问题,使天下人能够和睦相处;又因为天子帝王的聪明才智不足以普及遍照天下海内,所以又设置三公、九卿来辅佐帝王天子;还因为遥远异邦、偏僻地区无法承受到帝王天子的德泽,所以又分封诸侯来教诲那里的民众。文章认为,正是因为有了这样的管理机制,所以才能够做到地势无不利用、天时无不协调、官吏无不尽职、国家无不获益,使百姓有衣服御寒有食物充饥,老弱病残得以供养,劳累疲倦得以休息。

第二个层次讲对圣人行为的理解,这里的圣人主要指有威望有成就的人。文章指出,如果从平民百姓视角看圣人的行为,就会认为伊尹曾以烹调技术取得商汤的重用,吕望是由操刀屠牛入仕周朝,百里奚曾多次被转卖为奴,管仲曾被捆绑拘捕过,孔子常年周游列国家中的烟灶也没熏黑过,墨子四处奔走连炕席都从没坐暖过。文章认为,人们看到的这些现象说明,圣人们不怕山高河宽,甘愿吃苦蒙受耻辱来谋得君王的信用,他们这样做不是为了贪图利禄、地位,而是希望通过自己的努力为天下人谋取利益,为万民免除灾害。

第三个层次用圣人的行为驳斥了那种认为"无为"就是不主动作为的观点。文章引用古书上的一句话说:"神农憔悴,尧帝清瘦,舜帝脏黑,禹王手足长茧。"通过这些对帝王外在形象的描述,文章得出一个结论:"圣人之忧劳百姓甚矣!"这句话有两种理解:第一种是圣人为百姓付出的忧虑劳累实在太大了;第二种是圣人的忧虑劳累超过一般百姓。从上下文的意思来看,第二种认识更有利于说明文章的观点。文章的主旨是驳斥那种认为"无为"就是不主动作为的观点,下文明确指出,上至天子帝王下到平民百姓,想不动手不抬脚,不用脑子不费心思,做事只追求淡然无为而能成功的人,还从来没有听说过。也就是说,现实中不存在不努力就会成功的事,功劳越大需要付出的努力也就越大,圣人之所以能够成为圣人,是因为付出了远超常人的努力,所以把"无为"理解为不主动作为的认识在实践中是行不通的。

(四)祸福相依

这一部分选文选自《淮南子·人间训》,该篇主要讲做人处世的规律,通过事物的现象与内在、眼下与长远、道理与运用等方面的转化,说明规律也就是"道"的表现方式,典型地表现了中华文化主流思维方式的特点。这部分选文是该篇中的一个案例,分为三个层次论述。

第一个层次首先提出一个基本观点,即人世间所谓的祸福是通过相互转化、相互联系而产生的,隐藏在其中的转变规律通常难以发现。文章之所以提出这种观点,是因为在现实生活中,人们总是把灾害仅仅看作灾害,把幸运仅仅看作幸运,看不到其中存在的转变规律,因而也就无法正确地认识和对待各种社会现象。

第二个层次讲塞翁失马的故事。文章说在靠近长城边塞的居民中,有一个精通术数的人家。术数,是中国古代一种通过外在现象推测人的命运或事物发展结果的学问,其中有合理的推测,也有不合理的猜测。有一天,这个精通术数的人家养的马莫名其妙地跑了,跑到边境外胡人居住的地方去了。这里的"胡人",是古代中原人对北方少数民族的称谓。马跑到胡人的居住地,又不能到那里去寻找,显然是这个家庭的一大损失,所以左邻右舍的人都为此事来安慰这家人。这家人的父亲却说:"这件事最终难道就不会变成好事吗?"过了一段时间,跑走的马带着一群胡人的良马又跑回来了,邻居们听到这个消息纷纷上门祝贺。这个人的父亲却说:"这件事最终难道就不会变为坏事吗?"果然,因为家内有了从胡人那里带回来的好马,这家的儿子就经常去骑这些彪悍的良马,结果不慎将大腿骨给摔断了,邻居们听到消息又来安慰这家人。这家人的父亲又说:"怎么知道这件事最终不会变成好事呢?"过了一年,胡人大举进攻边塞,村内的青壮年男子都要拿起武器参战,战争结束后边塞附近的居民死去十分之九,唯独这户人家因儿子跛脚,父子性命都保住了。

第三个层次是对其中体现的规律的总结。文章通过塞翁从失马到得马、从得马到儿子摔断腿和摔断腿得以保全性命的三次转变,总结出人世间祸福转化的基本规律,即"福之为祸,祸之为福,化不可极,深不可测也"。也就是说,好事可以变为坏事,坏事也能变为好事,所以遇到好事不能仅仅看到其中的好,也要看到其中隐藏的坏;遇到坏事不能仅仅看到其中的坏,也要看到其中的好,世界上没有绝对的好和坏,事物始终处在不断变化的过程之中。文章认为,在这个变化的过程中,变化的可能性无穷无尽,隐藏在其中的变化规律深不可测。这里的"深不可测",意在强调事物变化规律的复杂性,指出不可能完全准确预测,但并不排除对规律的认识掌握和对未来的合理预测,该篇列举了众多的案例,从不同的角度说明事物变化规律的表现形式,塞翁的预测就是其中之一。如果把"深不可测"简单地理解为不可预测,就否认了认识规律的可能性,就会陷入不可知论,这样的认识不符合文章的主旨,也会对人类的认识活动产生不利影响。

> 讨论

毛主席为警卫战士致悼词

1944年9月,毛泽东身边的警卫战士张思德不幸牺牲,时年29岁。毛泽东在延安枣园操场上同中共中央直属机关和中央警卫团的千余名官兵一起,为张思德召开追悼会,毛泽东做了题为《为人民服务》的演讲:

我们的共产党和共产党所领导的八路军、新四军,是革命的队伍。我们这个队伍完全是为着解放人民的,是彻底地为人民的利益工作的。张思德同志就是我们这个队伍中的一个同志。

人总是要死的,但死的意义有不同。中国古时候有个文学家叫作司马迁的说过:人固有一死,或重于泰山,或轻于鸿毛。为人民利益而死,就比泰山还重;替法西斯卖力,替剥削人民和压迫人民的人去死,就比鸿毛还轻。张思德同志是为人民利益而死的,他的死是比泰山还要重的。

因为我们是为人民服务的,所以,我们如果有缺点,就不怕别人批评指出。不管是什么人,谁向我们指出都行。只要你说得对,我们就改正。你说的办法对人民有好处,我们就照你的办。"精兵简政"这一条意见,就是党外人士李鼎铭先生提出来的;他提得好,对人民有好处,我们就采用了。只要我们为人民的利益坚持好的,为人民的利益改正错的,我们这个队伍就一定会兴旺起来。

我们都是来自五湖四海,为了一个共同的革命目标,走到一起来了。我们还要和全国大多数人民走这一条路。我们今天已经领导着有九千一百万人口的根据地,但是还不够,还要更大些,才能取得全民族的解放。我们的同志在困难的时候,要看到成绩,要看到光明,要看到希望,要提高我们的勇气。中国人民正在受难,我们有责任解救他们,我们要努力奋斗。要奋斗就会有牺牲,死人的事是经常发生的。但是我们想到人民的利益,想到大多数人民的痛苦,我们为人民而死,就是死得其所。不过,我们应当尽量地减少那些不必要的牺牲。我们的干部要关心每一个战士,一切革命队伍的人都要互相关心,互相爱护,互相帮助。

今后我们的队伍里,不管死了谁,不管是炊事员,是战士,只要他是做过一些有益的工作的,我们都要给他送葬,开追悼会。这要成为一个制度。这个方法也要介绍到老百姓那里去。村上的人死了,开个追悼会。用这样的方法,寄托我们的哀思,使整个人民团结起来。

结合《为人民服务》和"圣人之忧劳甚于百姓"的内容,谈谈你对怎样才是合格的领导干部的认识。

1.结合教材中有关"道"的论述,思考"道"在中华传统文化中的地位及其内涵的多样性。

2.结合"知足不辱"的观点,思考古今在"做人之道"和"为己之道"方面的不同。

项目三 史部——烛昭古今

教学目标

1. 指导学生阅读《史记》《战国策》《三国志》《资治通鉴》等史部典籍,了解其主要内容和文化影响。

2. 帮助学生理解选篇中的核心思想和精神内涵。

3. 启发学生以史为鉴,树立正确的人生价值观。

史部概要

国学经典中的史部又称乙部,是中国古代图书四部分类法中的第二大类,专列各种体裁的历史著作。史部收录的史书具体包括正史类、编年类、纪事本末类、杂史类、别史类、诏令奏议类、传记类、史钞类、载记类、时令类、地理类、职官类、政书类、目录类、史评类等十五个大类,其中诏令奏议类又分诏令、奏议两属,传记类又分圣贤、名人、总录、杂录、别录五属,地理类又分宫殿疏、总志、都会郡县、河渠、边防、山川、古迹、杂记、游记、外记十属,职官类又分官制、官箴两属,政书类又分通制、典礼、邦计、军政、法令、考工六属,目录类又分经籍、金石两属。

正史:指《史记》《汉书》等以帝王本纪为纲的纪传体史书。清乾隆年间诏定二十四史为正史,1921年北洋军阀政府又增《新元史》,合称《二十五史》,不久又将《清史稿》合编其中,合称《二十六史》。

编年:按年代顺序编排史料、著作等。

纪事本末:是史书体裁之一;以历史事件为纲,将重要史实分别列目,独立成篇,各篇又按年月顺序编写;创始于南宋袁枢的《通鉴纪事本末》。

别杂史等:别史,图书四部分类中史部的一目,指不属于正史、杂史的史书。杂史,旧时区别于纪传、编年、纪事本末的一种史书体裁。或记一时见闻,或记一事始末,或只是一家私记,但均带有历史掌故性质。

史评:评论史事或史书的著作。例如,王夫之《读通鉴论》《宋论》是评论史事方面的专著;刘知几《史通》和章学诚《文史通义》则多载对史书的评论。

诏令奏议:诏令,文体名。古代帝王、皇太后或皇后所发命令、文告的总称,包括册文、制、敕、诏、诰、策令、玺书、教、谕等。奏议,文体名,古代臣下上奏帝王的各类文字的统称,包括表、奏、疏、议、上书、封事等。

传记:亦单称传,记载人物事迹的文字。一般由他人记述,亦有自述生平者,称"自传"。传记大体分两大类:一类是以记述翔实史事为主的史传或一般纪传文字;另一类属文学范围,以史实为根据,但不排斥某些想象性的描述。

史钞:摘抄一史或合抄众史的书籍。《宋史·艺文志》始有"史钞"一门。有专抄一史者,如《汉书钞》《晋书钞》之类;有合抄众史者,如《正史削繁》《新旧唐书合钞》之类。此类史书,博取约存,对读者有一定的方便。

载记:旧史为曾立名号而非正统者所作的传记,以别于本纪和列传。

时令:图书分类目录名。宋以前有关时令的书籍,都入子部农家,但诸书所载,上自国家典制,下至民间风俗,不仅仅限于农事,故《中兴馆阁书目》另列时令一类。清代修《四库全书》,沿用宋人旧例,仍立时令一目。

地理:地志县志,记载方域、山川、风俗、物产等文字。

职官:历代官制,如《唐六典》《周官》。

政书:是记录典章制度的书籍,政书之名源于明代钱溥的《秘图书目》。政书可分成两大类,一类为记述历代典章制度的"通史式政书";另一类是记述单一朝代典章制度的"断代式政书",后世史书多以"志"来记述各朝典章制度。

目录:目录分类学的著述。

史部的地位在国学经典著作中非常重要。这些经典著作记录了中国历史的发展、人物的事迹以及历史事件的经过,对于后世研究和理解中国历史起到了重要的作用。同时,这些著作也承载了中华传统文化中关于政治、道德、礼仪等方面的价值观念,对塑造中国人的思想观念和道德伦理具有深远影响。

任务一 《史记》——史家的绝唱

《史记》是由西汉史学家司马迁历时十四年撰写的中国历史上第一部纪传体通史,为"二十四史"之首,被鲁迅誉为"史家之绝唱,无韵之《离骚》",成书时间约在公元前93年—96年。据史料记载,司马迁自太初元年(前104)开始动手写《史记》,天汉二年(前99)因"李陵投降"事件,含冤入狱,但他顾念《史记》还没有完成,忍辱苟活下来,三年后出狱(前96)。太始四年(前93)在他写给朋友任安的信(即《报任安书》)中说:仆窃不逊,近自托于无能之辞,网罗天下放失旧闻,略考其行事,综其终始,稽其成败兴坏之理,上计轩辕,下至于兹,为十表,本纪十二,书八章,世家三十,列传七十,凡百三十篇。这时《史记》已基本写成。最初《史记》并没有固定书名,称"太史公书",或"太史公记"。最早称司马迁这部史著为《史记》的,是东汉灵帝时写的《东海庙碑》,此前"史记"是古代史书的通称。从三国开始,"史记"由通称逐渐成为"太史公书"的专名。

《史记》记载了上至上古传说中的黄帝时代,下至汉武帝太初四年间共三千多年的历史,在中国文学史上有很高的文学价值。《史记》分本纪、表、书、世家、列传五部分。"本纪"是全书提纲,以王朝的更替为体,按年月时间记述帝王的言行政绩。表,用表格的形式记述重大事件,纲举目张,一目了然。书,记载历代朝章国典,以明古今制度沿革的专章。世家,记载诸侯王国之事。列传是记载帝王、诸侯以外的各种历史人物的,有单传,有合传,有类传。全书略于先秦,详于秦汉,共有本纪十二篇,表十篇,书八篇,世家三十篇,列传七十篇,共一百三十篇。

《史记》客观地反映三千年中国社会历史,真实记录重大史实,揭露了封建统治阶级内部的矛盾倾轧及封建统治者的丑恶面目;深刻体现了以人为本的史学思想,不光对人物做出道德、善恶的评价,也关注人物对历史与社会发展的作用,是一部百科全书式的巨著。《史记》是我国古代第一部以人物为中心的纪传文学创作,全书塑造了丰富多彩的人物形象,上至帝王将相,下至刺客、游侠、倡优、商贾、医卜等各个阶层的小人物,这些人物形象在司马迁笔下个个都栩栩如生、呼之欲出,且他们身上都蕴含着优良的品质和处世的大智慧,值得我们深入地去探讨和学习。

选文

虞舜受禅

舜父瞽叟盲,而舜母死,瞽叟更娶妻而生象,象傲。瞽叟爱后妻子,常欲杀舜,舜避逃;及有小过,则受罪。舜事父及后母与弟,日以笃谨,匪有解①。

舜,冀州之人也。舜耕历山,渔雷泽,陶河滨,作什器②于寿丘,就时③于负夏。舜父瞽叟顽,母嚚,弟象傲,皆欲杀舜。舜顺适④不失子道,兄弟孝慈。欲杀,不可得;即求,尝在侧。

舜年二十以孝闻。三十而帝尧问可用者,四岳咸荐虞舜,曰可。于是尧乃以二女妻舜以观其内,使九男与处以观其外。舜居妫汭,内行弥谨⑤。尧二女不敢以贵骄事舜亲戚⑥,甚有妇道。尧九男皆益笃。舜耕历山,历山之人皆让畔⑦;渔雷泽,雷泽上人皆让居;陶河滨,河滨器皆不苦窳⑧。一年而所居成聚,二年成邑,三年成都⑨。尧乃赐舜絺衣⑩,与琴,为筑仓廪⑪,予牛羊。瞽叟尚复欲杀之,使舜上涂廪⑫,瞽叟从下纵火焚廪。舜乃以两笠自扞而下⑬,去,得不死。后瞽叟又使舜穿井,舜穿井为匿空旁出⑭。舜既入深,瞽叟与象共下土实井,舜从匿空出,去。瞽叟、象喜,以舜为已死。象曰"本谋者象⑮。"象与其父母分,於是曰:"舜妻尧二女,与琴,象取之。牛羊仓廪予父母。"象乃止舜宫居⑯,鼓其琴。舜往见之。象鄂不怿⑰,曰:"我思舜正郁陶⑱!"舜曰:"然,尔其庶矣!"舜复事瞽叟,爱弟弥谨。于是尧乃试舜五典、百官,皆治。

(选自《史记·五帝本纪》)

译文

虞舜,名叫重华。舜的父亲瞽叟是个盲人,舜的生母死后,瞽叟又续娶了一个妻子,生下了象,象桀骜不驯。瞽叟喜欢后妻的儿子,常常想把舜杀掉,舜都躲过了;赶上有点小错,就会遭到重罚。舜很恭顺地侍奉父亲、后母及后母弟,一天比一天地忠诚谨慎,没有一点懈怠。

舜是冀州人。他曾在历山种田,在雷泽捕鱼,在黄河边上制作陶器,在寿丘制造各种生产、生活用品,还在负夏做过买卖。他的父亲瞽叟愚顽不讲道义,后母暴虐不讲慈爱,弟弟象傲慢无礼,都想杀死舜。而舜则顺从父母心意而不失为子之道,对弟弟也很友善。他们想杀他,却找不到借口;想找他,他又总是就在他们的身边。

舜从二十岁就以孝顺知名,三十岁时尧问谁可以继天子之位,四方诸侯长全都举荐舜,说他可以继承帝位。于是帝尧就将自己的两个女儿嫁给了舜,以观察舜管理家族内部事务的能力,又让九个儿子与舜交往,以观察他处理外部事务的能力。舜住在妫汭,舜在家族内部的表现非常严谨。尧的两个女儿都不敢因出身高贵而轻慢舜的父母,很守妇道。尧的九个儿子也变得更加诚笃厚道。舜在历山务农时,历山的人都互相谦让田界;舜在雷泽捕鱼,雷泽中的渔民常互相谦让住处;舜在河边制陶,河边的陶器都很精致结实不易坏。舜在哪里住上一年,那里就会形成村落;住上两年,那里就成了市镇;住上三年,那里就成了都城。尧赐给舜细葛布衣服,给他一张琴,并且为他修建了粮仓,还送给他牛羊。可是瞽叟还是总想杀死舜,他让舜爬上粮仓用泥抹仓顶,而他却在底下放火烧粮仓。舜撑着两个斗笠护着自己从上面跳了下来,逃走了,得以不死。后来瞽叟又让舜去挖井,舜预先在井中挖了个秘密通道从旁边通到地面。等舜挖井挖深了,瞽叟和象便一齐填土把井填实了,舜从秘密通道逃走了。瞽叟与象很高兴,以为舜已死了。象说:"我是主谋。"他与父母瓜分舜的财产说:"尧嫁给舜的两个女儿和那把琴,我要了;牛羊和粮仓给父母。"象于是住进了舜的房子,弹着舜的琴取乐。舜回来了去见他,象既惊愕又尴尬,说:"我想你正想得很伤心呢!"舜说:"是啊,你的情谊很不错啊!"舜侍奉父亲瞽叟依然恭谨,对待弟弟依然友爱。于是尧就试着让舜制定五典,治理百官,舜都做得很好。

选文

帝纣失德

帝纣资辨捷疾①,闻见甚敏;材力过人,手格猛兽;知足以距②谏,言足以饰非;矜③人臣以能,高天下以声,以为皆出己之下。好酒淫乐,嬖於妇人。爱妲己,妲己之言是从。於是使师涓作新淫声,北里之舞,靡靡之乐。厚赋税以实鹿台之钱,而盈钜桥之粟。益收狗马奇物,充仞④宫室。益广沙丘苑台,多取野兽蜚鸟置其中。慢於鬼神。大冣⑤乐戏于沙丘,以酒为池,县肉⑥为林,使男女倮⑦相逐其间,为长夜之饮。

百姓怨望而诸侯有畔⑧者,於是纣乃重刑辟,有炮烙之法。以西伯昌、九侯、鄂侯为三公。九侯有好女,入之纣。九侯女不憙⑨淫,纣怒,杀之,而醢⑩九侯。鄂侯争之疆,辨之疾,并脯⑪鄂侯。西伯昌闻之,窃叹。崇侯虎知之,以告纣,纣囚西伯羑里。西伯之臣闳夭之徒,求美女奇物善马以献纣,纣乃赦西伯。西伯出而献洛西之地,以请除炮烙之刑。纣乃许之,赐弓矢斧钺,使得征伐,为西伯。而用费中为政。费中⑫善谀,好利,殷人弗亲。纣又用恶来。恶来善毁谗,诸侯以此益疏。

(选自《史记·殷本纪》)

译文

商王纣天资聪颖,能言善辩,行动迅速,耳聪目明;而且气力过人,能徒手与猛兽格斗。他的智慧足以拒绝臣下的谏劝,他的语言足以掩饰自己的过错。他用自己才能在大臣面前夸耀,凭着声威到处抬高自己,认为天下所有的人都不如他。他嗜好喝酒,骄奢淫逸,宠爱女人。他特别宠爱妲己,妲己说的话他都听从。于是他让乐师涓创作了新的俗乐,配以市井的舞曲,淫靡的歌。他加重赋税用来充实鹿台钱库,充盈钜桥粮仓。他多方搜集狗马和新奇的玩物,填满了宫室,又大肆扩建沙丘的园林楼台,大量捕捉野兽飞鸟,放置在里面。他对鬼神怠慢无礼,招来大批戏乐聚集在沙丘,用酒来做池水,把肉悬挂起来当作树林,让男女赤身裸体,在那里追逐戏闹,通宵饮酒作乐。

百姓们怨恨他,而有的诸侯也背叛了他。于是他就加重刑罚,发明了一种叫作炮烙的酷刑。纣任用西伯昌、九侯、鄂侯为三公。九侯有个美丽的女儿,献给了纣,她不喜淫荡作乐,纣大发雷霆,杀了她,同时把九侯也施以醢刑,剁成肉酱。鄂侯坚决努力规谏,争辩很激烈,结果鄂侯也遭到脯刑,被制成肉干。西伯昌听说了这些事,暗暗叹息。崇侯虎知道后,向纣王进行报告,纣就把西伯囚禁在羑(yǒu)里。西伯的僚臣闳(hóng)夭等人,找来了美女、珍宝和好马来献给纣,纣才赦免了西伯。西伯出狱之后,向纣进献出洛水以西的土地,请求他废除炮烙的酷刑。纣答应了他,还赐给他弓箭大斧,让他能够征伐其他诸侯,这样他就成了西部地区的诸侯之长,这就是西伯侯。纣任用费仲管理国家政事。费仲善于阿谀奉承,又贪图财利,因而殷国民众都不和纣亲近。纣又任用恶来。恶来擅长毁谤进谗,诸侯因此越发疏远了纣。

选文

范蠡子救弟

朱公居陶,生少子。少子及壮,而朱公中男①杀人,囚于楚。朱公曰:"杀人而死,职②也。然吾闻千金之子不死于市。"告其少子往视之。乃装黄金千溢③,置褐器中,载以一牛车。且遣其少子,朱公长男固请欲行,朱公不听。长男曰:"家有长子曰家督④,今弟有罪,大人不遣,乃遣少弟,是吾不肖⑤。"欲自杀。其母为言曰:"今遣少子,未必能生中子也,而先空亡长男,奈何?"朱公不得已而遣长子,为一封书遗故所善庄生,曰:"至则进千金于庄生所,听⑥其所为,慎无与争事。"长男既行,亦自私赍⑦数百金。

至楚,庄生家负郭⑧,披藜藋⑨到门,居甚贫。然长男发书进千金,如其父言。庄生曰:"可疾去矣,慎毋留!即弟出,勿问所以然。"长男既去,不过庄生而私留,以其私赍献遗楚国贵人用事者⑩。

庄生虽居穷阎⑪,然以廉直闻于国,自楚王以下皆师尊之。及朱公进金,非有意受也,欲以成事后复归之以为信耳。故金至,谓其妇曰:"此朱公之金。有如病不宿诚⑫,后复归,勿动。"而朱公长男不知其意,以为殊⑬无短长也。

庄生间时⑭入见楚王,言"某星宿某⑮,此则害于楚"。楚王素信庄生,曰:"今为奈何?"庄生曰:"独以德为可以除之。"楚王曰:"生休矣,寡人将行之。"王乃使使者封三钱之府。楚贵人惊告硃公长男曰:"王且赦。"曰:"何以也?"曰:"每王且赦,常封三钱之府⑯。昨暮王使使封之。"硃公长男以为赦,弟固当出也,重千金虚弃庄生,无所为也,乃复见庄生。庄生惊曰:"若不去邪?"长男曰:"固未也。初为事弟⑰,弟今议自赦,故辞生去。"庄生知其意欲复得其金,曰:"若自入室取金。"长男即自入室取金持去,独自欢幸。

庄生羞为儿子所卖,乃入见楚王曰:"臣前言某星事,王言欲以修德报之。今臣出,道路皆言陶之富人硃公之子杀人囚楚,其家多持金钱赂王左右,故王非能恤楚国而赦,乃以硃公子故也。"楚王大怒曰:"寡人虽不德耳,奈何以硃公之子故而施惠乎!"令论⑱杀硃公子,明日遂下赦令。硃公长男竟持其弟丧归。

至,其母及邑人尽哀之,唯硃公独笑,曰:"吾固知必杀其弟也!彼非不爱其弟,顾有所不能忍者也。是少与我俱,见⑲苦,为生难,故重弃财。至如少弟者,生而见我富,乘坚驱良⑳逐狡兔,岂知财所从来,故轻弃之,非所惜吝。前日吾所为欲遣少子,固为其能弃财故也。而长者不能,故卒以杀其弟,事之理也,无足悲者。吾日夜固以望其丧之来也。"

(选自《史记·越王勾践世家》)

译文

朱公住在陶地,生了小儿子。小儿子成人时,朱公的二儿子杀了人,被楚国拘捕。朱公说:"杀人者抵命,这是常理。可是我听说家有千金的子弟,不会被杀在闹市中。"于是就嘱咐他的小儿子前往楚国探望。于是拿出黄金一千镒,装在褐色器具中,用一辆牛车载运。准备派小儿子出发办事时,朱公的长子坚决请求前去,朱公不同意。长子说:"家里的长子叫家督,现在弟弟犯了罪,父亲不派长子去,却派小弟弟,这说明我是不肖之子。"长子说完想自杀。他的母亲又替他说:"现在派小儿子去,未必能救二儿子命,却先丧失了大儿子,那怎么可以呢?"朱公不得已就派了长子,写了一封信要大儿子送给旧日的好友庄生,并对长子说:"到楚国后,要把千金送到庄生家,一切听从他去办理,千万不要与他发生争执。"长子走时,也私自携带了几百镒黄金。

长子到达楚国,看见庄生家靠近楚都外城,劈开野草才能到达庄生家门,庄生居住条件十分贫穷。可是长子还是打开信,向庄生进献了千金,完全照父亲所嘱做的。庄生说:"你可以赶快离去了,千万不要留在此地!等你弟弟释放,也不要询问原因。"长子离开了庄生家,不再探望庄生,但私自留在了楚国,把自己携带的黄金送给了楚国主事的达官贵人。

庄生虽然住在穷乡陋巷,可是由于廉洁正直在楚国很闻名,从楚王以下无不尊奉他为老师。朱公献上黄金,他并非有心收下,只是想事成之后再归还给朱公以示讲信用。所以黄金送来后,他对妻子说:"这是朱公的钱财,以后再如数归还朱公,但哪一天归还却不得而知,这就如同自己哪一天生病也不能事先告知别人一样,千万不要动用。"但朱公长子不知庄生的意思,以为财产送给庄生不会起什么作用。

庄生乘便入宫会见楚王,说:"某星宿移到某处,这将对楚国有危害。"楚王平时十分信任庄生,就问:"现在怎么办?"庄生说:"只有实行仁义道德才可以免除灾害。"楚王说:"您不用多说了,我将照办。"楚王就派使者查封贮藏三钱的仓库。楚国达官贵人吃惊地告诉朱公长子说:"楚王将要实行大赦。"长子问:"怎么见得呢?"贵人说:"每当楚王大赦时,常常先查封贮藏三钱的仓库。昨晚楚王已派使者查封了。"朱公长子认为既然大赦,弟弟自然可以释放了,一千镒黄金等于虚掷庄生处,没有发挥作用,于是又去见庄生。庄生惊奇地问:"你没离开吗?"长子说:"始终没离开。当初我为弟弟一事来,今天楚国正商议大赦,弟弟自然得到释放,所以我特意来向您告辞。"庄生知道他的意思是想拿回黄金,说:"你自己到房间里去取黄金吧。"大儿子便入室取走黄金离开庄生,私自庆幸黄金失而复得。

庄生被小儿辈出卖深感羞耻,就又入宫会见楚王说:"我上次所说的某星宿的事,您说想用做好事来回报它。现在,我在外面听路人都说陶地富翁朱公的儿子杀人后被楚囚禁,他家派人拿出很多金钱贿赂楚王身边的人,所以君王并非体恤楚国人而实行大赦,却是因为朱公儿子才大赦的。"楚王大怒道:"我虽然无德,怎么会因为朱公的儿子布施恩惠呢!"就下令先杀掉朱公儿子,第二天才下达赦免的诏令。朱公长子只能携带弟弟尸体回家了。

回到家后,母亲和乡邻们都十分悲痛,只有朱公一个人发笑,说:"我本来就知道长子一定救不了弟弟!他不是不爱自己的弟弟,只是有不忍心放弃的。他年幼就与我生活在一起,经受过各种辛苦,知道为生的艰难,所以把钱财看得很重,不敢轻易花钱。至于小弟弟呢,一生下来就只看到我极为富有,乘坐上等车,驱驾千里马,到郊外去打猎,哪里知道钱财从何处来,所以把钱财看得极轻,弃之也毫不吝惜。原来我打算让小儿子去,本来因为他舍得弃财,但长子不能弃财,结果最后害死了他的弟弟,这很合乎事理,不值得悲痛。我本来日日夜夜盼的就是二儿子的尸首送回来。"

选文

蔺相如忍辱

既罢归国,以相如功大,拜为上卿,位在廉颇之右①。廉颇曰:"我为赵将,有攻城野战之大功,而蔺相如徒以口舌为劳,而位居我上,且相如素贱②人,吾羞,不忍为之下。"宣言曰:"我见相如,必辱之。"相如闻,不肯与会。相如每朝时,常称病,不欲与廉颇争列③。已而相如出,望见廉颇,相如引车④避匿。于是舍人相与谏曰:"臣所以去亲戚而事君者,徒慕君之高义也。今君与廉颇同列,廉君宣恶言,而君畏匿之,恐惧殊甚,且庸人尚羞之,况于将相乎!臣等不肖⑤,请辞去。"蔺相如固止之,曰:"公之视廉将军孰与⑥秦王?"曰:"不若也。"相如曰:"夫以秦王之威,而相如廷叱之,辱其群臣,相如虽驽⑦,独畏廉将军哉?顾吾念之,强秦之所以不敢加兵于赵者,徒以吾两人在也。今两虎共斗,其势不俱生。吾所以为此者,以先国家之急而后私仇也。"廉颇闻之,肉袒负荆⑧,因⑨宾客至蔺相如门谢罪。曰:"鄙贱之人,不知将军宽之至此也。"卒相与欢,为刎颈之交⑩。

(选自《史记·廉颇蔺相如列传》)

注释

译文

渑池会结束以后,赵王回到国内,他认为蔺相如功劳大,就封他为上卿,地位在廉颇之上。廉颇说:"我是赵国将军,有攻城野战的大功,而蔺相如只不过靠能说会道立了点功,可是他的地位却在我之上,况且蔺相如本来是卑贱之人,我感到羞耻,不能忍受在他之下。"并且扬言说:"如果让我遇到蔺相如,一定要羞辱他。"蔺相如听到后,不肯和他见面。蔺相如每到上朝时,常常以生病为借口躲在家里,不愿和廉颇去争位次的先后。没过多久,蔺相如外出,坐着马车出门,远远看到廉颇,蔺相如赶紧让人掉转车子回避。于是蔺相如的门客就一起来直言进谏说:"我们所以离开亲人来侍奉您,就是仰慕您高尚的节义呀。如今您与廉颇官位相同,廉老先生口出恶言,而您却因害怕躲着不敢见他,您的畏惧未免太过分了,平庸的人尚且感到羞耻,何况是身为将相的人呢!我们这些人没有才能,请让我们告辞吧!"蔺相如坚决地挽留他们,说:"诸位认为廉将军和秦王相比谁厉害?"回答说:"廉将军比不了秦王。"蔺相如说:"以秦王的威势,而我却敢在朝廷上呵斥他,羞辱他的群臣,我蔺相如虽然无能,难道会怕廉将军吗?但是我想到,强秦之所以不敢对赵国用兵,就是因为有我们两人在呀,如今两虎相斗,势必不能共存。我之所以这样忍让,就是为了要把国家的危难摆在前面,而把个人的私怨放在后头。"廉颇听说了这些话,就脱去上衣,露出上身,背着荆条,由宾客带引,来到蔺相如的门前请罪。他说:"我是个粗野卑贱的人,想不到将军您是如此的宽厚啊!"二人终于和好,成为生死与共的好友。

解 读

《史记》是中国第一部纪传体通史,不仅开后代正史撰写体例之先河,贯穿其中的价值倾向也使其成为中华传统文化的重要典籍。《史记》有本纪、世家、列传、表和书五种形式,本教材节选自本纪、世家和列传,以期使同学们了解这部典籍。

(一)虞舜受禅

这一部分选文选自《史记·五帝本纪》,该本纪是《史记》的开篇章,记载的是我国传说中远古时期的五个部落首领黄帝、颛顼、帝喾、尧和舜的事迹,以及当时发生的重要事件。中华民族五千年的悠久历史和灿烂文化,就是从这些传说中滥觞的,正是这些传说奠定了中华文化的底色。这一部分选文记载舜接受尧的禅让成为部落首领的过程和原因,内容分为三个段落。

第一个段落介绍舜的家庭情况。舜的父亲名叫瞽叟,是一个盲人。舜的生母死去后,父亲瞽叟又娶了一个妻子,生了一个儿子名叫象,象长大以后桀骜不驯。瞽叟喜欢后妻的儿子,常常想把舜杀掉,但是每次鼓叟想杀舜的时候,舜都能想办法躲避过。舜每当有点小错的时候，瞽叟就要重罚他，这时候舜会顺从地接受父亲的惩罚。舜很恭敬地对待父亲、后母以及弟弟，并且越来越尽心谨慎，从来没有一点懈怠。

　　第二个段落介绍舜的成长情况。舜是冀州人，即今天的山西永济。舜的名字叫重华，远古人多以出生地为姓，舜出生在姚墟因而姓姚，舜是后代对他的谥号，又因为他建立虞国，后世又称他为虞舜。舜曾经在历山这个地方种田，在雷泽这个湖泊捕鱼，在黄河边上制作陶器，在寿丘这个地方制造各种生产、生活器具，还在负夏这个地方做过买卖。介绍完舜的经历，文章再一次介绍舜如何对待家庭成员。文章说："舜父瞽叟顽，母嚚，弟象傲，皆欲杀舜。"顽，即顽固，愚昧固执；嚚，即嚣张，暴虐跋扈；傲，即傲慢，不讲道理；最要命的是最后一点，即全家人都想杀死舜。面对这样的家人，舜却总是顺从父母的心意而不改变作为儿子的礼仪，友善地对待弟弟而不改变作为兄长的责任。家里人想杀他的时候，舜总能让他们的计谋无法得逞；家里人需要他的时候，舜又总是能够随时出现在他们的身边，友善地对待家人的恶意，这是一种德行；让家人的恶意无法实现，又能在他们需要的时候给予帮助，这就需要智慧。因此，舜可以说是具有大德行和大智慧的人。

　　第三个段落介绍舜接受禅让的过程和原因。文章说，舜在二十岁的时候就因为孝顺在部落内出了名，所以当舜三十岁时尧询问部落谁可以继承天子之位，四方的诸侯长全都举荐舜，说他可以继承帝位。但是尧并没有立即把舜定为接班人，而是通过不同的途径考察舜。一是把自己的两个女儿嫁给了舜，以此观察舜管理家族内部事务的能力。二是让自己的九个儿子与舜交往，以此观察舜处理外部事务的能力。考察的结果如何呢？文章从四个方面进行介绍：一是舜成为考察对象以后自身的表现。文章说舜住到妫汭以后，这可能是作为考察对象新迁的住址，在家族内部的言行越发谨慎，也就是说没有因为可能成为天子而改变既有的行为。二是对尧的女儿和儿子的影响。文章说因为舜的缘故，尧的两个女儿都不敢因出身高贵而轻慢舜的亲属，严格地遵守作为妻子的礼仪；尧的九个儿子也变得更加诚笃厚道。三是对周围人的影响。文章说舜在历山种地时，历山的人都互相谦让田界；舜在雷泽捕鱼时，雷泽中的渔民常互相谦让住处；舜在河边制陶时，河边的陶器都很精致结实不容易损坏。四是对整个部落的影响。文章说舜在哪里住上一年，哪里就会形成村落；舜在哪里住上两年，哪里就会成为市镇；舜在哪里住上三年，哪里就会成为都城。也就是说，人们都愿意追随舜住在一起。对于这样的考察结果，尧自然是非常满意，于是赐给舜珍贵的衣服和一张琴，并且为他修建了粮仓，还送给他许多牛羊。虽然舜的表现如此优秀，但是瞽叟和家人还是不断地想方设法杀死舜。文章记载了两个事件：一次是瞽叟让舜爬上粮仓用泥抹仓顶，而他却在底下放火烧粮仓。舜一手抓着一个斗笠从粮仓上面跳了下来,安全落地后立即逃走了,最终没有被烧死。一次是瞽叟让舜去挖井,舜在井壁挖了一个通到地面的通道。等舜挖井挖深了,瞽叟和象便一齐填土把井填实了。瞽叟和象很高兴,以为舜已经死了。象说:"这次能够杀死舜靠的是我的计谋。"于是他与父母开始瓜分舜的财产,象因为自己功劳最大所以提议说:"舜娶的尧的两个女儿和那把琴,我全都要了,舜的牛羊和粮仓留给父母。"象于是住进了舜的屋子,弹着舜的琴取乐。这时候从通道悄悄逃走的舜回来了,在自己屋子遇见了象。象看见舜非常惊讶,尴尬地说:"我正想你想得伤心呢!"舜说:"好啊,你真是我的好兄弟!"虽然发生了这样的事,舜依然恭敬地侍奉着鼓叟,越发友爱地对待弟弟。尧了解到舜的这些行为,就试着让舜修订五典,管理百官,舜都做得很好,于是尧最终将帝位禅让给舜。

舜是五帝中最后一位帝王,所以《史记》对舜的记载较之此前四位帝王更多更细。这些事迹虽为传说,但这些传说体现了中国古时候人们心目中的理想人格,这也使得舜的事迹在古代典籍中被屡屡提及。作为远古的帝王,舜有许多惊世骇俗的壮举,但是《史记》把笔墨却集中在他对待家人的行为上,而且选文的三个段落从不同角度反复提及此事。为什么文章如此重视这一点呢?因为舜的这种行为,表现了文明人与自然人的区别。作为一个自然人,当有人一次又一次地想置你于死地,你会怎么办呢?人们本能的做法就是针锋相对,你想杀我我就先杀掉你。舜当时三十多岁,他的父亲五十多岁并且眼瞎,他的弟弟应该在二十岁左右,不论是体力还是智慧,舜都有足够的优势可以反杀他们。但是舜没有这样做,而是在明知家人想加害自己的情况下,在保护好自己的同时,依然真诚地对待家人。在远古时期,面对自然界的各种猛兽袭击,人类的力量还很弱小,加之人类各部落之间也存在争斗,这时候如果部落内部自相残杀,那么整个部落就可能被外部力量灭绝。舜的伟大,在于他超脱了生物的自然本能,用人类特有的理性智慧处理家庭矛盾,这不仅避免了家庭悲剧的发生,更重要的是给部落人与人之间相处树立了榜样。尧之所以选择舜作为接班人就是出于这样的原因。我们可以试想一下,一个人如果连自己的家人都不能包容,你能希望他做了首领以后包容部落其他人吗?《史记》记载,尧去世以后,舜就把帝位让给尧的儿子丹朱,但是诸侯们不去朝拜丹朱却都选择朝拜舜,舜这才最终登上天子之位。为什么人们选择舜,就在于舜代表了人们心目中的理想人格。这种理想人格的行为,典型地体现了理性思维方式和整体思维方式的特点,这成为后来中国人主流的思维方式。

(二)帝纣失德

这一部分选文选自《史记·殷本纪》,该本纪记载商朝的兴衰过程。商人的始祖契帮助禹治水有功而受封于商邑（今河南商丘），因而其部落称为"商"，其部落首领商汤灭夏朝后建立商朝，其后裔盘庚迁都殷（今河南安阳），后世又称"殷商"。这一部分选文记载商朝最后一位天子纣的特点以及如何导致商朝灭亡的原因，内容分为两个段落。

第一个段落描写帝纣的特点及行为。帝纣本名辛，是商朝天子帝乙的小儿子。帝乙的长子叫微子启，因为他的母亲地位低下不能继承帝位，而帝纣的母亲是帝乙的正王后，所以帝乙去世后辛继承天子位，纣是后世的谥号，故又称帝辛、帝纣、商纣王。文章首先介绍帝纣的天资，说帝纣天生能言善辩，行动敏捷，记忆力极强；他的力气超过常人，能够徒手与猛兽格斗。其次介绍帝纣的为人特点，说他聪明可以巧妙地拒绝臣下的劝谏，他的口才可以轻易地掩饰自己的过错。他用自己的才能在大臣面前炫耀，用天子的声威显示自己的高明，认为天下的人都不如自己。他嗜好喝酒，过度地追求享乐，过分地宠爱女人。他特别宠爱一个名叫妲己的女人，对妲己的话从来是言听计从。再次介绍帝纣的行为特点，说他命令乐师涓不断创作表现情欲的曲子，配上市井间粗鄙的舞蹈，组成淫靡的歌舞。他加重征收赋税，用来充实朝廷在鹿台的钱库、在钜桥的粮仓。他多方搜集名贵的狗、马和新奇的玩物，用这些东西填满自己的宫室。他扩建地处沙丘的园林楼台，大量捕捉各种珍奇的野兽飞鸟放置在里面。他傲慢地对待各种祭祀活动，丝毫没有对上天和祖宗的敬畏之心。他还招来大批戏乐聚集在沙丘的宫殿，用美酒注满池子，把烤熟的肉悬挂起来当作树林，让青年男女赤身裸体在那里追逐戏闹，通宵达旦。

第二个段落介绍帝纣行为产生的后果。文章说，由于帝纣的行为百姓们都怨恨他，诸侯们纷纷背叛了他。帝纣对于反抗他的人加重刑罚，发明了一种叫作炮烙的酷刑，就是在炭火上架一根涂满油的铜柱，令受刑罚的人在烧热的铜柱上爬行，受刑人忍不住铜柱的烙烧，就会掉进炭火中烧死。帝纣任命西伯昌、九侯、鄂侯为三公，九侯把漂亮的女儿献给了纣，他的女儿不喜欢淫荡作乐，纣就大发雷霆杀了她，同时把九侯也施以醢刑，即剁成了肉酱。鄂侯极力规谏帝纣的做法，与帝纣激烈的争辩，帝纣就对其施以脯刑，把他的身体制成肉干。西伯昌听说了这些事，暗暗叹息。有个叫崇侯虎的奸臣知道后，就把这件事向帝纣报告，帝纣就把西伯昌抓起来，囚禁在羑里这个地方。西伯昌的僚臣闳夭等人，搜寻了许多美女、珍宝和骏马献给帝纣，帝纣才赦免了西伯昌。西伯昌出狱后，向帝纣进献周部落洛水以西的土地，请求废除炮烙的酷刑。帝纣答应了西伯昌的请求，还赐给他弓箭大斧，让他有权征伐其他诸侯，这样西伯昌就成了西部地区的诸侯之长，成为西伯侯。帝纣任用费仲主管朝堂政务，费仲这个人擅长阿谀奉承，贪赃枉法，殷国的民众都不喜欢他。帝纣又任用恶来，恶来这个人善于进谗言毁谤别人,诸侯们因此越发疏远了帝纣。

史书记载什么不记载什么,作者是有取舍的。《史记》之所以伟大,就在于通过这种取舍表现出一种价值观,从不同的角度给后人以启示。选文第一段落通过对帝纣特点和行为的记述,为人们勾勒出帝纣的形象。帝纣天资聪明,智力和体力都远超常人,这样的先天禀赋足以使他成为一代有为帝王。但是,帝纣把这种聪明才智没有用在建功立业、造福百姓上,而是用在追求个人的虚荣和享乐上,这种行为自然引起国人的不满。对于国人的不满,帝纣采取残酷的刑罚进行镇压,这就使他进一步失去了民心。当周部落举兵起义,各个诸侯国纷纷响应,商朝的军队战败,帝纣最终登上鹿台自焚,商王朝由此灭亡。一个聪明能干的年轻帝王最终却成为亡国之君,给后人留下怎样的教训呢?他告诉人们,一个人只追求自己的享乐,即使再聪明能干,即使再权高位重,最终也会被人们抛弃,落得与自己的初衷相反的下场。帝纣与虞舜的做法相反,结果也相反。帝纣处事先想自己,最终失去了帝位;虞舜处事先想别人,最终得到了帝位。《淮南子·道应训》引用老子的话:"后其身而身先,外其身而身存。非以其无私邪? 故能成其私。"虞舜和帝纣的故事,从正反两个方面印证了这种人生哲理。从思维方式的角度看这种人生规律,虞舜克服了本能的行为,从家庭和部落未来的角度决定自己的行为,体现的是理性思维方式和整体思维方式,这是中华文化的主流思维方式;帝纣则是放纵自己的本能,一切从自己的需要出发,体现的感性思维方式和个体思维方式,这是中华文化在人生修养中要求极力改变的思维方式。

(三)范蠡子救弟

这一部分选文选自《史记·越王勾践世家》,说的是范蠡的长子前往楚国营救弟弟的故事,内容分为三个层次。

第一个层次讲述范蠡派长子前往楚国营救弟弟的过程。范蠡帮助越王勾践打败吴国后,就不辞而别到了齐国陶地,通过经商赚了大钱,隐名改姓自称陶朱公。朱公有三个儿子,小儿子是大富以后出生的。朱公的二儿子杀了人,在楚国被拘捕。朱公说:"杀人者偿命,这是常理。可是我听说家有千金的子弟,不会被杀在闹市中。"于是拿出黄金一千镒,装在褐色器具中,用一辆牛车拉着,派小儿子带着钱前往楚国营救二儿子。朱公的长子坚决请求前去,朱公不同意。长子说:"家里的长子人们称作家督,也就是主要办事的。现在二弟犯了罪,父亲不派长子去,却派三弟,这就是说我是不肖之子。"长子说完,就悲愤不已想要自杀。他的母亲为了大儿子劝朱公说:"现在派小儿子去,未必能救二儿子命,却先丧失了大儿子,到底该怎么办呢?"朱公不得已就派了长子,并且写了一封信要大儿子送给旧日的好友庄生,叮嘱长子说:"到楚国后,要把千金送到庄生家,一切听从他的办法去办理,千万不要与他发生争执。"长子出发的时候,为了把事情办好自己另外携带了几百镒黄金。在这个过程值得注意的是,范蠡起初不派长子却派小儿子,长子坚决请求也不同意,最后在长子以死相逼、夫人相劝的情况下,才不得已答应了长子的要求。按照一般的习俗,长子是家中仅次于父亲的男性,为什么以范蠡的智慧却会出现这样的反常行为,这就为故事的发展埋下了伏笔。

第二个层次记述长子营救弟弟的过程和结果。文章说长子到达楚国以后,看见庄生的家靠近楚都的外城,拨开野草才能到达庄生家门口,也就是说庄生居住条件十分简陋。虽然如此,长子还是向庄生送上父亲的信和千金,完全按照父亲的嘱咐行事。庄生明白长子的来意后说:"你可以尽快离去了,千万不要在这里停留!等到你弟弟被释放,也不要询问原因。"但是长子离开以后,虽然没有再去庄生家,却自作主张留在了楚国,并且把自己携带的黄金送给了楚国一位主事的权贵,请他帮忙营救自己的弟弟。

文章接着介绍庄生的人品和想法,说庄生虽然住在穷乡陋巷,可是由于廉洁正直在楚国很有名望,从楚王到一般人无不尊称他为老师。朱公给他送来这么多黄金,庄生并不是真的想收下这笔钱,只是想办成事以后再把钱还给朱公以表示两人友谊的真诚。所以黄金送来后,庄生就对妻子说:"此硃公之金。有如病不宿诫,后复归,勿动。"这里"有如病不宿诫"一语,以往翻译中存在歧义。根据上下文判断,这里应该是引用了一句当时的俗语,意思是有病不能常住在别人家。因此庄生的意思是说,"这是朱公的钱财,就像有病不能常住在别人家的训诫一样,这样的钱也不能长久留在咱们家,以后要如数归还给朱公,所以千万不要动用。"但是朱公长子不知道庄生的用意,以为庄生与一般收受钱财的人一样没有什么特别之处。

文章随后介绍庄生如何营救范蠡的儿子,说庄生趁着空闲入宫会见楚王,说:"某星宿移到某处,这将对楚国产生危害。"古时候天人感应的说法盛行,把星宿的运转与人间的祸福相联系,加上楚王平时十分信任庄生,于是就不怀疑这话中有其他原因,急忙请教:"现在怎么做才能避免这种危害?"庄生说:"只有实施仁德的政令才可以免除灾害。"楚王说:"您不用说了,我将按照你的教诲处理这件事。"楚王于是就派使者查封贮藏三钱的仓库。楚国那位权贵知道这件事后,惊喜地告诉朱公长子说:"楚王将要实行大赦。"长子问:"何以见得呢?"权贵说:"每当楚王大赦时,都要先查封贮藏三钱的仓库。昨晚楚王已派使者查封了。"朱公长子听到这个消息,心想既然楚王实行大赦,弟弟自然就可以被释放,一千镒黄金白白送给庄生,没有发挥一丁点作用,于是又去见庄生。庄生惊讶地问:"你没有离去吗?"长子说:"我从没有离开过。当初我是为弟弟的事来的,今天楚国正商议大赦,弟弟自然会被释放,所以我特意来向您告辞。"庄生知道他的意思是想拿回黄金,说:"你自己到房间里去取黄金吧。"长子便自己进到屋子取了黄金离开了,心里暗暗庆幸这些黄金能够失而复得。

  文章接着介绍这件事的最终结果,说庄生觉得被朱公长子这样的晚辈戏耍很丢脸面,于是又一次进宫面见楚王说:"我上次所说的某星宿的事,大王说想用实行德政来对待它。可是我今天外出,听路人议论说陶地富翁朱公的儿子杀人后被楚国囚禁,他家派人拿出很多钱贿赂楚王左右的人,所以楚王并不是体恤楚国人而实行大赦,而是为了赦免朱公的儿子才实行大赦。"楚王听了大怒道:"我就是再没有德行,怎么会为了朱公的儿子而布施恩惠呢!"于是下令先杀掉朱公儿子,第二天再下达大赦的诏令。朱公的长子最终只能带着弟弟的尸体回家。

  第三个层次讲述范蠡之所以不愿意派长子的原因,说长子带着弟弟的尸体回到家,母亲和乡邻们都十分悲痛,只有朱公一个人忍不住发笑,说:"我本来就知道长子一定救不了弟弟!他不是不爱自己的弟弟,只是有所不能忍心放弃的。他年幼就与我生活在一起,经受过各种辛苦,知道为生的艰难,所以把钱财看得很重,不敢轻易花钱。至于他的小弟,一生下来就只看到我极为富有,乘坐上等车,驱驾千里马,到郊外去打猎,哪里知道钱财从何处来,所以把钱财看得极轻,弃之也毫不吝惜。原来我打算让小儿子去,本来就是因为他能舍得钱财的原因。长子因为舍不得钱财,所以最终因为这一点害死了他的弟弟,这就是这件事背后的道理,不值得悲痛。我本来日日夜夜盼的就是他把二儿子的尸首运回来。"

  《史记·越王勾践世家》本来是记载越王勾践的事迹,范蠡作为越王勾践最重要的谋臣,文章介绍与其相关的事件是合乎情理的,但是花费如此大的篇幅详细介绍范蠡长子营救弟弟的过程,显然有点超出主题。作者之所以这样做,可能是认为这件事具有留给后人参照的重要价值。在中华传统文化中,爱惜财物是一种美德,《荀子·天论篇》"强本而节用,则天不能贫","本荒而用侈,则天不能使之富",推崇的就是爱惜财物、节约财物的美德。然而在这个故事中,范蠡的长子却因为爱惜钱财,最终导致弟弟送命。这件事告诉人们,天下没有十全十美的的事物,任何事物有其利必有其害,即使人们普遍称赞的美德也是如此。项羽得了天下不忘故乡,不是有情而是短视;宋襄公不击半渡、不杀二毛不是仁义而是愚昧。正如孟子所说"执一贼道",固守一个东西不知变通,就会违背事物发展的规律。这个故事的价值体现了中华文化现实思维方式的精髓:一切从现实出发,把现实的需要作为行为的准则和评判的标准。

(四)蔺相如忍辱

这一部分选文选自《史记·廉颇蔺相如列传》,记述赵国名将廉颇羞辱重臣蔺相如,蔺相如为了国家利益忍辱负重的故事,内容分为三个层次。

第一个层次介绍二人产生矛盾的原因。文章记述蔺相如出使秦国完璧归赵以后,又跟随赵王参加在渑池与秦王的聚会,秦王要求赵王为其鼓瑟并命史官记载,蔺相如冒死逼迫秦王为赵王击缶同样也令史官记载,并护送赵王安全回国。由于蔺相如在与秦国的交往中多次维护了赵国的尊严,从渑池回国以后,被赵王封为上卿,官级位居廉颇之上。廉颇是赵国的名将,出生入死立下了赫赫战功,对此很不服气。他先是对人说:"我是赵国的将军,有攻打城池野外作战的大功,而蔺相如只不过靠能说会道立了点功,却官居我之上,再说蔺相如本来就是卑贱之人,与他同列我都感到羞耻,更不能忍受在他之下。"继而并且公开扬言:"我如果遇到蔺相如,一定要狠狠地羞辱他。"廉颇之所以说蔺相如本来是卑贱之人,是因为蔺相如护送和氏璧出使秦国前,曾经做过宦官的门人。蔺相如听到廉颇的话以后,就想方设法不与廉颇见面。每到上朝的时候,为了避免排在廉颇之前,蔺相如常常以生病为借口躲在家里。过了一段时间,蔺相如有事外出,远远地看到廉颇过来了,就马上让人掉转车子避开了廉颇。

第二个层次介绍蔺相如忍辱的原因。蔺相如对于廉颇的一再忍让,连他的门客也看不过眼了,于是门客们一起进谏说:"我们之所以愿意离开家人跟随您做事,只不过是仰慕您高尚的节操。现在您与廉颇同朝为官,廉将军口出恶言,而您却因为害怕躲着不敢见他,您对他的畏惧未免有点太过分了,按说平常人尚且羞于这样做,更何况您作为将相这样的身份啊!我们这些人没有什么才能,请您允许我们离开吧!"蔺相如坚决地阻止他们离开,问这些门客:"诸位认为廉将军和秦王相比谁更厉害?"门客们说:"廉将军当然比不上秦王。"蔺相如说:"秦王那么大的威势,我敢在秦国朝堂上呵斥他,羞辱他的群臣,我蔺相如即使再无能,难道就唯独害怕廉将军吗?因为我是这样想的,强大的秦国之所以不敢对赵国用兵,只不过是因为赵国有我们两人在呀!现在如果两虎相争,最终势必不能共存。我之所以这样忍让,就是要先考虑国家的危难而把个人的恩怨放在后头。"

第三个层次介绍蔺相如忍辱的结果。文章说蔺相如的话传到了廉颇的耳中,廉颇听了大为震动,于是就脱去上衣,光着上身,背着荆条,由宾客带引着来到蔺相如的门前请罪。负荆请罪的成语就出于此处,这种形式可能是古时候人们衷心承认错误向对方道歉的一种方式。廉颇诚恳地对蔺相如说:"我是个粗野卑贱的人,想不到将军您的心胸宽阔到这样的地步啊!"蔺相如自然接受了廉颇的道歉,二人最终高兴地在一起相处,成为生死之交。

蔺相如与廉颇这个故事千百年以来一直广为流传,原因在于这个故事体现了中华文化推崇的精神价值。从思维方式的角度考察,这个故事典型地反映了自然人与文明人的区别。廉颇是赵国的名将,在指挥战争中自然是以理性思维方式为主,如在著名的长平之战中,他任凭秦国的军队如何骂阵,始终坚持阵地不与秦军决战。但是,当面对身份地位变化时,他的自然天性便占了上风,于是产生了羞辱蔺相如的想法。蔺相如的门客与廉颇相似,认为廉颇无端欺负人就应该针锋相对还以颜色。廉颇和这些门客的想法,是自然人在感性思维方式主导下的本能反应。蔺相如与他们的不同之处,就在于不是从个人出发思考问题,而是从国家利益角度思考问题,这显然表现的是理性思维方式。当蔺相如把自己为什么这样做的原因告诉门客,门客才恍然大悟,廉颇知道了顿感羞愧无比。这样的结果说明了一个道理,理性思维方式较之感性思维方式更能正确地处理人与人之间的关系,而从感性思维方式转变到理性思维方式,则是从自然人成长为文明人的重要路径。

吴谢宇杀母

吴谢宇1994年10月7日出生在福建省仙游县,从小学习成绩优秀。2009年中考以全校第一的成绩进入福州一中,2012年考入北京大学经济学院。大一学年被评为三好学生,大二学年获得北京大学廖凯原奖学金,还担任过班长。

吴谢宇上大学期间,父亲因病突然去世,他认为母亲活着已经没有意义,于是萌生了杀害母亲的念头。2015年7月10日17时许,吴谢宇趁母亲在家弯腰换鞋之际,手持哑铃杠猛击母亲的头部和面部,导致母亲死亡。

吴谢宇杀死母亲后,清理了现场,将母亲尸体用床单、塑料膜、活性炭包、冰箱除味剂等75层覆盖物包裹,藏在家中。以母亲陪同自己出国交流学习需要生活费、学费、财力证明等理由,骗取亲友144万元后潜逃。为逃避侦查,吴谢宇购买了10余张虚假身份证件,用于隐匿身份。

2016年2月14日,吴谢宇母亲的尸体被警方发现,2019年4月21日吴谢宇在重庆机场被公安机关抓捕。2023年5月30日,福建省高级人民法院对吴谢宇杀母案做出最终裁决,决定维持二审判决,对吴谢宇以故意杀人罪、诈骗罪、买卖身份证件罪数罪并罚,决定执行死刑,剥夺政治权利终身。

请从思维方式的角度,分析此案中吴谢宇和选文中虞舜对待家人不同行为产生的原因,并谈谈你从中得到的启示。

1.结合虞舜处处想着别人最终成为贤明帝王和帝纣一切为了自己最终身死国亡的故事,找一找生活中类似这种为人利己、为己害己的案例,思考一下,人生在世,应该如何处理自己与他人的关系?

2.结合范蠡长子救弟的故事,想一想为什么优秀的品质却会产生不好的效果?

任务二 《战国策》——策士的写真

导读

《战国策》又称《国策》,是西汉刘向编订的一部国别体史书,原作者不明,一般认为非一人之作。资料大部分出于战国时代,包括策士的著作和史料的记载。原书名不详,书中文章作者也不知是谁,成书推断也并非一时。刘向编撰后,删去其中明显荒诞不经的内容,按照国别,重新编排体例,定名为《战国策》。

《战国策》主要记述了公元前490—221年间,战国时期纵横家游说各国的说辞及其权谋智变斗争的故事,反映了战国时期各国的政治、军事、外交方面的一些活动情况和社会面貌。春秋战国时代诸侯争霸,招贤纳士、礼贤下士成为这个时代的突出现象。"士"指主要靠智慧、学识、才能谋生的知识分子,所谓"学以居位曰士"(班固)。《战国策》集中叙写了战国时代"士"的活动,其中有长于图谋划策、运筹帷幄的"谋士",有善于奔走游说、应对辩难的"辩士",有不惜舍命而报主的"勇士",也有为人排忧解难、高行义节的"义士",评价其"一言之辩,重于九鼎之宝;三寸之舌,强于百万雄师"。

《战国策》在中国文学史上成就突出,标志着中国古代散文发展的一个新时期,尤其在人物形象刻画、语言文字运用及寓言故事等方面,都具有非常鲜明的艺术特色,从而大大推动了文化传播的影响力。

选文

君臣盟约克宜阳

秦武王谓甘茂曰:"寡人欲车通三川,以窥周室,而寡人死不朽乎?"甘茂对曰:"请之魏,约伐韩。"王令向寿辅行。甘茂至魏,谓向寿:"子归,告王曰:'魏听臣矣,然愿王勿攻也。'事成,尽以为子功。"向寿归以告王,王迎甘茂于息壤①。

甘茂至,王问其故。对曰:"宜阳,大县也,上党、南阳积之久矣,名为县,其实郡也。今王倍数险,行千里而攻之,难矣。臣闻张仪西并巴、蜀之地,北取西河之外,南取上庸②,天下不以多张仪,而贤先王。魏文侯令乐羊将,攻中山③,三年而拔之,乐羊反而语功,文侯示之谤书一箧④,乐羊再拜稽首曰⑤:'此非臣之功,主君之力也。'今臣羁旅之臣也,樗里疾、公孙衍二人者⑥,挟韩而议,王必听之,是王欺魏而臣受公仲侈之怨也⑦。

昔者曾子处费⑧,费人有与曾子同名族者而杀人,人告曾子母曰:'曾参杀人。'曾子之母曰:'吾子不杀人。'织自若。有顷焉,人又曰:'曾参杀人。'其母尚织自若也。顷之,一人又告之曰:'曾参杀人。'其母惧,投杼逾墙而走⑨。夫以曾参之贤,与母之信也,而三人疑之,则慈母不能信也。今臣之贤不及曾子,而王之信臣又未若曾子之母也,疑臣者不适三人⑩,臣恐王为臣之投杼也。"王曰:"寡人不听也,请与子盟。"于是与之盟于息壤。

果攻宜阳,五月而不能拔也。樗里疾、公孙衍二人在争之王,王将听之,召甘茂而告之。甘茂对曰:"息壤在彼。"王曰:"有之。"因悉起兵,复使甘茂攻之,遂拔宜阳。

(选自《战国策·秦策二》)

译文

秦王对甘茂说:"我想出兵向东进攻三川(韩国一地名),取代周室,这样的话,寡人死了也会流芳百世。"甘茂说:"我要求去魏国与他们联合,共同攻打韩国。"于是,武王派亲信向寿做甘茂的副使出使魏国。甘茂来到魏国,对向寿说:"您回去告诉武王说:'魏王已同意我的约定。但希望大王不要进攻韩国。'当大事成后,所有功劳全部归于您。"向寿回到秦国,把这话告诉了武王,武王便到息壤这个地方迎接甘茂。

甘茂到了息壤,武王问他为什么不进攻韩国?甘茂回答说:"要进攻三川,必须先攻下宜阳,宜阳是韩国的大城邑,是上党和南阳两郡间的交通要道,长期以来,在宜阳积聚了两地的人力和财物,它名义是县,实际上相当一个郡。现在大王的军队要经过重重险阻,跋涉千里去攻打宜阳,实在太难了啊!我听说,张仪西并巴、蜀,北取河西,南占上庸,诸侯并不因此就称赞张仪的能力,却称颂先王(秦惠王)的贤明。魏文侯派乐羊为将,进攻中山,三年就灭掉了中山。乐羊返回魏国,称道自己的战功。魏文侯拿出整整一箱群臣诽谤指责他的书信给他看,乐羊赶紧接受了文侯的批评,心悦诚服地说:'这不是我的功劳,全是主君的功劳!'我现在只不过是寄居在秦国的人,而秦国权臣樗里疾、公孙衍倚仗和韩国的关系,将来如果在攻打宜阳时对我进行非议,从中作梗,大王必会听从。如果这样,大王就欺骗了盟国魏国,而我又会白白招致韩国相国公仲侈的怨恨。

过去曾参住在费地,费地有个与曾参同姓同名的人杀了人。有人告诉曾参的母亲,说:'曾参杀人了。'曾参的母亲说:'我的儿子是不会杀人的。'她依旧织自己的布。过了一会儿,一个人跑来说:'曾参杀人了。'曾参的母亲仍然织布。又过了一会,又有人来说:'曾参杀人了。'曾参的母亲便惊恐万状,扔掉梭子,翻过垣墙,逃跑了。就连曾参这样贤德的人,他的母亲也会产生疑惑和不信任他。现在我不如曾参贤能,大王相信我又不如曾参的母亲相信曾参,非议我的更是不止三人,我担心大王恐怕会因为我的原因而扔掉梭子啊!"武王坚定地说:"我不会信别人的言论,让我们订立盟约吧!"于是秦武王和甘茂在息壤订立盟约。

后来甘茂攻打宜阳,五个月还不能攻下,于是樗里疾和公孙衍二人在武王面前进甘茂的谗言,武王几乎都要听信了,因而召回甘茂。甘茂到后对武王说:"息壤就在那里!"武王不得不说:"很好。"这时武王才又坚定信心,动用了全部兵力,继续让甘茂指挥作战,最后攻克了宜阳。

选文

邹忌谏齐王

邹忌修八尺有余①,身体昳丽②。朝服衣冠,窥镜③,谓其妻曰:"我孰与城北徐公美?"其妻曰:"君美甚,徐公何能及君也!"城北徐公,齐国之美丽者也。忌不自信,而复问其妾曰:"吾孰与徐公美?"妾曰:"徐公何能及君也!"旦日④,客从外来,与坐谈,问之客曰:"吾与徐公孰美?"客曰:"徐公不若君之美也!"

明日,徐公来。孰视之⑤,自以为不如;窥镜而自视,又弗如远甚⑥。暮,寝而思之曰:"吾妻之美我者,私我也⑦;妾之美我者,畏我也;客之美我者,欲有求于我也。"

于是入朝见威王曰:"臣诚知不如徐公美,臣之妻私臣,臣之妾畏臣,臣之客欲有求于臣,皆以美于徐公⑧。今齐地方千里⑨,百二十城。宫妇左右⑩,莫不私王;朝廷之臣,莫不畏王;四境之内⑪,莫不有求于王。由此观之,王之蔽甚矣!"王曰:"善。"乃下令:"群臣吏民,能面刺⑫寡人之过者,受上赏;上书谏寡人者,受中赏;能谤讥于市朝⑬,闻寡人之耳者,受下赏。"

令初下,群臣进谏,门庭若市。数月之后,时时而间进⑭。期年⑮之后,虽欲言,无可进者。燕、赵、韩、魏闻之,皆朝于齐。此所谓战胜于朝廷⑯。

(选自《战国策·齐策一》)

译文

邹忌身高八尺多,而且外形、容貌光艳美丽。早晨穿戴好衣帽,照着镜子,对他妻子说:"我和城北徐公相比,谁更美?"他的妻子说:"您非常美,徐公怎么能比得上您?"城北的徐公是齐国的美男子。邹忌不相信自己比徐公美,于是又问他的妾:"我和徐公相比,谁更美?"妾回答说:"徐公哪能比得上您?"第二天,有个客人登门拜访,邹忌与他相坐而谈,问客人:"我和徐公比,谁更美?"客人说:"徐公不如您美丽。"又过了一天,徐公来了,邹忌仔细地看着他,自认为不如徐公美;再照镜子看着自己,更是觉得自己与徐公相差甚远。晚上他躺在床上休息时想这件事,说:"我的妻子认为我美,是偏爱我;我的妾认为我美,是害怕我;我的客人认为我美,是有事情有求于我。"

于是邹忌上朝拜见齐威王,说:"我知道自己确实比不上徐公美。可是我的妻子偏爱我,我的妾害怕我,我的客人有事想要求助于我,所以他们都认为我比徐公美。如今齐国有方圆千里的疆土,一百二十座城池。宫中的姬妾及身边的近臣,没有一个不偏爱大王的,朝中的大臣没有一个不惧怕大王的,全国的百姓没有不对大王有所求的。由此看来,大王您受到的蒙蔽太严重了!"

齐威王说:"你说的很好!"于是就下了命令:"大小的官吏,大臣和百姓们,能够当面批评我的过错的人,给予上等奖赏;上书直言规劝我的人,给予中等奖赏;能够在众人集聚的公共场所指责议论我的过失,并传到我耳朵里的人,给予下等奖赏。"命令刚下达,许多大臣都来进献谏言,宫门和庭院像集市一样喧闹;几个月以后,还不时地有人偶尔进谏;满一年以后,即使有人想进谏,也没有什么可说的了。燕、赵、韩、魏等国听说了这件事,都到齐国朝拜齐威王。这就是所说的在朝廷之中不战自胜。

选文

触龙说赵太后

赵太后①新用事,秦急攻之。赵氏求救于齐。齐曰:"必以长安君②为质,兵乃出。"太后不肯,大臣强谏。太后明谓左右:"有复言令长安君为质者,老妇必唾其面。"

左师触龙言愿见太后③,太后盛气而揖之④。入而徐趋,至而自谢⑤,曰:"老臣病足,曾不能疾走,不得见久矣。窃自恕,而恐太后玉体之有所郄也⑥,故愿望见太后。"太后曰:"老妇恃辇而行⑦。"曰:"日食饮得无衰乎?"曰:"恃粥耳。"曰:"老臣今者殊不欲食,乃自强步,日三四里,少益嗜食,和于身也。"太后曰:"老妇不能。"太后之色少解⑧。

左师公曰:"老臣贱息舒祺⑨,最少,不肖;而臣衰,窃爱怜之，愿令得补黑衣之数⑩，以卫王宫，没死以闻⑪。"太后曰："敬诺。年几何矣？"对曰："十五岁矣。虽少，愿及未填沟壑而托之⑫。"太后曰："丈夫亦爱怜其少子乎？"对曰："甚于妇人。"太后笑曰："妇人异甚。"对曰："老臣窃以为媪之爱燕后贤于长安君⑬。"曰："君过矣，不若长安君之甚。"左师公曰："父母之爱子，则为之计深远。媪之送燕后也，持其踵为之泣，念悲其远也，亦哀之矣。已行，非弗思也，祭祀必祝之，祝曰：'必勿使反。'岂非计久长，有子孙相继为王也哉？"太后曰："然。"

左师公曰："今三世以前，至于赵之为赵，赵主之子孙侯者，其继有在者乎？"曰："无有。"曰："微独赵，诸侯有在者乎？"曰："老妇不闻也。""此其近者祸及身，远者及其子孙。岂人主之子侯则必不善哉？位尊而无功，奉厚而无劳，而挟重器多也。今媪尊长安君之位，而封之以膏腴之地，多予之重器，而不及今令有功于国。一旦山陵崩⑭，长安君何以自托于赵？老臣以媪为长安君计短也，故以为其爱不若燕后。"太后曰："诺。恣君之所使之。"于是为长安君约车百乘，质于齐，齐兵乃出。

子义⑮闻之，曰："人主之子也，骨肉之亲也，犹不能恃无功之尊，无劳之奉，而守金玉之重也，而况人臣乎？"

（选自《战国策·赵策四》）

译文

赵太后刚刚主持国政，秦国就加紧进攻赵国。赵国向齐国请求救援。齐国说："必须让长安君来作质子，我们才会派兵。"赵太后不肯，大臣们都极力劝谏她。赵太后明确地告诫左右侍臣说："谁要是再提起让长安君作质子的事情，我一定吐他一脸唾沫。"

左师触龙对太后侍臣说，希望拜见太后。太后怒气冲冲地等着他。触龙走入殿内就用快走的姿势慢慢地走着小步,到了太后面前道歉说:"老臣的脚有毛病,不能快走,很长时间没能来拜见您了。我私下原谅了自己,但是又怕太后的贵体有什么不适,所以想来看望您。"太后说:"我也是脚有毛病全靠坐车走动。"触龙说:"您每天的饮食该不会减少吧?"太后说:"就喝点粥罢了。"触龙说:"老臣近来特别不想吃东西,还是强迫自己走走,每天走三四里,稍微增加了点食欲,身体也舒适些了。"太后说:"我做不到像您那样。"太后的脸色稍微和缓了些。

　　左师公说:"犬子舒祺,年龄最小,不成器;可是臣已衰老,私心又疼爱他,希望您能让他补充黑衣卫士的人数,来保卫王宫。我冒着死罪来禀告太后!"太后说:"答应您!年龄多大了?"触龙回答:"十五岁了。虽然还小,但想趁我未死之前来托付给您。"太后说:"男人也疼爱小儿子吗?"触龙回答:"比妇人爱得厉害些。"太后笑着说:"妇人更厉害。"触龙回答:"老臣认为您疼爱燕后超过爱长安君。"太后说:"您错了,不像疼爱长安君那样厉害。"左师公说:"父母爱子女,就要为他们考虑得长远些。您送燕后出嫁时,她上了车您还握着她的脚后跟为她哭泣,惦念、伤心她的远嫁,这也够伤心的了。送走以后,不是不想念她了;而且每逢祭祀您一定为她祈祷,祈祷说:'千万不要被赶回来啊'这难道不是从长远考虑,希望她有子孙相继为王吗?"太后说:"是这样。"左师公说:"从现在算起往上推三代,一直到赵氏建立赵国的时候,赵王的子孙凡被封侯的,他们的子孙还有能继承爵位的吗?"太后说:"没有。"触龙又问:"不仅是赵国,其他诸侯国君的被封侯的子孙的后继人有还在的吗?"太后说:"我没有听说过。"触龙说:"他们当中祸患来得早的就会降临到自己头上,祸患来得晚的就降临到子孙头上。难道国君的子孙就一定不好吗?根本的原因是他们地位高贵却没有功,俸禄优厚却没有劳,而且拥有的贵重宝器太多了啊!现在您把长安君的地位提的很高,并且把肥沃的土地封给他,还给他很多贵重的宝器,却不趁现在让他有功于国,一旦您百年之后,长安君凭什么在赵国立身呢?老臣认为您为长安君考虑得太短浅,所以认为您对长安君的爱不如燕后。"太后说:"您说得对。任凭您指派他吧!"于是为长安君备车一百乘,到齐国去作人质。齐国才出兵。

　　子义听到这事说:"国君的孩子,可算是国君的亲骨肉了,尚且还不能凭靠无功的尊位、没有劳绩的俸禄来守住金玉宝器,更何况是人臣呢!"

选文

唐雎不辱使命

秦王使人谓安陵君曰:"寡人欲以五百里之地易安陵,安陵君其许寡人!"安陵君曰:"大王加惠①,以大易小,甚善;虽然②,受地于先王,愿终守之,弗敢易!"秦王不说③。安陵君因使唐雎使于秦。

秦王谓唐雎曰:"寡人以五百里之地易安陵,安陵君不听寡人,何也?且秦灭韩亡魏,而君以五十里之地存者,以君为长者,故不错意也④。今吾以十倍之地,请广于君⑤,而君逆寡人者,轻寡人与?"唐雎对曰:"否,非若是也。安陵君受地于先王而守之,虽千里不敢易也,岂直五百里哉?"

秦王怫然怒⑥,谓唐雎曰:"公亦尝闻天子之怒乎?"唐雎对曰:"臣未尝闻也。"秦王曰:"天子之怒,伏尸百万,流血千里。"唐雎曰:"大王尝闻布衣之怒乎?"秦王曰:"布衣之怒,亦免冠徒跣,以头抢地尔。⑦"唐雎曰:"此庸夫之怒也,非士之怒也。夫专诸之刺王僚也,彗星袭月;聂政之刺韩傀也,白虹贯日;要离之刺庆忌也,仓鹰击于殿上。此三子者,皆布衣之士也,怀怒未发,休祲降于天,与臣而将四矣。若士必怒,伏尸二人,流血五步,天下缟素⑧,今日是也。"挺剑而起。

秦王色挠⑨,长跪而谢之⑩曰:"先生坐!何至于此!寡人谕矣。夫韩、魏灭亡,而安陵以五十里之地存者,徒以有先生也。"

(选自《战国策·魏策四》)

译文

秦王派人对安陵君说:"我想用五百里的土地来换安陵,安陵君你一定要答应我!"安陵君说:"大王给我恩惠,以大换小,这非常好。尽管如此,我从先王那儿继承了土地,希望永远守住它,不敢交换。"秦王很不高兴。于是安陵君派唐雎出使到秦国去。

秦王对唐雎说:"我用五百里的土地来换安陵,安陵君不听从于我,为什么呢?再说,秦灭掉了韩国和魏国,而安陵君却凭着五十里的领土保存下来,是因为我把他看作一个有德行的长者,所以我没有打他的主意。如今我用十倍的土地,来扩大他的领土,而他却拒绝我,是轻视我吗?"唐雎回答说:"不,不是这样。安陵君从先王那儿继承了土地而守护着它,即使一千里土地也不敢交换,何况只是五百里呢?"

秦王怒气冲冲,对唐雎说:"您也曾经听说过天子发怒吧?"唐雎回答说:"我还没有听说过。"秦王说:"天子发怒,横尸百万,血流千里。"唐雎说:"大王曾经听说过平民发怒吗?"秦王说:"平民发怒,无非是取下帽子,打着赤脚,用头去碰地罢了。"唐雎说:"这是庸人之怒,不是勇士之怒。当年专诸刺杀吴王僚,彗星的光芒掩盖月亮;聂政刺杀韩傀,一道白气穿过太阳;要离刺杀庆忌,苍鹰突然飞扑到殿上。这三个人,都是平民中的勇士,他们胸怀的怒气还没有迸发,征兆便从天上降下来,今天再加上我就将是四个人了。如果勇士必将发怒,就将倒下两人的尸体,鲜血流在五步之内,而天下的人都要穿白戴孝,今天就是如此!"唐雎拔出剑站了起来。

秦王变了脸色,神情沮丧,臀部离开脚跟,直起身来,对唐雎道歉说:"先生坐下来!何至于如此!我明白了,韩国、魏国已经灭亡,而安陵却凭着五十里的领土而保存下来,只是因为有先生这样的人啊!"

《战国策》是记载战国时期各诸侯国策士活动的史书,依国别分为西周、东周、秦、齐、楚、赵、魏、韩、燕、宋、卫、中山十二策。本教材节选其中秦策、齐策、赵策和魏策中的部分内容,以期使同学们了解这部典籍。

(一)君臣同心克宜阳

这部分选文选自《战国策·秦策二》,记载秦国大将甘茂领命攻打韩国宜阳的过程,内容分为三个层次。

第一个层次即文章的第一个段落,记述甘茂受命联络魏国共同攻打韩国的过程。文章以秦武王的话开篇,秦武王对大将甘茂说:"我想出兵打通前往韩国三川的道路,从而可以取代周王室,这件事办成了寡人就会流芳百世。"甘茂说:"我请求出使魏国,联合魏国一起攻打韩国。"秦武王接受了甘茂的请求,派向寿作为副使。到了魏国以后,甘茂对向寿说:"您回去告诉武王说:'魏王已经接受了我们的约定,但是我希望大王不要进攻韩国了。'这样的话,事成之后所有的功劳都归于您。"向寿回到秦国,把甘茂的话告诉了秦武王,秦武王于是便到息壤这个地方迎接甘茂。在这个过程中,值得注意的是甘茂让向寿转呈秦武王的话。这句话包含两个信息:一是魏国答应与秦国一起进攻韩国,二是甘茂建议秦武王取消进攻韩国的计划。甘茂出使魏国的目的是联合魏国攻打韩国,魏国已经同意,甘茂却建议取消计划,所以这两个信息是相互矛盾的。为什么甘茂要向秦武王发出如此矛盾的信息呢?这就是甘茂谋划的第一步,也是秦武王之所以要到息壤这个地方迎接甘茂的原因,即秦武王要弄清楚这是为什么。

  第二个层次记述甘茂谋划攻打宜阳的过程。甘茂到了息壤,秦武王就问他为什么建议不要进攻韩国。甘茂回答说:"要进攻韩国的三川,必须先拿下宜阳,宜阳是韩国的大县,是上党和南阳两地间的交通要道,长期以来积聚了大量的人力和财物,它名义是一个县,实际上相当一个郡。现在大王的军队要经过重重险阻,跋涉千里去攻打宜阳,实在是太难了!"甘茂所说的这些困难都是现实情况,秦武王不可能不知道,这些困难显然不足以成为取消攻打韩国计划的理由。事实上这些情况也确实不是甘茂取消攻打韩国计划的理由,只不过是给他下面的话作铺垫。说到这里甘茂话锋一转,讲述起秦国张仪收取巴蜀地区和魏国乐羊收取中山地区的战役。甘茂说:"我听说张仪西并巴、蜀,北取河西,南占上庸,诸侯并不因此就称赞张仪的能力,却称颂先王(秦惠王)的贤明。魏文侯派乐羊为将进攻中山,三年灭掉了中山。乐羊返回魏国称道自己的战功,魏文侯拿出一箱子群臣非议他的书信给他看,乐羊看后再次参拜魏文侯,心悦诚服地说:'能够收服中山不是臣的功劳,主要靠的是大王您的力量!'"通过这两则故事,甘茂告诉秦武王:战争取得胜利的关键在于君王对将军的信任。从这个前提出发,甘茂接着分析目前秦国朝堂的形势:"现在我不过是寄居在秦国的人,秦国重臣樗里疾、公孙衍素来与韩国关系密切,如果我率军攻打宜阳时他们从韩国的利益出发非议我,大王一定会听从他们的意见。这样的话大王就欺骗了盟国魏国,我也会招致韩国相国公仲侈的埋怨。"话说到这里,甘茂才真正道明了攻打韩国的风险,也就是他之所以建议取消计划的真正原因。

  为了说明这种风险的必然性,甘茂接着对秦武王讲述了曾参的故事:"过去曾参住在费地,费地有个与曾参同名同姓的人杀了人。有人告诉曾参的母亲说:'曾参杀人了。'曾参的母亲说:'我的儿子是不会杀人的。'她依旧从容地织自己的布。过了一会儿,又有一个人跑来说:'曾参杀人了。'曾参的母亲仍然照旧织布。又过了一会,又有一个人跑来说：'曾参杀人了。'曾参的母亲这下害怕了，扔掉织布的梭子，翻过院墙逃跑了。"曾参的故事表现了人的认知活动中的一种普遍规律，从这种普遍规律出发，甘茂分析他与秦武王目前的处境说："就连曾参这样贤德的人以及他的母亲对他的了解，连着有三个人说他杀人，那么他的母亲都会不再信任他。现在我的贤能赶不上曾参，大王对我的信任又不如曾参的母亲信任曾参，非议我的更是不止三个人，我担心大王恐怕会因为我的原因而扔掉梭子啊！"秦武王听了甘茂的话，觉得很有道理，就说："我不会听信别人对你的非议，我愿意与你订立盟约。"于是秦武王就与甘茂在息壤订立了盟约。君臣之间为了信任问题订立盟约，也就解决了攻打宜阳存在的最大风险，标志着甘茂实现了预定的谋划。

　　第三个层次记述攻打宜阳的过程。秦武王与甘茂盟誓以后，甘茂开始率军攻打宜阳。正如甘茂事前想到的，宜阳果然难以攻打，战事进行了五个月还不能攻下。在这种情况下，秦国重臣樗里疾和公孙衍纷纷在秦武王面前进谗毁甘茂，说的秦武王几乎都要动心了，于是召回甘茂问询，就是说你有没有能力拿下宜阳啊！甘茂回答秦武王的问询说："息壤的盟约还在那里！"秦武王听了方才恍然大悟，说道："我们有过这样的约定。"秦武王为什么一下子明白了呢？因为盟约使他想起了战前甘茂的话，当下的情形都是甘茂预料到的，能够事前想到这些情况的人，怎么会解决不了这些问题呢！于是秦武王坚定信心，派出秦国全部兵力，继续让甘茂指挥作战，最后攻克了宜阳。

　　选文通过攻打宜阳的过程，展示了甘茂作为一名策士的智慧。这种智慧是对战争规律的深刻认识，君臣同心是决定战争胜败的关键因素。在战国时期，文章中提到的张仪攻打巴蜀、乐羊攻打中山的战役，是这种战争规律的正面案例；而长平之战中赵孝成王用赵括替代廉颇、燕国伐齐中燕惠王用骑劫替代乐毅，则是这种战争规律的反面案例。当时秦军千里迢迢进攻赵国，面对廉颇利用地形坚守不出的战略毫无办法，赵王却中了秦国的反间计，用赵括替代廉颇，赵括兵败，40万赵国降卒被秦军坑杀。乐毅率领四国联军伐齐，大败齐军，攻克72座城市，齐国仅剩两座城市困守，燕王中了齐国的反间计，用骑劫替代乐毅，齐军采用火牛阵杀死骑劫，燕军大败而归。这种智慧是对人性的深刻认识，说明了人与人之间的信任难能可贵。在中国历史上，这种对人性规律的认识源远流长，《易经·系辞传》说："二人同心，其利断金；同心之言，其臭如兰"，是先哲对这种人性规律的哲理表达；"人生得一知己足矣，斯世当以同怀视之"，是无数哲人对这种人性规律的美好祈愿；"团结就是力量"，则是现代中国人对这种人性规律的共识。这种对人性规律的认识，构成了中华文化的重要内容。

(二)邹忌谏齐王

这部分选文选自《战国策·齐策一》,记述齐国相国邹忌用自己生活中的经历和感悟劝谏齐威王的故事,内容分为四个层次。

第一个层次介绍邹忌在家中经历的一件事。文章介绍说,邹忌身高有八尺多,容貌和身材都光鲜亮丽。有一天早晨邹忌穿戴好衣帽,看着镜子内的自己对妻子说:"我和城北徐公相比,谁更美?"他的妻子说:"您这么美,徐公怎么能比得上您呢?"城北的徐公是齐国闻名的美男子,邹忌不相信自己会比徐公美,于是又问他的妾:"我和徐公相比,谁更美?"妾回答说:"徐公当然比不上您美!"第二天,有个客人登门拜访,邹忌与他相坐而谈,又问客人:"我和徐公比,谁更美?"客人说:"徐公比不上您的美貌。"

第二个层次介绍邹忌对这件事的感悟。文章说又过了一天,徐公来了,邹忌仔细地打量着徐公,心里觉得自己不如徐公美;再照着镜子看自己,更是觉得自己与徐公相差甚远。晚上他躺在床上,反复地思考这件事后认识到:"我的妻子认为我美,是因为偏爱我;我的妾认为我美,是因为害怕我;我的客人认为我美,是因为有求于我。"

第三个层次介绍邹忌用自己的经历和感悟劝谏齐威王。文章说邹忌由自己的经历想到国家的治理,于是上朝拜见齐威王,讲述完自己的经历后说:"我知道自己确实比不上徐公美。可是我的妻子偏爱我,我的妾害怕我,我的客人有事求助于我,所以他们都说我比徐公美。如今齐国有方圆千里的疆土,一百二十座城池,宫中的姬妾以及身边侍奉的人无不偏爱大王,朝中的大臣无不惧怕大王,全国的百姓无不有求于大王。依照我的经历来看,大王受到的蒙蔽应该更大了!"齐威王说:"你说的很好!"于是就颁发了一道命令:"朝中大臣、各级官吏和普通百姓,能够当面指出寡人过错的人,给予上等奖赏;上书规劝寡人过错的人,给予中等奖赏;能够在朝堂和市井间议论寡人的过错,最终传到寡人耳朵里的人,给予下等奖赏。"

第四个层次介绍邹忌劝谏齐威王的效果。文章说齐威王的旨意下达之初,众多大臣纷纷进谏献言,朝廷就像集市一样热闹;几个月以后,只不过偶尔才有人进谏;一年以后,虽然有人还想进谏,但已经没有什么可说的了。这也就是说,齐威王治国的策略已经比较完善,全国上下都非常满意。燕、赵、韩、魏等国听说了这个消息,于是纷纷来到齐国朝拜齐威王。文章感叹说,这就是古人所说的通过修明内政令他国朝拜啊!

选文通过劝谏齐王的过程,展现了邹忌作为一名策士的智慧。这种智慧首先表现为能够从日常生活中发现人性的规律。在现实生活中,由于社会因素的原因,人们往往把人的行为分为不同的类型,似乎只有重要的社会行为才能表现出深刻的哲理。然而从生理的角度讲,人的任何行为都是等价的,都会从不同的角度表现出人性,邹忌从与家人的对话中发现人性的规律就证明了这一点。其次表现为把这种从生活中得到的感悟运用到国家治理中。人的任何行为都会表现出人性,因而从小事中总结出的人性规律,同样适用于大事。但是能够把从小事中总结出的规律运用到大事上,却是需要高超的智慧。第三表现为高超的劝谏艺术。在现实生活中,一个人具有正确地认识并不难,难的是让这种认识为人们所接受,尤其是让统治者接受,因为只有让统治者接受,这种认识才能在现实生活中产生作用。在中国历史上有所谓"文死谏,武死战"的说法,"武死战"暂且不论,"文死谏"的说法确实值得商榷。以死劝谏表现的是决心而不是智慧,是个人的意愿而不是社会现实。作为一名策士,最困难的不是死,而是将自己的谋略转变为现实。如果把实现自己的谋略比作彼岸,劝谏的艺术就是渡河的船。在中国历史上,优秀的劝谏故事很多,邹忌谏齐王就是其中之一。这样的劝谏过程看似很简单,实则隐藏着人生的大智慧,闪烁着中国人理性思维方式的光辉,这也是这个故事千百年来被人们广为流传的原因。

(三) 触龙说赵太后

这部分选文选自《战国策·赵策四》,记述策士触龙说服赵太后的过程,文章分为三个层次。

第一个层次介绍触龙说赵太后的原因。赵太后是赵国国君惠文王的王后,赵孝成王的母亲。公元前266年,赵惠文王去世,他的儿子孝成王即位,由于孝成王年幼,由他的母亲执政,所以称为赵太后。赵太后刚刚主持国政,秦国就趁赵国新君即位之机加紧攻打赵国。赵国向齐国请求援助,齐国提出的条件是:"必须让长安君到齐国作人质,齐国才会出兵。"长安君是赵太后最疼爱的小儿子,这也是齐之所以要求以长安君为人质的原因。赵太后舍不得小儿子,所以不肯答应齐国的要求。大臣们纷纷劝谏赵太后,极力要求她以国家利益为重,答应齐国的要求。赵太后对此非常生气,明确地告诫左右侍臣说:"谁要是再敢提起让长安君作人质的事情,老妇我一定唾到他的脸上。"概括这一段的内容,新君继位,强敌来侵,赵太后因为溺爱小儿子不肯让其为质,众臣强谏不听,导致齐国援军不至,赵国陷入危机——这就是触龙说赵太后的原因。

第二个层次记述触龙说服赵太后的过程。触龙是赵国的左师,是一位老臣,看到众大臣与赵太后闹得这么僵,就告诉赵太后的侍臣,说希望能拜见赵太后。赵太后知道触龙一定是为了让长安君作人质的事,于是满脸怒气地等着他。这时候,触龙开始展示其作为一个老策士的智慧。文章首先介绍他陈述见赵太后的理由,说触龙进入大殿后慢慢地朝着赵太后走去,到了赵太后面前充满歉意地说:"老臣的脚有毛病,一直不能快走,很长时间不能来拜见您了。我心里用这个理由宽恕自己,但是又怕太后的贵体真有什么不适,所以特地来看看您。"也就是告诉赵太后,我不是为长安君的事情来的。这样一来,赵太后的戒心顿减,顺着触龙的话题说:"老妇我现在也主要是靠坐辇车行走。"触龙问:"您每天的饭食有没有减少啊?"赵太后说:"就靠着每天喝点粥罢了。"触龙说:"老臣近来也特别没有食欲,还是通过强迫自己走路,每天走上三四里,才稍微有了点食欲,身体也舒适些了。"赵太后说:"老妇我还做不到像您那样啊。"二人拉了一会家常,太后的脸色开始有点缓和,触龙缓和气氛的目的达到了。

触龙接着展开谋略的第二步,他对赵太后说:"老臣的儿子舒祺,在兄弟姐妹中最小,没有什么本事;可是老臣年龄大了,私下偏偏最疼爱他,想着让他能够补充黑衣卫士的人数,以后保卫王宫。我今天冒着死罪来禀告太后这件事!"赵太后说:"我答应您!小儿子多大了?"触龙回答:"十五岁了。虽然有点小,不过我想趁着还没有死把他托付给您。"赵太后问:"男人也疼爱小儿子吗?"触龙回答:"超过妇人。"赵太后笑着说:"妇人应该更厉害。"两个人说到这里,赵太后已经掉入触龙设计的话语陷阱,因为二人的话题已经转向男人和女人谁更疼爱小儿子。触龙顺着赵太后的话,把话题引到长安君为质一事,说:"老臣认为您疼爱燕后超过爱长安君。"太后说:"您错了,不如疼爱长安君那样厉害。"触龙说:"父母爱子女,就要为他们考虑得长远些。您送燕后出嫁时,她上了车,您还握着她的脚为她哭泣,惦念、伤心她的远嫁,这也够伤心的了。送走以后,也不是不想念她;每逢祭祀一定为她祈祷,总是祈祷说:'一定不要让她被送回来呀!'这难道不是从长远考虑,希望她的子孙能够相继为王吗?"太后说:"是这样。"成功地把话题引到长安君身上,触龙谋略的第二部就成功了。

赵太后溺爱小儿子,以致不顾国家安危和大臣劝谏,从思维方式的角度看,显然是感性思维方式的结果。触龙说服赵太后的第一和第二步策略,就是针对赵太后感性思维方式的特点,通过拉家常消解赵太后的对立情绪,通过托付小儿子引出男人与女人谁最疼爱小儿子的争论,从而成功地把话题引到长安君一事上。感情的沟通为劝谏奠定了基础,但是要让人认识到一种行为的不合理,还是必须依靠理性思维方式。所以触龙开始谋略的第三步,也就是理性强攻,他问赵太后:"从现在算起往上推三代,一直到赵氏建立赵国的时候,赵王的子孙凡被封侯的,他们的子孙还有能继承爵位的吗?"太后说:"没有。"触龙又问:"不仅是赵国,其他诸侯国君的被封侯的子孙的后继人有还在位的吗?"太后说:"我没有听说过。"这两个问题,类似于现在的大数据,结果出来以后是非常震撼人心的。触龙接着分析这种现象产生的原因说:"他们当中祸患来得早的就会降临到自己头上，祸患来得晚的就降临到子孙头上。难道国君的子孙就一定不好吗？根本的原因是他们地位高贵却没有功，俸禄优厚却没有劳，而且拥有的贵重宝器太多了啊！现在您把长安君的地位提的很高，把肥沃的土地封赏给他，给他很多贵重的宝器，却不趁现在您在位的时候让他为国家建立功劳，一旦您百年之后，长安君凭什么在赵国立身呢？老臣认为您为长安君谋划只考虑眼下，所以认为您对长安君的爱不如燕后。"赵太后是历史上有名的人物，自然不是平庸之辈，当然能够领悟触龙话中的道理，于是说："您说得对。就任凭您安排他吧！"文章至此，触龙的谋略全部实施，成功地说服了赵太后。

第三个层次介绍触龙说赵太后一事的结局和意义。文章说，赵太后把长安君的事交给触龙之后，触龙就为长安君准备了一百乘车，然后送他到齐国去作人质，齐国也出兵帮助赵国抵御秦国。在介绍完事情的结局以后，文章记载了当时赵国名士子义的一段话，子义评述这件事说："国君的孩子，可算是国君的亲骨肉了，尚且还不能凭靠无功的尊位、没有劳绩的俸禄来守住金玉宝器，更何况是人臣呢！"这段话把这件事的意义，从国君的后代推及大臣，其实何止国君和大臣的后代，人生在世谁又能不付出努力而安享荣华呢？所以我们看到，触龙的谋划是建立在对人生规律的深刻认识之上，如果说谋划的前两步在于与赵太后沟通感情，消解因大臣强谏引发的愤怒，那么第三步关于人生规律的阐释，则是最终说服赵太后的根本原因。

（四）唐雎不辱使命

这部分选文选自《战国策·魏策四》，讲述魏国策士唐雎奉命出使秦国，折服秦王保护家国的故事，内容分为三个层次。

第一个层次讲述唐雎出使秦国的原因。这篇文章记述的事件发生在战国末期，当时秦国凭借强大的军事力量吞并各个诸侯国，战国七雄中的韩国、魏国相继被灭，对于魏国附庸小国安陵，秦国想通过换地的骗局达到不战而屈人之兵的目的。文章介绍说，秦王派人对安陵君说："我想用五百里的土地来换安陵，安陵君你一定要答应我！"安陵君看穿了秦国的计谋，于是委婉地说："这是大王施舍恩惠，以大换小，是一桩好事。不过虽然对我有利，但是我从先王那儿继承的土地，希望能够永远守护它，所以不敢与您交换。"秦王对安陵君的答复很不高兴。于是安陵君派唐雎出使秦国说明事情的原委，以求能与秦国和平相处。

第二个层次讲述唐雎出使秦国的过程，主要讲述了唐雎与秦王的两次交锋。文章说唐雎到了秦国，秦王先是责备唐雎说："我提出用五百里的土地交换安陵，安陵君却不听从我的提议，为什么啊？按说秦国能灭掉强大的韩国和魏国，而安陵君却能够凭着五十里的土地保存下来,是因为我把他看作一个有德行的长者,所以没有打算灭掉他。如今我用十倍的土地来扩大他的领土,而他却拒绝我,这是看不起我吗?"唐雎冷静地回答道:"不,安陵君不是这样的想法。安陵君只是想守护从先王那儿继承的土地,即使一千里土地也不敢交换,更何况只是五百里呢?"这一个交锋,秦王想用道理使唐雎屈服,唐雎则以先王的土地不敢交换为由,说明安陵君不接受秦王换地要求的道理。

秦王看见用所谓的"理"不能使唐雎屈服,就改用权势压迫,怒气冲冲对唐雎说:"先生也曾经听说过天子发怒吧?"唐雎回答说:"我还没有听说过。"秦王说:"天子发怒,横尸百万,血流千里。"唐雎说:"大王曾经听说过平民发怒吗?"秦王讥笑道:"平民发怒,无非是摘了帽子,光着脚,用头去撞地罢了。"唐雎说:"您说的这是庸人之怒,不是勇士之怒。当年专诸刺杀吴王僚,彗星的光芒掩盖了月亮;聂政刺杀韩傀,一道白虹直射太阳;要离刺杀庆忌,苍鹰飞扑到大殿上。这三个人啊,都是平民中的勇士,他们胸中的怒气还没有迸发,就引发了兆示吉凶的天象,今天再加上我就是四个人了。如果勇士最终发怒,就一定会有两个人的尸体,五步之内鲜血四溅,天下的人都要穿白戴孝,今天就是这样!"唐雎说完就拔出剑站起身。这是第二个交锋,秦王想以天子之怒威慑唐雎,唐雎则针锋相对回以布衣之怒,并起身拔剑准备付诸行动。

第三个层次记述唐雎出使秦国的结局。文章说秦王看见唐雎拔剑起身,脸上立刻变了颜色,直起身对唐雎道歉说:"先生请坐下来!事情还没到这样的地步!我现在明白了,韩国、魏国已经灭亡,而安陵却能够凭着五十里的土地保存下来的原因,就是因为有先生这样的人啊!"秦王道歉,就是接受了唐雎的解释,意味着唐雎不畏秦王的威压完成了出使的目的,所以这篇文章的题目就叫作"唐雎不辱使命"。

在《战国策》的四篇选文中,甘茂智慧体现了理性思维方式的特点,能够预见事件发展的过程并事先采取应对措施。邹忌的智慧则是总结人的感性活动中的规律并将其运用到国家大事上,体现的依然是理性思维方式的特点。触龙的智慧是巧妙地运用人的感性思维方式的特点,通过沟通感情化解赵太后的怒气,使其最终能够接受理性的劝谏,表现了理性思维方式对感性活动规律的运用。唐雎的智慧则表现为理性思维方式主导下的感性活动,即为了理性的目的而不计安危不顾生死,这就是中华文化修身中所讲的培育"浩然正气"。人如果只有理性而无这种感性,就会滑入人们所说的"精致的利己主义者"。从思维方式的角度分析,这类人的不足在于缺乏整体思维方式,只是从个人利益的角度讲理性,本质上仍然没有超越本能的影响。所以中华文化中的理性思维方式,不是简单地摆脱感性思维方式,而是用理性主导思维活动,该理性的时候理性,该感性的时候感性,如此才能成为一个大写的人。

讨论

李天一入狱

李天一是著名歌唱家李双江和梦鸽的儿子,自幼爱好音乐、唱歌和冰球运动。4岁学习钢琴,多次获得青少年钢琴比赛大奖;8岁学习书法,连续三届荣获爱我中华全国青少年书法大赛铜、银、金奖;10岁加入中国少年冰球队,多次参加国内外少儿冰球比赛。

李双江老来得子,对李天一视如掌上明珠。2010年,梦鸽把原来自己开的一辆宝马车送给14岁的儿子。李天一觉得不够酷,就去改装俱乐部花费30万元进行改装。李天一虽然因为年龄小不能办理驾照,但依然开着这辆车到处玩耍,2010年头9个月就违反交通规则32次。2011年李双江夫妇在中央民族乐团音乐厅为15岁的李天一举办"爱在北京"——假日歌友会,二人邀请一众名家为儿子助阵。

父母的溺爱养成了李天一骄横跋扈的性格,在居住的小区和学校经常打架斗殴,被人们称为"小霸王"。2011年,李天一在小区开车时被一辆车挡住路,随即与同伴一起殴打开车的夫妇,高声威胁旁观者"我看谁敢报警!"最终因为无证驾驶和殴打他人被判劳动教养一年。2012年9月李天一获释,父母送其到国外上学,李天一将洗衣粉掺杂在蛋白粉中戏弄同学,导致同学口吐白沫被送往医院洗胃,因为这件事被学校勒令开除回到国内。2013年2月17日晚,李天一伙同四名同伴使用暴力手段轮奸一位女子,最终被判处十年有期徒刑。

李天一强奸案曝光后舆论大哗,网络上有人评论:"见过坑爹的,没见过这样坑爹的!"有人认为:"子不教,父之过,老来得子,太宠儿子了!"更有人直言:"惯子如杀子!"

请结合李天一入狱一事,谈谈你对《触龙说赵太后》中"爱之深则为其计之长"观点的理解。

思考

1. 《君臣同心克宜阳》中甘茂的智慧在于能够预见事件发展的过程并事先采取应对措施,请结合自己的经历想一想,一事当前怎样才能做到这一点?

2. 孟子说"我善养吾浩然之气",请结合《唐雎不辱使命》的故事,思考精神在人生中的作用。

任务三 《三国志》——人性的反思

《三国志》是由西晋史学家陈寿所著的一部断代史史书,主要记载了三国曹魏、蜀汉、东吴时期的历史。史学界把《史记》《汉书》《后汉书》《三国志》合称前四史,视为纪传体史学名著。

《三国志》全面记述了三国时期的历史事件和人物活动,凡是在政治、经济、军事方面的杰出人物以及学术文化科技方面成就突出者均有记载。书中刻画了各种历史人物的形象特点,描述了他们的个性和才能,并对其政绩加以评论。全书共六十五卷,《魏书》三十卷,《蜀书》十五卷,《吴书》二十卷。《三国志》主要善于叙事,文笔简洁,剪裁得当,当时就受到赞许。与陈寿同时的夏侯湛写作《魏书》,看到《三国志》也倍加赞赏,认为没有另写新史的必要,竟毁弃了自己本来的著作。后人更是推崇备至,认为在记载三国历史的史书中,独有陈寿的《三国志》可以同《史记》《汉书》等相媲美。

南朝人刘勰在《文心雕龙·史传》篇中讲:"魏代三雄,记传互出,《阳秋》《魏略》之属,《江表》《吴录》之类,或激抗难征,或疏阔寡要。唯陈寿《三国志》,文质辨洽,荀(勖)、张(华)比之(司马)迁、(班)固,非妄誉也。"这就是说,那些同类史书不是立论偏激、根据不足,就是文笔疏阔、不得要领,只有陈寿的作品达到了内容与文字表述的统一。受魏晋品评人物风气的影响,陈寿在书中表现出品题人物的极大兴趣,说曹操是超世之英杰,刘备是英雄,孙策、孙权是英杰,周瑜、诸葛亮、鲁肃是奇才,庞统,程昱、郭嘉、董昭是奇士,董和、刘巴是令士,和洽、常林是美士,徐邈、胡质是彦士,王粲、秦宓是才士,关羽、张飞、程普、黄盖是虎臣,陈震、董允、薛综是良臣,张辽、乐进是良将,在史实之上用简洁的笔墨写出诸多人物的鲜活形象,大大提高了文化传播的影响力。

曹操杀华佗

华佗字元化，沛国谯人①也。游学徐土，兼通数经。沛相陈珪举孝廉②，太尉黄琬辟，皆不就③。晓养性④之术，时人以为年且百岁而貌有壮容。又精方药，其疗疾，合汤不过数种，心解分剂，不复称量，煮熟便饮，语⑤其节度，舍去⑥辄愈。若当灸，不过一两处，病亦应除。若当针，亦不过一两处，下针言："当引某许，若至，语吾。"病者言"已到"，应便拔针，病亦行差。若病结积在内，当须刳割者，便饮其麻沸散，须臾便如醉死，无所知，因破取。病若在肠中，便断肠湔洗，缝腹膏摩，四五日，差，不痛，一月之间，即平复矣。

有一郡守病，佗以为其人盛怒则差，乃多受其货不加治，无何弃去，留书骂之。郡守果大怒，令人追杀佗。郡守子知之，嘱使勿逐，守嗔恚⑦，吐黑血数升而愈。

佗之绝技，凡此类也。太祖闻而召佗。太祖苦头风，每发，心乱目眩，佗针鬲⑧，随手而差。然本作士人，以医见业，意常自悔。后太祖亲理，得病笃重⑨，使佗专视。佗曰："此近难济，恒事攻治，可延岁月。"佗久远家思归，因曰："当得家书，方欲暂还耳。"到家，辞以妻病，数乞期不反。太祖累书呼，犹不上道。太祖大怒，使人往检。若妻信病，赐小豆四十斛，宽假限日；若其虚诈，便收送之。于是传付许狱，考验首服。荀彧请曰："佗术实工，人命所县，宜含宥之⑩。"太祖曰："不忧，天下当无此鼠辈耶？"遂考竟佗。佗临死，出一卷书与狱吏，曰："此可以活人。"吏畏法不受，佗亦不强，索火烧之。佗死后，太祖头风未除。太祖曰："佗能愈此。小人养吾病，欲以自重，然吾不杀此子，亦终当不为我断此根原耳。"及后爱子曹冲病困，太祖叹曰："吾悔杀华佗，令此儿强死也。"

（选自《三国志·魏书·华佗传》）

译文

华佗字元化,是沛国谯县人。外出到徐州求学,同时通晓几种儒家经典。沛国相陈珪推荐他为孝廉,太尉黄琬征召他,他都不去就任。华佗懂得养生的方法,当时的人认为他年龄将近一百岁,可外表还像壮年。他又精通处方医药,他给人治病,配制汤药不过仅用几味药,心里明了药剂的分量,不用再称重量,药煮熟就让病人饮服,告诉病人服药的注意事项,他离开后,病人就痊愈了。如果需要灸疗,也不过一两个穴位,病痛就应手消除。如果需要针疗,也不过扎一两个穴位,下针时对病人说:"针感应当延伸到某处,如果到了,告诉我。"当病人说"已经到了",应声便起针,病痛很快就痊愈了。如果病患集结郁积在体内,应须剖开身体割除的,就饮服他的"麻沸散",一会儿病人便像醉死一样,没有什么知觉,于是开刀后取出结积物。病患如果在肠中,就切断肠子进行清洗,再缝合腹部刀口,抹上药膏,四五天后,病好了,不再疼痛,一个月之内,就痊愈复原了。

有一位郡守生病,华佗认为这人发一下大怒病就会好。于是就接受了太守很多的礼物却不给他治病,不多久就不辞而别,留下一封信大骂太守。郡太守果然大怒,派人追杀华佗,太守的儿子知道内情,嘱咐使吏不要追赶。太守更加生气,接着吐出很多(数升)黑血,病就完全好了。

华佗的卓绝医技,大都像这些。曹操听说了,就召唤华佗来。曹操为头痛病所苦,每当发作,就心情烦乱,眼花眩晕。华佗只要针刺鬲这个部位(膈俞穴),病随手就好了。不过华佗本来是读书人,用行医作为自己的职业,心里常常感到后悔(封建社会医生被视为"贱业")。后来曹操亲自处理国事,生病很严重,让华佗专为他看病。华佗说:"这病短时间难以治好,只有经常进行治疗,才能延长寿命。"华佗长期远离家乡,想回去,于是说:"刚收到家信,正要短期回家一趟呢。"到家后,用妻子有病作托词,多次请假不回来。曹操多次写信召唤,华佗还是不上路。曹操非常生气,派人前往查看。如果华佗妻子确实有病,就赐给四十斛小豆,放宽假期时间;如果他虚假欺骗,就逮捕押送他回来。于是用传车把华佗递解交付许昌监狱,核实证据,本人服罪。荀彧向曹操求情说:"华佗的医术确实高明,与百姓的生命密切相关,应该包涵宽容他。"曹操说:"不用担忧,天下就没有这种无能鼠辈吗?"终于把华佗在狱中拷问致死。华佗临死前,拿出一卷医书给狱吏,说:"这书可以用来救活人。"狱吏害怕触犯法律不敢接受,华佗也不勉强,讨取火来把书烧掉了。华佗死了以后,曹操头痛病没有好。曹操说:"华佗能治好这种病。这小子有意留着我的病,不加根治,想用这办法来使自己显得重要。可是我不杀掉这小子,他也终究不会替我断掉这病根的。"等到后来他的爱子曹冲病危,曹操才感叹说:"我后悔杀了华佗,使这个儿子活活地死去了。"

选文

诸葛亮出山

诸葛亮字孔明,琅邪阳都人也①。汉司隶校尉诸葛丰后也。父圭,字君贡,汉末为太山郡丞。亮早孤,从父玄为袁术所署豫章太守②,玄将亮及亮弟均之官。会汉朝更选朱皓代玄。玄素与荆州牧刘表有旧,往依之。玄卒,亮躬耕陇亩,好为《梁父吟》③。身长八尺,每自比于管仲、乐毅,时人莫之许也④。惟博陵崔州平、颍川徐庶元直与亮友善,谓为信然。

时先主屯新野。徐庶见先主,先主器之,谓先主曰:"诸葛孔明者,卧龙⑤也,将军岂愿见之乎?"先主曰:"君与俱来。"庶曰:"此人可就见,不可屈致也。将军宜枉驾顾之。"由是先主遂诣亮,凡三往,乃见。因屏人曰:"汉室倾颓,奸臣窃命⑥,主上蒙尘⑦。孤不度德量力,欲信大义于天下,而智术浅短,遂用猖獗⑧,至于今日。然志犹未已,君谓计将安出?"亮答曰:"自董卓已来,豪杰并起,跨州连郡者不可胜数。曹操比于袁绍,则名微而众寡,然操遂能克绍,以弱为强者,非惟天时,抑亦人谋也。今操已拥百万之众,挟天子而令诸侯,此诚不可与争锋。孙权据有江东,已历三世⑨,国险而民附,贤能为之用,此可以为援而不可图也。荆州北据汉、沔,利尽南海,东连吴会,西通巴、蜀,此用武之国,而其主不能守,此殆天所以资将军,将军岂有意乎?益州险塞,沃野千里,天府之土⑩,高祖因之以成帝业。刘璋暗弱,张鲁在北,民殷国富而不知存恤⑪,智能之士思得明君。将军既帝室之胄⑫,信义著于四海,总揽英雄,思贤如渴,若跨有荆、益,保其岩阻,西和诸戎,南抚夷越,外结好孙权,内修政理;天下有变,则命一上将将荆州之军以向宛、洛,将军身率益州之众出于秦川⑬,百姓孰敢不箪食壶浆⑭以迎将军者乎?诚如是,则霸业可成,汉室可兴矣。"先主曰:"善!"于是与亮情好日密。关羽、张飞等不悦,先主解之曰:"孤之有孔明,犹鱼之有水也。愿诸君勿复言。"羽、飞乃止。

(选自《三国志·蜀书·诸葛亮传》)

译文

  诸葛亮,字孔明,琅琊郡阳都县人,汉朝司隶校尉诸葛丰的后人。诸葛亮的父亲诸葛珪,字君贡,汉朝末年担任过泰山郡丞。诸葛亮,年少时父亲就去世了,叔父诸葛玄是袁术所设置的豫章太守,诸葛玄带着诸葛亮以及诸葛亮的弟弟诸葛均前去到官任职。正值汉朝改派朱皓代替诸葛玄。诸葛玄向来跟荆州牧刘表有交情,就前往投奔刘表。诸葛玄去世后,诸葛亮在南阳耕地,喜欢吟诵歌谣《梁父吟》。诸葛亮身高八尺,经常自比于管仲、乐毅,当时的人都不赞同。只有博陵的崔州平、颍川的徐庶(元直)和诸葛亮交好,认为确实如此。

  当时先主驻扎在新野,徐庶拜见先主,先主对他很是器重,徐庶对先主说:"诸葛孔明是卧龙啊,将军愿意前去见见他吗?"先主说:"你陪他一起过来吧。"徐庶说:"这个人只能前去相见,不能让他前来拜见。将军应该屈尊去探望他。"因此先主就去拜访诸葛亮,一共去了三次,才得以相见。先主屏退左右,对诸葛亮说:"汉室衰微,奸臣谋朝篡位,皇上在外奔波流离。我自不量力,想要为天下伸张正义,但是智谋和权术都很浅薄,所以遭遇挫折,以致到了今天这个地步。但是志向没有改变,您认为该怎么办呢?"诸葛亮回答说:"自从董卓作乱以来,天下豪杰并起,占据地方称王的人数不胜数。曹操对比于袁绍,就是名望低并且兵力少,但是曹操最终能攻克袁绍,以弱胜强,不是因为天时,而在于人谋。现在曹操已经拥有百万之众,挟持天子号令诸侯,这实在是不能与他争锋的。孙权占据江东,已经经历了三代,国家占有天险,而百姓归附,能任用贤能之人,这是能用来作为援助而不能图谋的。荆州北面占据着汉水、沔水,东边一直到南海,连接吴郡、会稽,西面沟通巴蜀,这是用兵的地方,但是它的主人不能守地,这大概是上天赐给将军的,将军您有意吗?益州地势险要,沃野千里,乃天府之国,从前汉高祖就是凭借这块地方而成就帝业。刘璋昏庸懦弱,北面有张鲁的威胁,百姓饮食地方富强,但不知道体恤爱护,智谋才干的士人都希望得到一位贤明的主上。将军既然是汉朝皇室的后裔,信义闻明天下,招揽天下英才,求贤若渴,如果能占据荆州、益州,凭借天险拒守,西面跟少数民族交好,南面对南越进行安抚,对外跟孙权交好,对内治理好各种政事,天下一旦有变故,就派一名上将率领荆州的部队向宛城、洛阳一带进发,将军您就亲自率领益州的部队出兵秦川,百姓怎么能不挑着粮食带着水来迎接将军您呢?如果真的能这么做,那么功业就能成功,汉朝王室就能复兴了。"先主说:"好。"于是先主跟诸葛亮的关系日益密切,关羽、张飞等人不悦,先主开导他们说:"我有了孔明,就好像鱼有了水一样。希望你们不要再说了。"关羽、张飞就不再议论了。

选文

关羽之死

先主西定益州,拜羽董督荆州事①。羽闻马超来降,旧非故人,羽书与诸葛亮,问"超人才可比谁类"?亮知羽护前②,乃答之曰:"孟起兼资文武,雄烈过人,一世之杰,黥、彭之徒③,当与益德并驱争先,犹未及髯之绝伦逸群④也。"羽美须髯,故亮谓之髯。羽省书大悦,以示宾客。

羽尝为流矢所中,贯其左臂,后创虽愈,每至阴雨,骨常疼痛,医曰:"矢镞⑤有毒,毒入于骨,当破臂作创⑥,刮骨去毒,然后此患乃除耳。"羽便伸臂令医劈之。时羽适请诸将饮食相对,臂血流离,盈于盘器,而羽割炙⑦引酒,言笑自若。

二十四年,先主为汉中王,拜羽为前将军,假节钺。是岁,羽率众攻曹仁于樊。曹公遣于禁助仁。秋,大霖雨,汉水汎溢,禁所督七军皆没。禁降羽,羽又斩将军庞德。梁、郏、陆浑群盗或遥受羽印号,为之支党⑧,羽威震华夏。曹公议徙许都以避其锐,司马宣王、蒋济以为关羽得志,孙权必不愿也。可遣人劝权蹑其后,许割江南以封权,则樊围自解。曹公从之。先是,权遣使为子索⑨羽女,羽骂辱其使,不许婚,权大怒。又南郡太守糜芳在江陵,将军士仁屯公安,素皆嫌羽轻自己。自羽之出军,芳、仁供给军资,不悉相救⑩,羽言"还当治之",芳、仁咸怀惧不安。于是权阴诱芳、仁,芳、仁使人迎权。而曹公遣徐晃救曹仁,羽不能克,引军退还。权已据江陵,尽虏羽士众妻子,羽军遂散。权遣将逆击羽,斩羽及子平于临沮。

(选自《三国志·蜀书·关张马黄赵传》)

译文

  先主往西平定了益州,任命关羽处理荆州事宜。关羽得知马超前来投降,两人过去并不认识,关羽写信给诸葛亮,问马超的才能有谁可以相比。诸葛亮知道关羽心高气傲,就回答说:"孟起文武兼备,勇猛过人,是当世的豪杰,是英布、彭越一样的人,可以跟张飞并驾齐驱,但是也比不上美髯公的超凡绝伦。"关羽须发很美,所以诸葛亮叫他美髯公,关羽看到书信非常高兴,将信件展示给宾客看。

  关羽曾经被流箭射中,贯穿了左臂,后面创伤虽然愈合,但每到阴雨天气,骨头经常疼痛,医师说:"箭矢上有毒,毒已经深入骨髓,应当在手臂上开刀,刮去骨头上的余毒,这个伤患才能痊愈。"关羽就伸出手臂让医生开刀,当时关羽刚好遍请诸将在营中宴饮,手臂流血淋漓,装满了器皿,而关羽割肉喝酒,谈笑自若。

  建安二十四年,刘备自立为汉中王,任命关羽为前将军,持符节。当年,关羽率众到樊城攻打曹仁,曹操派于禁援助曹仁。秋天,大雨连绵,汉水暴涨,于禁所率领的七支部队都被淹没。于禁投降关羽,关羽又斩杀了魏曹将军庞德。梁、郏、陆浑一带的强盗,有的遥受关羽的印信号令,作为关羽的地方部队,关羽威震中原。曹操商议想要迁离许都,以避开关羽的锋芒,司马懿、蒋济认为关羽得志取胜,孙权一定不愿意看到。可以派人前去劝说孙权,让他跟随在关羽的后面,并答应割让江南之地封给孙权,那樊城的围困就能解除了。曹操采纳了这一建议。之前,孙权派使者为自己的儿子向关羽的女儿求婚,关羽辱骂孙权的使者,拒绝合亲,孙权大怒。再加上南郡太守糜芳在江陵,将军士仁驻扎在公安,都怨恨关羽轻视自己。当关羽率军出征,糜芳、士仁供应军资,不愿意全力救援关羽。关羽说"待我返回就惩处他们",糜芳、士仁两个人都惶恐不安。于是孙权暗中派人引诱糜芳、士仁,他们二人派人迎接孙权。而曹操派徐晃援救曹仁,关羽不能攻克,就率军返回。孙权已经占据了江陵,将关羽的部众和妻子孩子都俘虏了,关羽军队溃散。孙权派部将迎击关羽,在临沮斩杀了关羽和他的儿子关平。

选文

陆逊服众

初,孙桓别讨备前锋于夷道,为备所围,求救于逊。逊曰:"未可。"诸将曰:"孙安东公族,见围已困,奈何不救?"逊曰:"安东得士众心,城牢粮足,无可忧也。待吾计展,欲不救安东,安东自解。"及方略大施,备果奔溃。桓后见逊曰:"前实怨不见救,定至今日,乃知调度自有方耳。"

当御备时,诸将军或是孙策时旧将,或公室贵戚,各自矜恃,不相听从。逊案剑曰:"刘备天下知名,曹操所惮,今在境界,此强对也。诸君并荷国恩①,当相辑睦②,共剪此虏,上报所受,而不相顺,非所谓也。仆虽书生,受命主上。国家所以屈诸君使相承望者③,以仆有尺寸可称④,能忍辱负重故也。各在其事,岂复得辞!军令有常,不可犯矣。"及至破备,计多出逊,诸将乃服。权闻之,曰:"君何以初不启诸将违节度者邪?"逊对曰:"受恩深重,任过其才。又此诸将或任腹心,或堪爪牙,或是功臣,皆国家所当与共克定大事者。臣虽驽懦,窃慕相如⑤、寇恂相下之义⑥,以济国事。"权大笑称善,加拜逊辅国将军,领荆州牧,即改封江陵侯。

(选自《三国志·吴书·陆逊传》)

译文

起初,孙桓另率部队在夷道攻打刘备的前锋部队,被刘备军队围困,于是向陆逊求援。陆逊说:"不行。"众将领说:"安东将军是主上的同族,他受到围困,怎能不去救援?"陆逊说:"安东将军得到将士拥戴,城池坚固粮草充足,没有什么可担忧的。待我的计谋展开行动,即使不去救他,他的困境自然解除。"及至陆逊的计谋全面施行实现后,刘备军队果然奔逃溃散。孙桓后来见到陆逊说:"开始我确实怨您不来相救,如今胜局已定,才知道您的调度自有良策。"

正是抗击刘备之时,将领们有的是孙策时期的老将,有的皇亲国戚,各有倚仗,不从命令。陆逊手握剑柄说:"刘备天下闻名,连曹操都忌惮他,现在他出兵我国境界,这是一个强劲的敌人。各位都深受国家恩泽,应当相互和睦,共同铲除这个强敌,上报所受的国恩,但现在互不和顺,这并非我们应做的事。我虽是一介书生,但接受主上的任命。国家之所以委屈各位来听从我的指挥,是认为我还有一些长处可用,能忍辱负重的缘故。各自担负自己的责任,怎能再互相推诿?军令有常,不可违犯!"及至攻破刘备,谋划大多出自陆逊本人,众将这才敬服。孙权得知后,说:"你当时怎么不上告诸将不服从指挥约束呢?"陆逊回答说:"我深受国恩,所担重任超越自己的实际能力。况且这些将领有的陛下亲信,有的是我军勇将,有的是国家功臣,都是国家理当依靠来共同建立大业的人。为臣虽说愚钝懦弱,心中仰慕蔺相如、寇恂谦虚居下的道义,以成就国家大事。"孙权大笑称好,加授陆逊辅国将军,兼任荆州牧,随后又改封号为江陵侯。

《三国志》是记载三国时期重要历史事件和人物活动的断代史史书,内容分为魏书、蜀书和吴书,本教材分别节选魏书一篇、蜀书两篇和吴书一篇,以期使同学们了解这部典籍。

(一) 曹操杀华佗

这篇选文选自《三国志·魏书·华佗传》,主要记述华佗的高超医术以及曹操杀害华佗的原因和过程,内容分为两大部分。

第一部分介绍华佗和华佗的医术,内容分为三个层次。第一个层次介绍华佗的特点。文章说华佗字元化,是沛国谯县人,也就是今天安徽省亳州市的谯城区。华佗年轻时到徐州求学,同时通晓几种儒家经典。这在当时就具有做官的资格,但是华佗无意为官。所以沛国的国相陈圭推荐他为孝廉、太尉黄琬征召他出来做官,他都没有去赴任。

第二个层次概略介绍华佗的医术。文章说华佗懂得养生的方法,当时的人认为他年龄将近一百岁,可外表还像壮年的容貌。华佗又精通处方医药,他给人治病,配制汤药不过仅用几味药,心里明了药剂的分量,不用再称重量,药煮熟就让病人饮服,告诉病人服药的注意事项,他刚一离开病人就痊愈了。如果是需要灸疗的病,也不过一两个穴位,病痛就应手消除。如果是需要针疗的病,也不过扎一两个穴位,下针时对病人说:"针感应当延伸到某处,如果到了,告诉我。"当病人说"已经到了",应声便起针,病痛很快就痊愈了。如果病患集结郁积在体内,应须剖开身体割除的,就让病人饮服他的"麻沸散",一会儿病人便像醉死一样,没有什么知觉,于是开刀后取出结积物。病患如果在肠中,就切断肠子进行清洗,再缝合腹部刀口,抹上药膏,四五天后,病好了,不再疼痛,一个月之内,就痊愈了。

第三个层次介绍华佗治病的案例。选文节选了其中一个案例,说有一位郡太守生病,华佗认为这人发一下大怒病就会好。于是就接受了太守很多的礼物却不给他治病,不多久就不辞而别,留下一封信大骂太守。郡太守果然大怒,派人追杀华佗,太守的儿子知道内情,吩咐派去的人不要真的追赶。由于没有追到华佗,太守更加生气,一气之下吐出数升黑血,随后病就完全好了。

第二部分记述曹操杀害华佗的过程,内容分为三个层次。第一个层次记述华佗为曹操治病的过程以及离开曹操的原因。文章说曹操听说华佗的医技卓绝,就召唤华佗前来为自己治病。曹操年轻时得了一种头风病,中年以后病情加重,每当病情发作,就心烦意乱,目眩头晕,疼痛难忍。华佗针灸胸椎部的鬲俞穴,曹操病随即就好了。文章说华佗本来是读书人,用行医作为自己的职业,意在救济世人,这次被曹操召唤不能不来,心里常常感到后悔。后来曹操由于要亲自处理各种事务,病情发作就更加频繁,于是要求华佗专门为他看病。华佗说:"这种病短时间难以根治,需要长期进行治疗,才能延长寿命。"言下之意,显然不愿意长期作为曹操的私人御医。华佗长期远离家乡,于是对曹操说:"刚刚收到家里的信,正好准备回去几天。"华佗回到家以后,就以妻子有病作为理由,多次请求到期后不回去。

第二个层次记述曹操杀害华佗的原因和过程。文章说华佗一去不返之后,曹操多次写信召唤,华佗就是不上路。曹操非常生气,就派人前往查看。吩咐查看的官员说,如果华佗的妻子确实有病,就赐给他四十斛小豆,放宽假期时间;如果发现是在做假欺骗,就立即逮捕押解回来。官员发现华佗所言非实,于是逮捕了华佗,递解到许昌的监狱,核实证据,华佗承认了欺骗的事实。谋士荀彧向曹操求情说:"华佗的医术实在太高明了,他的生死关乎很多人的生命,应该包容宽恕他。"曹操说:"不用担忧,天下难道就在没有这种鼠辈吗?"最终华佗在狱中被拷打致死。

第三个层次记述曹操杀害华佗的后果。文章记述了三件事,第一件事是华佗临死前,拿出一卷医书给狱吏,说:"这书可以用来救活人。"狱吏害怕触犯法律不敢接受,华佗也不勉强,讨取火来把书烧掉了。这件事意味着华佗高明的医术没有能够流传下来,这是整个社会的损失。第二件事是华佗死了以后,曹操的头痛病没有人能治好,曹操只能忍受病痛的折磨。对于这件事,曹操是这样看待的:"华佗是能够治好这种病的。这家伙之所以不根治我的病,不过是想用这种办法来使自己显得重要。即使我不杀掉这家伙,他最终也不会替我断掉这病根的。"第三件事是后来曹操最疼爱的儿子曹冲得了病,因为没有人能够医治,曹操只能眼睁睁看着儿子死去,这时候曹操才感叹说:"我真的后悔杀了华佗,使我这个儿子活活地死去了。"

文章的第一部分,重点在于阐述华佗艺术的高明,这样做除了记述事实,更重要的是为第二部分铺垫。第二部分开篇,说曹操"闻而召佗",即听闻华佗高明的医术,于是"召"华佗为自己治病。这个"召"字,写出了曹操对待华佗的态度。今天普通人看病,往往都会说请医生,"请"表示对医生的尊重。文章用"召"而不用"请",显然是为了突出曹操的傲慢。对于曹操的傲慢,华佗却不能不接受,因为当时华佗生活的北方地区都处在曹操的统治之下。华佗虽然不满曹操的傲慢,但从医生的职业道德出发,为曹操治病还是非常尽心,每当曹操病发,针灸一扎病状马上消失。但是针灸虽然让病痛消失,却不能一下子根治,需要长期治疗,于是曹操提出让华佗成为自己的专门医生。对于许多人来说,能够成为曹操这种权贵的专门医生显然是一种荣耀,但是对于华佗则不然,因为他本来能够做官却不愿做官,自然不愿意成为权贵的附庸,加之不满曹操的轻视傲慢,就以家中来信为由请假返乡,并以妻子有病为借口一去不归。对于曹操而言,华佗的行为无疑是挑战自己的权威,于是下令若华佗弄虚作假立即逮捕下狱。按照常理,对于一个为自己治病的医生,即使为了留在家中而说谎话也罪不至死,但是曹操竟然为了维护自己的权威而要置华佗于死地。谋士荀彧看见曹操起了杀心,就劝谏曹操。荀彧的话无疑很有见地,言下之意很明显,就是华佗杀不得,但是曹操不为其所动,他认为像华佗这样的医生天下有的是,最终还是处死了华佗。曹操是历史上有名的政治家,但是在杀害华佗这件事上显然不够理智和明智。如果说他认为华佗不愿为自己根治病痛是勉强为自己行为的开脱,那么爱子曹冲的死却让他真真正正地为自己的行为后悔了。曹冲自幼聪慧,五六岁时孙权送来一头大象,曹操想知道大象有多重,群臣束手无策,幼小的曹冲提出用以船载象再以物替换的方法解决了这道难题。曹操非常喜欢曹冲,但是曹冲病了,他却只能眼睁睁看着儿子死去,这时候他才认识到,华佗的医术当世无双,而这样的医术完全可以救活他疼爱的儿子。换一种说法,就是因为他杀死了华佗,最终扼杀了儿子活下来的希望。

曹操为自己的一时冲动付出了沉重的代价,产生了痛彻心扉的后悔。文章彰显这一史实,也就是希望后人能够汲取这个教训,纠正感性思维方式的偏颇,用理性思维方式主导行为。

(二)诸葛亮出山

这篇选文选自《三国志·蜀书·诸葛亮传》,记述刘备三顾茅庐请得诸葛亮出山相助的故事,内容分为两个段落。

第一个段落介绍诸葛亮的家世和生平情况。文章先介绍诸葛亮的家世,说诸葛亮字孔明,是琅琊郡阳都县人,即今天的山东省沂南县,是汉朝司隶校尉诸葛丰的后人。诸葛亮的父亲诸葛珪,字君贡,汉朝末年担任过泰山郡丞。诸葛亮年少时父亲就去世了,叔父诸葛玄是袁术所设置的豫章太守,诸葛玄带着诸葛亮以及诸葛亮的弟弟诸葛均前去任职,这时候汉朝朝廷却改派朱皓代替了诸葛玄。诸葛玄向来与荆州牧刘表有交情,就前往投奔刘表。文章接着介绍诸葛亮的生平,说诸葛玄去世后,诸葛亮就在荆州南阳一带种地,平日喜欢吟诵歌谣《梁父吟》。《梁父吟》是山东泰山一带的民间歌谣,内容是哀悼齐国的三位勇士,也就是被晏子"二桃杀三士"所杀的壮士公孙接、田开疆和古冶子。诸葛亮身高八尺,经常自比于古代的管仲和乐毅,当时的人都不认同他,只有博陵的崔州平、颍川的徐元直和诸葛亮交好,认为确实如此。根据文章的记载,诸葛亮是名门之后,当时流落到南阳一带种地,但是并不影响他胸怀凌云壮志,这些记述为后文刘备相邀做好铺垫。

第二个段落记述刘备三顾茅庐邀请诸葛亮出山的过程,内容分为三个层次。第一个层次记述刘备相邀诸葛亮的起因。文章说"时先主屯新野",蜀国传两代,故作者称刘备为先主,刘禅为后主。当时刘备的军队驻扎在新野,诸葛亮的朋友徐庶拜见刘备,刘备对他很是器重,徐庶对刘备说:"诸葛孔明是卧龙啊,将军愿意前去见见他吗?"刘备说:"你带着他一起过来吧。"徐庶说:"这个人只能前去相见,不能让他前来拜见。将军应该屈尊去探望他。"因此刘备就去拜访诸葛亮,前后一共去了三次,第三次去才得以相见。刘备当时已经是手握兵权的一方枭雄,此前并不知道诸葛亮,徐庶要他屈尊看望诸葛亮,他不仅听从了这个建议,而且连着去了三次才见到诸葛亮。文章记述这些史实,在于突出刘备谦躬下士、求贤若渴的形象,为诸葛亮竭诚献计做铺垫。

第二个层次记述诸葛亮为刘备谋划夺取天下的计策,也就是后世所称的"隆中对"。文章说刘备与诸葛亮相见以后,刘备让其他人出去,然后对诸葛亮说:"汉室衰微,奸臣谋朝篡位,皇上在外奔波流离。我自不量力,想要为天下伸张正义,但是智谋和权术都很浅薄，所以遭遇挫折，以致到了今天这个地步。但是志向没有改变，您认为该怎么办呢?"刘备起兵以来，屡次败于吕布、曹操等人，连妻子也多次做了俘虏，这时候正是投靠的袁绍被曹操大败，曹军即将进犯之际。初见诸葛亮的这番话可以说是推心置腹，因为在乱世之中这样的野心透露出去，会被各路豪强群起攻之，可见其对诸葛亮的信任。正是三顾茅庐的谦恭和这番推心置腹的言语，换来了诸葛亮的宏大谋略。诸葛亮回答说："自从董卓作乱以来，天下豪杰并起，占据地方称王的人数不胜数。曹操对比于袁绍，就是名望低并且兵力少，但是曹操最终能攻克袁绍，以弱胜强，不是因为天时，而在于人谋。现在曹操已经拥有百万之众，挟持天子号令诸侯，这实在是不能与他争锋的。孙权占据江东，已经经历了三代，国家占有天险，而百姓归附，能任用贤能之人，这是能用来作为援助而不能图谋的。荆州北面占据着汉水、沔水，东边一直到南海，连接吴郡、会稽，西面沟通巴蜀，这是用兵的地方，但是它的主人不能守地，这大概是上天赐给将军的，将军您有意吗？益州地势险要，沃野千里，乃天府之国，从前汉高祖就是凭借这块地方而成就帝业。刘璋昏庸懦弱，北面有张鲁的威胁，百姓饮食地方富强，但不知道体恤爱护，智谋才干的士人都希望得到一位贤明的主上。将军既然是汉朝皇室的后裔，信义闻明天下，招揽天下英才，求贤若渴，如果能占据荆州、益州，凭借天险拒守，西面跟少数民族交好，南面对南越进行安抚，对外跟孙权交好，对内治理好各种政事，天下一旦有变故，就派一名上将率领荆州的部队向宛城、洛阳一带进发，将军您就亲自率领益州的部队出兵秦川，百姓怎么能不挑着粮食带着水来迎接将军您呢？如果真的能这么做，那么功业就能成功，汉朝王室就能复兴了。"诸葛亮这番话，在分析天下大势的基础上，为刘备清晰地勾画出争霸天下的路线图。作为谋略可谓高屋建瓴，对此时处于失败迷茫中的刘备来说可谓拨云见日。刘备于是连声赞叹："好!"

第三个层次记述诸葛亮出山之后刘备对诸葛亮的态度。文章说隆中对之后，刘备与诸葛亮的关系日益密切，这种情况引起关羽和张飞等一干老部下的不满。可能在这些人看来，诸葛亮一介书生有什么了不起，怎么能后来居上超过他们与刘备的关系呢？刘备开导这些老部下说："我有了孔明，就好像鱼有了水一样。希望各位以后不要再说这样的话了。"关羽、张飞于是不再私下议论诸葛亮了。在这一段记载中，对于一干老部下对于诸葛亮的不满，刘备旗帜鲜明地站在诸葛亮一边，维护了诸葛亮的威信，表现了对诸葛亮的充分信任。正是这种识英雄于草莽之中的独特眼光和赤诚相见的信任，最终换来诸葛亮鞠躬尽瘁死而后已的忠诚努力。

(三) 关羽之死

这篇选文选自《三国志·蜀书·关张马黄赵传》,记述勇冠天下的关羽死亡的原因和过程,内容分为三个段落。

第一个段落记述关羽要与马超比武之事。文章说刘备往西平定了益州,也就是现在的成都、汉中一带,任命关羽处理荆州事宜。古代的荆州包括现在的河南南部、湖北省、湖南省,赤壁大战之后,魏、蜀、吴三家瓜分了荆州,关羽镇守荆州,也就是独自面对魏国和吴国,其责任之重大可想而知。但是,肩负如此重任的关羽,在得知刘备平定益州的过程中,得到西凉赫赫有名的战将马超前来投降,尽管两人过去并不认识,仍然写信给诸葛亮,问马超的才能可以与谁相比。诸葛亮知道关羽心高气傲,就回信说:"孟起文武兼备,勇猛过人,是当世的豪杰,犹如汉初的英布、彭越一样的人,可以跟张飞并驾齐驱,但还是不及美髯公的超凡绝伦。"关羽胡子很美,所以诸葛亮称他为美髯公,关羽看到信非常高兴,还把书信展示给宾客看。按一般常理,关羽与马超并不认识,自然不会有什么仇怨,马超投靠刘备,两个人就成了同僚,加之自己又独自担负应对魏国和吴国的重任,所以不应该也不能与马超争强比斗。文章记载关羽写信问诸葛亮马超可以与谁相比,背后之意还比较朦胧,《三国演义》则明确指出其信中提出与马超比武,诸葛亮正是看出了这一点并深知其危害,所以用婉言宽慰平息了关羽心中的执念。文章记载这件事,就是要说明关羽意气用事、心胸不够开阔的特点,为其最终被杀作铺垫。

第二个段落写关羽刮骨疗毒的故事。文章说关羽曾经被流箭射中,贯穿了左臂,后来创伤虽然愈合,但每到阴雨天气,骨头经常疼痛,医师说:"箭矢上有毒,毒已经浸透到骨头上,应当在手臂上开刀,刮去骨头上的余毒,这个伤患才能痊愈。"关羽就伸出手臂让医生开刀,当时关羽刚好邀请诸将在营中宴饮,手臂鲜血淋漓,装满了盛接的器皿,而关羽割着烤肉喝着酒,谈笑自若。文章通过这个故事,写出了关羽的彪悍之气。《三国演义》称这个医师就是华佗,说华佗忍不住赞叹道:"君侯真神人也!"能够忍受如此疼痛的人,一般都是生命力特别旺盛之人,而这种人通常也最容易任性负气,这恐怕也正是文章选取这一故事的深意。

第三个段落记述关于战败被杀的过程,分为四个层次。第一个层次说建安二十四年,刘备自立为汉中王,任命关羽为前将军,假节钺,即持有皇帝赐予的符节和斧钺,可以代表皇帝行事。这一年,关羽率军攻打魏将曹仁驻守的樊城,曹操派于禁援助曹仁。适逢秋天,大雨连绵,汉水暴涨,于禁所率领的七支部队被关羽设计放水淹没。于禁投降关羽,关羽又斩杀了魏大将庞德。梁、郏、陆浑一带的割据势力,有的遥受关羽的印信号令,有的直接接受关羽的指挥,关羽的威名震动了整个中原。第二个层次说慑于关羽的强大攻势,曹操一度想要迁离许都,以避开关羽的锋芒。司马懿、蒋济等谋士为曹操献计,说关羽得志取胜,孙权一定不愿意看到,可以派人前去劝说孙权,让他在关羽的后面出兵,答应事成之后割让江南之地封给孙权,这样一来樊城的围困就能解除了。曹操采纳了这一建议。第三个层次追记了此前的两件事。第一件事与东吴有关,说是此前孙权曾经派使者为自己的儿子向关羽的女儿求婚,关羽辱骂孙权的使者,拒绝合亲,孙权大怒。第二件事与驻守荆州附近的两位蜀军将领有关,当时南郡太守糜芳在江陵,将军士仁驻扎在公安,平日都怨恨关羽看不起自己。这次关羽率军出征,糜芳和士仁负责供应军队所需的物资,两人不愿意全力救援关羽,关羽曾经扬言说"等我回去再收拾他们",两个人为此都惶恐不安。第四个层次记述关羽兵败被杀的过程。文章说孙权获悉糜芳、士仁与关羽的矛盾,就派人劝降,两个人于是派人迎接孙权的军队。而樊城那边曹操又派大将徐晃援救曹仁,关羽攻不下樊城只好率军返回。这时候孙权的军队已经占据了江陵,俘虏了关羽麾下众将士的家眷和孩子,关羽的军士听到这个消息纷纷各自逃散。孙权派部将迎击关羽,在临沮这个地方斩杀了关羽和他的儿子关平。

在中国历史的发展中,出于封建统治的需要关羽被塑造成忠义的化身,被民间尊为"关公",清代奉为"忠义神武灵佑仁勇威显关圣大帝",崇为"武圣",与"文圣"孔子齐名,全国许多地方都建有关公庙。根据《三国志》的记载看,关羽确有忠义之举,如曹操曾经百般诱惑,但关羽始终不愿背叛刘备。但是关羽所谓的忠义,重视的只是个人之间的感情,而不是国家民族的大义。从上述选文看,关羽最大的特点就是任性负气,这一方面表现为他的勇武强悍,另一方面表现为他的自负傲人。从思维方式的角度看,关羽是典型的以感性思维方式为主导的人格,选文中传书诸葛亮欲与马超比武、酒宴中刮骨疗毒、辱骂孙权求婚使者、傲慢糜芳、士仁一干同僚,无一不印证了他这一性格特点,而他之所以兵败被杀,又不能不归于这一性格特点。关羽之死,可以说死在感性思维方式之上。刘备和张飞先后死于给关羽报仇的过程之中,可以说关羽间接害死了自己的结义兄弟。关羽性格造成的最大损失,在于破坏了诸葛亮联吴抗曹的治国大计,导致蜀吴两国兵戎相见,两败俱伤,在三国之争中最终相继灭亡。这篇选文记述了关羽之死的过程和原因,给后人留下了感性思维方式之害的沉痛教训。

(四)陆逊服众

这篇选文选自《三国志·吴书·陆逊传》,记述39岁的陆逊受命统帅吴军抵御刘备亲自率领为关羽报仇的蜀军，军中众将多有不服，陆逊以自己的才能和德行最终获得众将拥护的故事，文章分为三个层次。

第一个层次记述陆逊初登帅位与众将领发生的一个具体的分歧。文章说驻守夷道的吴国大将孙桓被刘备的军队包围，向陆逊请求救援。陆逊下令："现在不能救援。"众将领说："安东将军是主上的同族，他受到围困，怎么能不去救援？"孙桓当时官拜安东大将军，所以文章以安东称谓。陆逊说："安东将军得到将士拥戴，城池坚固粮草充足，没有什么可担忧的。待我的计谋展开行动，即使不去救他，他的困境自然解除。"后来陆逊的计谋完全实施，刘备的军队奔逃溃散，对孙桓的包围果然解除。孙桓见到陆逊说："开始我确实埋怨您不来相救，一直到今天胜局已定，才知道您的安排自有良策。"这一件事以陆逊与众将领的分歧开始，以当事人孙桓的倾心佩服告终，孙桓的佩服也就是众将领的佩服，众人佩服的是陆逊的领兵才智。

第二个层次记述的是陆逊如何处理当时将领们普遍存在的不团结行为。文章说当时准备抵御刘备军队的时候，将领中有的是吴国第一代国主孙策时期的老将，有的是皇亲国戚，由于各人都有自己的倚仗，所以一个个自以为是，相互之间互不服气，上下之间不能自觉服从命令。陆逊手握剑柄说："刘备的威名天下传送，连曹操都忌惮他，现在他率领军队已经进犯到我国境内，这是一个非常强大的敌人。各位都深受国家恩泽，应当相互捐让团结一致，共同铲除这个强敌，上报所受的国恩。但是现在各位却不能和睦相处，这不是一个军人应该有的行为。我虽然是一介书生，但是接受了主上的任命。国家之所以委屈各位来听从我的指挥，是认为我还有一些长处可用，能够做到忍辱负重的缘故。现在各位自己承担起自己的责任，绝不能再用任何理由推诿！否则，军令有明确的规定，任何人都不可违犯！"一直到最终大败刘备，各种谋划大多出自陆逊本人，众将领这时候才真正敬服了陆逊。在这一个层次中，陆逊起初是用道理和军令统一众将领的行为，在抵御强敌的过程中逐渐通过自己的才能让众将领真心诚服。

第三个层次介绍陆逊行为背后的理想追求。文章说战争取得胜利以后，吴国国主孙权得知战争过程中众将领不服从陆逊的行为，问陆逊说："你当时怎么不向我报告呢？"陆逊回答说："我深受国恩，所担重任已经超过了自己的实际能力。更何况这些将领有的是陛下的亲信，有的是我军的猛将，有的是国家的功臣，都是国家需要依靠来共同建立大业的人。为臣虽说愚钝懦弱，心中还是仰慕蔺相如、寇恂能够谦让下属的高风亮节，用自己的忍让成就国家大事。"孙权大笑称好，加授陆逊辅国将军，兼任荆州牧，随后又改封为江陵侯。

蔺相如忍让廉颇的故事，本项目任务一中已经介绍过。东汉名臣寇恂的故事与蔺相如类似,寇恂在任颍川太守时,为严明军纪,将大将贾复的一个下属处死。贾复认为寇恂有意与他为难,扬言与寇恂势不两立。东汉建国后寇恂被封执金吾,主管朝政,位在贾复之上,为了避免冲突,寇恂不与贾复见面,对贾复的部下格外优待。东汉皇帝刘秀知道后亲自设宴为二人调解,对贾复晓以大义,两人最终握手言和。文章记载陆逊这段话,一方面说明陆逊之所以能够令众将领心服口服的原因,另一方面也说明文化传承的作用。在人生的不同环境下,人们往往会遇到相同的问题,前人的优秀做法可以给后人以启示和借鉴,这就是文化传承的作用,也就是站在了前人的肩膀之上。

讨论

上述四篇选文分别记载了两类不同的行为:曹操负气杀了华佗最终导致爱子的死亡,关羽骄横自负最终导致兵败身亡;刘备礼贤下士最终三分天下有其一;陆逊谦让下属最终成为东吴第一重臣。从人生修养的角度看,曹操和关羽行为的实质,在于没有超脱人的自然本性,最终的结局害人又害己;刘备和陆逊行为的实质,在于超越了人的自然本性,最终的结局利人又利己。

请结合上述故事和自己的经历,谈谈在现实生活中我们应该怎样处理人与人之间的关系。

思考

1.请结合《关羽之死》的史实以及传统的关羽作为"忠义"化身的形象,谈谈你是怎样看待关羽的"仁义"的?

2.请结合《陆逊服众》的故事,思考在现实生活中我们怎样才能做到以德服人?

任务四 《资治通鉴》——前人的肩膀

《资治通鉴》是北宋史学家司马光主编的一部编年体史书,共二百九十四卷,约三百万字,历时十九年完成。该书以时间为纲、事件为目,记录了春秋战国至宋朝建立之前共十六朝一千三百六十二年的历史发展轨迹,总结了其中的经验教训,供统治者借鉴。宋神宗认为此书"鉴于往事,有资于治道",所以定名为《资治通鉴》。《资治通鉴》由司马光总其大成,协修者有刘恕、刘攽、范祖禹三人。刘恕博闻强记,自《史记》以下诸史,旁及私记杂说,无所不览,对《资治通鉴》的讨论编次,用力最多。刘攽于汉史、范祖禹于唐史,都有专深的研究。他们分工合作,各自做出了重要贡献。最后由司马光修改润色,写成定稿,受到宋神宗的赐名嘉奖。

《资治通鉴》全书内容以政治、军事和民族关系为主,兼及经济、文化和历史人物评价,目的是用其中的历史经验教训警示后人。王夫之在《读通鉴论·释资治通鉴论》中对"资治通鉴"四个字做出解释,他认为,"资治"不仅仅要了解什么是治,什么是乱,更要从历史认识中得到如何实现治世的经验。"通"的含义在于能倡扬君道、国事、民情、边防、臣谊、臣节、士行、为学等,会通公理、大义。而"鉴"的意思,就是镜子,历史借鉴要求人们不仅能从历史演变中认识到历史事件变化的原因、国家治理得失的缘故,还能从历史中找到在现实条件下如何做到有所得,面临困境时如何避免有所失。历史中所包含的这些信息,可以随人自取,以治身治世,应变无穷,故名"资治通鉴"。这是此书在撰写意图和史观上与其他史书最大的不同。

《资治通鉴》自成书以来,历代帝王将相、文人骚客、各界要人争读不止。点评批注《资治通鉴》的帝王、贤臣、鸿儒及现代的政治家、思想家、学者不胜枚举。清代曾国藩说:"窃以先哲惊世之书,莫善于司马文正公之《资治通鉴》,其论古皆折衷至当,开拓心胸。"近代学者梁启超评价《资治通鉴》说:"司马温公《通鉴》,亦天地一大文也。其结构之宏伟,其取材之丰赡,使后世有欲著通史者,势不能不据以为蓝本,而至今卒未有能愈之者焉!"毛泽东自称曾十七次批注过《资治通鉴》,并评价说:"一十七遍,每读都获益匪浅。《通鉴》里写战争,真是写得神采飞扬,传神得很,充满了辩证法。"

对《资治通鉴》的称誉除《史记》外,几乎都不可以和《资治通鉴》媲美。司马光的《资治通鉴》与司马迁的《史记》作为中国史学的不朽巨著,被誉为"史学两司马"。

选文

智伯灭族

初,智宣子将以瑶为后。智果曰:"不如宵①也。瑶之贤于人者五,其不逮者②一也。美鬓长大则贤,射御足力则贤,伎艺毕给则贤,巧文辩慧则贤,强毅果敢则贤,如是而甚不仁。夫以其五贤陵人,而以不仁行之,其谁能待之?若果立瑶也,智宗必灭。"弗听,智果别族于太史,为辅氏。

赵简子之子,长曰伯鲁,幼曰无恤。将置后,不知所立。乃书训戒之辞于二简③,以授二子曰:"谨识之。"三年而问之,伯鲁不能举其辞;求其简,已失之矣。问无恤,诵其辞甚习④;求其简,出诸袖中而奏之。于是简子以无恤为贤,立以为后。

简子使尹铎为晋阳。请曰:"以为茧丝乎?抑为保障乎?⑤"简子曰:"保障哉!"尹铎损其户数。简子谓无恤曰:"晋国有难,而无以尹铎为少,无以晋阳为远,必以为归。"

及智宣子卒,智襄子为政,与韩康子、魏桓子宴于蓝台。智伯戏康子而侮段规,智国闻之,谏曰:"主不备难,难必至矣!"智伯曰:"难将由我。我不为难,谁敢兴之!"对曰:"不然。《夏书》有之:'一人三失,怨岂在明,不见是图。'夫君子能勤小物,故无大患。今主一宴而耻人之君相,又弗备,曰'不敢兴难',无乃不可乎!蚋、蚁、蜂、虿,皆能害人⑥,况君相乎!"弗听。

智伯请地于韩康子,康子欲弗与。段规曰:"智伯好利而愎⑦,不与,将伐我;不如与之。彼狃⑧于得地,必请于他人;他人不与,必向之以兵。然后我得免于患而待事之变矣。"康子曰:"善。"使使者致万家之邑于智伯,智伯悦。又求地于魏桓子,桓子欲弗与。任章曰:"何故弗与?"桓子曰:"无故索地,故弗与。"任章曰:"无故索地,诸大夫必惧;吾与之地,智伯必骄。彼骄而轻敌,此惧而相亲。以相亲之兵待轻敌之人,智氏之命必不长矣。《周书》曰:'将欲败之,必姑辅之;将欲取之,必姑与之。'主不如与之以骄智伯,然后可以择交而图智氏矣。奈何独以吾为智氏质乎!"桓子曰:"善。"复与之万家之邑一⑨。

智伯又求蔡、皋狼之地于赵襄子,襄子弗与。智伯怒,帅韩、魏之甲以攻赵氏。襄子将出,曰:"吾何走乎?⑩"从者曰:"长子近,且城厚完。⑪"襄子曰:"民罢力以完之,又毙死以守之,其谁与我!"从者曰:"邯郸之仓库实。"襄子曰:"浚民之膏泽以实之,又因而杀之,其谁与我!其晋阳乎,先主之所属也,尹铎之所宽也,民必和矣。"乃走晋阳。

三家以国人围而灌之,城不浸者三版⑫。沈灶产蛙,民无叛意。智伯行水,魏桓子御,韩康子骖乘⑬。智伯曰:"吾乃今知水可以亡人国也。"桓子肘康子,康子履桓子之跗,以汾水可以灌安邑,绛水可以灌平阳也。絺疵谓智伯曰:"韩、魏必反矣。"智伯曰:"子何以知之?"絺疵曰:"以人事知之。夫从韩、魏之兵以攻赵,赵亡,难必及韩、魏矣。今约胜赵而三分其地,城不没者三版,人马相食,城降有日,而二子无喜志,有忧色,是非反而何?"明日,智伯以絺疵之言告二子,二子曰:"此夫谗臣欲为赵氏游说,使主疑于二家而懈于攻赵氏也。不然,夫二家岂不利朝夕分赵氏之田,而欲为危难不可成之事乎?"二子出,絺疵入曰:"主何以臣之言告二子也?"智伯曰:"子何以知之?"对曰:"臣见其视臣端而趋疾,知臣得其情故也。"智伯不悛。絺疵请使于齐。

赵襄子使张孟谈潜出见二子,曰:"臣闻唇亡则齿寒。今智伯帅韩、魏而攻赵,赵亡则韩、魏为之次矣。"二子曰:"我心知其然也,恐事未遂而谋泄⑭,则祸立至矣"。张孟谈曰:"谋出二主之口,入臣之耳,何伤也?"二子乃潜⑮与张孟谈约,为之期日而遣之。襄子夜使人杀守堤之吏,而决水灌智伯军。智伯军救水而乱,韩、魏翼而击之,襄子将卒犯其前,大败智伯之众。遂杀智伯,尽灭智氏之族。唯辅果在。

臣光曰:智伯之亡也,才胜德也。夫才与德异,而世俗莫之能辨,通谓之贤,此其所以失人也。夫聪察强毅之谓才,正直中和之谓德。才者,德之资也⑯;德者,才之帅⑰也。云梦之竹,天下之劲也,然而不矫揉,不羽括,则不能以入坚;棠溪之金,天下之利也,然而不熔范,不砥砺⑱,则不能以击强。是故才德全尽谓之圣人,才德兼亡谓之愚人,德胜才谓之君子,才胜德谓之小人。凡取人之术,苟不得圣人、君子而与之,与其得小人,不若得愚人。何则?君子挟才以为善,小人挟才以为恶。挟才以为善者,善无不至矣;挟才以为恶者,恶亦无不至矣。愚者虽欲为不善,智不能周⑲,力不能胜,譬之乳狗搏人,人得而制之。小人智足以遂其奸,勇足以决其暴,是虎而翼者也,其为害岂不多哉!夫德者人之所严,而才者人之所爱。爱者易亲,严者易疏,是以察者多蔽于才而遗于德。自古昔以来,国之乱臣,家之败子,才有余而德不足,以至于颠覆者多矣,岂特智伯哉!故为国为家者,苟能审于才德之分⑳而知所先后,又何失人之足患哉!

(选自《资治通鉴·周纪一》)

译文

当初,晋国的智宣子想以智瑶为继承人,族人智果说:"他不如智宵。智瑶有超越他人的五项长处,只有一项短处。美发高大是长处,精于骑射是长处,才艺双全是长处,能写善辩是长处,坚毅果敢是长处。虽然如此却很不仁厚。如果他以五项长处来制服别人而做不仁不义的恶事,谁能与他和睦相处?要是真的立智瑶为继承人,那么智氏宗族一定灭亡。"智宣子置之不理。智果便向太史请求脱离智族姓氏,另立为辅氏。

赵国的大夫赵简子的儿子,长子叫伯鲁,幼子叫无恤。赵简子想确定继承人,不知立哪位好,于是把他的日常训诫言词写在两块竹简上,分别交给两个儿子,嘱咐说:"好好记住!"过了三年,赵简子问起两个儿子,大儿子伯鲁说不出竹简上的话;再问他的竹简,已丢失了。又问小儿子无恤,竟然能很熟练的背诵竹简训词;追问竹简,他便从袖子中取出献上。于是,赵简子认为无恤十分贤德,便立他为继承人。赵简子派尹铎去晋阳,临行前尹铎请示说:"您是打算让我去抽丝剥茧般地搜刮财富呢,还是作为保障之地?"赵简子说:"作为保障。"尹铎便少算居民户数,减轻赋税。赵简子又对儿子赵无恤说:"一旦晋国发难,你不要嫌尹铎地位不高,不要怕晋阳路途遥远,一定要以那里作为归宿。"

等到智宣子去世,智襄子智瑶当政,他与韩康子、魏桓子在蓝台饮宴,席间智瑶戏弄韩康子,又侮辱他的家相段规。智瑶的家臣智国听说此事,就告诫说:"主公您不提防招来灾祸,灾祸就一定会来了!"智瑶说:"人的生死灾祸都取决于我。我不给他们降临灾祸,谁还敢兴风作浪!"智国又说:"这话可不妥。《夏书》中说:'一个人屡次三番犯错误,结下的仇怨岂能在明处,应该在它没有表现时就提防。'贤德的人能够谨慎地处理小事,所以不会招致大祸。现在主公一次宴会就开罪了人家的主君和臣相,又不戒备,说:'不敢兴风作浪。'这种态度恐怕不行吧。蚊子、蚂蚁、蜜蜂、蝎子,都能害人,何况是国君、国相呢!"智瑶不听。

智瑶向韩康子要地,韩康子不想给。段规说:"智瑶贪财好利,又刚愎自用,如果不给,一定讨伐我们,不如姑且给他。他拿到地更加狂妄,一定又会向别人索要;别人不给,他必定向人动武用兵,这样我们就可以免于祸患而伺机行动了。"韩康子说:"好主意。"便派了使臣去送上有万户居民的领地。智瑶大喜,果然又向魏桓子提出索地要求,魏桓子想不给。家相任章问:"为什么不给呢?"魏桓子说:"无缘无故来要地,所以不给。"任章说:"智瑶无缘无故强索他人领地,一定会引起其他大夫官员的警惧;我们给智瑶地,他一定会骄傲。他骄傲而轻敌,我们警惕而互相亲善;用精诚团结之兵来对付狂妄轻敌的智瑶,智家的命运一定不会长久了。《周书》说:'要打败敌人,必须暂时听从他;要夺取敌人利益,必须先给他一些好处。'主公不如先答应智瑶的要求,让他骄傲自大,然后我们可以选择盟友共同图谋,又何必单独以我们作智瑶的靶子呢!"魏桓子说:"对。"也交给智瑶一个有万户的封地。智瑶又向赵襄子要蔡和皋狼的地方。赵襄子拒绝不给。智瑶勃然大怒,率领韩、魏两家甲兵前去攻打赵家。赵襄子准备出逃。问:"我到哪里去呢?"随从说:"长子城最近,而且城墙坚厚又完整。"赵襄子说:"百姓精疲力尽地修完城墙,又要他们舍生入死地为我守城,谁能和我同心?"随从又说:"邯郸城里仓库充实。"赵襄子说:"搜刮民脂民膏才使仓库充实,现在又因战争让他们送命,谁会和我同心。还是投奔晋阳吧,那是先主的地盘,尹铎又待百姓宽厚,人民一定能同我们和衷共济。"于是前往晋阳。

智瑶、韩康子、魏桓子三家围住晋阳,引水灌城。城墙头只差三版的地方没有被淹没,锅灶都被泡塌,青蛙滋生,人民仍是没有背叛之意。智瑶巡视水势,魏桓子为他驾车,韩康子站在右边护卫。智瑶说:"我今天才知道水可以让人亡国。"魏桓子用胳膊肘碰了一下韩康子,韩康子也踩了一下魏桓子脚。因为汾水可以灌魏国都城安邑,绛水也可以灌韩国都城平阳。智家的谋士疵对智瑶说:"韩、魏两家肯定会反叛。"智瑶问:"你何以知道?"疵说:"以人之常情而论。我们调集韩、魏两家的军队来围攻赵家,赵家覆亡,下次灾难一定是连及韩、魏两家了。现在我们约定灭掉赵家后三家分割其地,晋阳城仅差三版就被水淹没,城内宰马为食,破城已是指日可待。然而韩康子、魏桓子两人没有高兴的心情,反倒面有忧色,这不是必反又是什么?"第二天,智瑶把疵的话告诉了韩、魏二人,二人说:"这一定是离间小人想为赵家游说,让主公您怀疑我们韩、魏两家而放松对赵家的进攻。不然的话,我们两家岂不是放着早晚就分到手的赵家田土不要,而要去干那危险必不可成的事吗?"两人出去,疵进来说:"主公为什么把臣下的话告诉他们两人呢?"智瑶惊奇地反问:"你怎么知道的?"回答说:"我见他们认真看我而匆忙离去,因为他们知道我看穿了他们的心思。"智瑶不改。于是疵请求让他出使齐国。

赵襄子派张孟谈秘密出城来见韩、魏二人,说:"我听说唇亡齿寒。现在智瑶率领韩、魏两家来围攻赵家,赵家灭亡就该轮到韩、魏了。"韩康子、魏桓子也说:"我们心里也知道会这样,只怕事情还未办好而计谋先泄露出去,就会马上大祸临头。"张孟谈又说:"计谋出自二位主公之口,进入我一人耳朵,有何伤害呢?"于是两人秘密地与张孟谈商议,约好起事日期后送他回城了。夜里,赵襄子派人杀掉智军守堤官吏,使大水决口反灌智瑶军营。智瑶军队为救水淹而大乱,韩、魏两家军队乘机从两翼夹击,赵襄子率士兵从正面迎头痛击,大败智家军,于是杀死智瑶,又将智家族人尽行诛灭。只有辅果得以幸免。

臣司马光认为:智瑶的灭亡,在于才胜过德。才与德是不同的两回事,而世俗之人往往分不清,一概而论之曰贤明,于是就看错了人。所谓才,是指聪明、明察、坚强、果毅;所谓德,是指正直、公道、平和待人。才,是德的辅助;德,是才的统帅。云梦地方的竹子,天下都称为刚劲,然而如果不矫正其曲,不配上羽毛,就不能作为利箭穿透坚物。棠地方出产的铜材,天下都称为精利,然而如果不经熔烧铸造,不锻打出锋,就不能作为兵器击穿硬甲。所以,德才兼备称之为圣人;无德无才称之为愚人;德胜过才称之为君子;才胜过德称之为小人。挑选人才的方法,如果找不到圣人、君子而委任,与其得到小人,不如得到愚人。原因何在?因为君子持有才干把它用到善事上;而小人持有才干用来作恶。持有才干作善事,能处处行善;而凭借才干作恶,就无恶不作了。愚人尽管想作恶,因为智慧不济,气力不胜任,好像小狗扑人,人还能制服它。而小人既有足够的阴谋诡计来发挥邪恶,又有足够的力量来逞凶施暴,就如恶虎生翼,他的危害难道不大吗!有德的人令人尊敬,有才的人使人喜爱;对喜爱的人容易宠信专任,对尊敬的人容易疏远,所以察选人才者经常被人的才干所蒙蔽而忘记了考察他的品德。自古至今,国家的乱臣奸佞,家族的败家浪子,因为才有余而德不足,导致家国覆亡的多了,又何止智瑶呢!所以治国治家者如果能审察才与德两种不同的标准,知道选择的先后,又何必担心失去人才呢!

选文

卫鞅变法

卫鞅欲变法,秦人不悦。卫鞅言于秦孝公曰:"夫民不可与虑始,而可与乐成①。论至德者不和于俗,成大功者不谋于众。是以圣人苟可以强国,不法其故②。"甘龙曰:"不然。缘法而治者,吏习而民安之。"卫鞅曰:"常人安于故俗,学者溺于所闻,以此两者,居官守法可也,非所与论于法之外也。智者作法③,愚者制④焉;贤者更礼,不肖者拘焉⑤。"公曰:"善。"以卫鞅为左庶长,卒定变法之令。令民为什伍而相收司、连坐,告奸者与斩敌首同赏,不告奸者与降敌同罚。有军功者,各以率受上爵。为私斗者,各以轻重被刑大小。僇力本业⑥,耕织致粟帛多者,复其身。事末利及怠而贫者,举以为收孥⑦。宗室非有军功论,不得为属籍。明尊卑爵秩等级,各以差次⑧名田宅、臣妾、衣服。有功者显荣,无功者虽富无所芬华。

令既具未布,恐民之不信,乃立三丈之木于国都市南门,募民有能徙置北门者予十金。民怪之,莫敢徙。复曰:"能徙者予五十金!"有一人徙之,辄予五十金。乃下令。令行期年,秦民之国都言新令之不便者以千数。于是太子犯法。卫鞅曰:"法之不行,自上犯之。太子,君嗣也,不可施刑。刑其傅公子虔,黥⁹其师公孙贾。"明日,秦人皆趋令。行之十年,秦国道不拾遗⁽¹⁰⁾,山无盗贼,民勇于公战,怯于私斗,乡邑大治。秦民初言令不便者,有来言令便。卫鞅曰:"此皆乱法之民也!"尽迁之于边。其后民莫敢议令。

臣光曰:夫信者,人君之大宝也。国保于民,民保于信。非信无以使民,非民无以守国。是故古之王者不欺四海,霸者不欺四邻,善为国者不欺其民,善为家者不欺其亲。不善者反之:欺其邻国,欺其百姓,甚者欺其兄弟,欺其父子。上不信下,下不信上,上下离心,以至于败。所利不能药其所伤,所获不能补其所亡,岂不哀哉!昔齐桓公不背曹沫之盟,晋文公不贪伐原之利,魏文侯不弃虞人之期,秦孝公不废徙木之赏。此四君者,道非粹白,而商君尤称刻薄,又处战攻之世,天下趋于诈力⁽¹¹⁾,犹且不敢忘信以畜其民⁽¹²⁾,况为四海治平之政者哉!

(选自《资治通鉴·周纪二》)

译文

卫鞅想要进行变法改制,谋求富强,秦国的贵族们知道后很不高兴。他对秦孝公说:"对一般人,当新的政策刚开始施行的时候,没有必要和他们商量,只需要和他们共享成功的利益。有着高尚德行的人,言行不会和世俗的人一样;成就大功业的人,做事情不会和普通人一起谋划。所以圣明的人治理国家,如果采取的措施能够富国强兵,那么就是没有必要墨守成规。"大夫甘龙说:"事情不一定是这样,按照原先的法制章程来实施,官吏做起事来熟习,而百姓生活也安定。"卫鞅说:"一般人往往习惯于旧的习俗,读书人也往往陷于自己的见闻难以自拔,这两类人,可以让他做官,让他守法,但不能和他讨论法制以外的事。有才智的人制定法律政策,愚笨的人只能接受统治;贤良的人因时革新礼法,平庸的人则只知道死守现有的法规。"秦孝公说:"说得真好!"于是任命卫鞅为左庶长,负责订立变法的政令。卫鞅下令使人民五家为一保,十家为一什,彼此之间互相监视纠举,若隐瞒不纠举的话,则十家一同受到惩罚;检举告发奸私犯罪的按照斩敌人首级的标准奖赏;隐瞒不报的,按照投降敌国的标准惩罚。作战立功的,根据不同情况授予上等爵位的奖赏;私下械斗的,根据情形的严重状况严加处罚。致力本业,辛勤耕织生产粮食布帛多的,可减免赋税徭役;从事工商业追求小利和懒惰穷困的,全家都收为奴隶。即便是王公贵族,如果没有战功,也不得享有宗亲的待遇。明确身份地位的尊卑、官阶的高下,分别按照等级的名号及次序赐予田宅、侍女和衣饰器物。有功劳的人显赫而荣耀,没有功劳的人,即使富有也不能显赫荣耀。

法令制定后,并没有立刻公布,卫鞅担心百姓不相信,就在国都南门的集市上立了一根三丈高的木杆,下令如果有人能把木杆搬到北门,赏十金。人们觉得很奇怪,但是没人敢去搬。于是又下令:"能搬到北门的,给五十金!"有一个人过去把木杆搬到北门,马上就赏给他五十金。这才公布变法的政令。法令颁布实施一年后,成百上千的秦国百姓纷纷前往国都陈述新法给人民带来的不便。这个时候,太子也触犯了法律。卫鞅说:"法令之所以不能很好地施行,是因为在上位的都不去带头遵守。而太子是储君,又不能对他施以刑罚,便处罚他的右傅公子虔,在太子的老师公孙贾脸上刺墨字。"第二天,秦国人听说之后,都开始遵奉法令了。新法施行十年后,秦国人不捡路边他人遗失的东西,山林里也没有强盗,人民为国作战积极奋勇,不敢私自发动械斗,城市和乡村都非常安宁。这时,最初控诉新法不便的,又有人来赞颂新法的好处。卫鞅说:"这些都是破坏法令的刁民!"把他们都流放到边境。从这以后,再也没有人敢议论法令的好坏了。

司马光说:信誉,是君主至高无上的法宝。能保国家局势稳定的,是老百姓;能保民众安居乐业的,在于信义;不讲信誉无法使人民服从,没有人民便无法维持国家。所以古代成就王道者不欺骗天下,建立霸业者不欺骗四方邻国,善于治国者不欺骗人民,善于治家者不欺骗亲人。只有蠢人才反其道而行之,欺骗邻国,欺骗百姓,甚至欺骗兄弟、父子。上不信下,下不信上,上下离心,以致一败涂地。靠欺骗所占的一点儿便宜救不了致命之伤,所得到的远远少于失去的,这岂不令人痛心! 当年齐桓公不违背曹沫以胁迫手段订立的盟约,晋文公不贪图攻打原地而遵守信用,魏文侯不背弃与山野之人打猎的约会,秦孝公不收回对移动木杆之人的重赏,这四位君主的治国之道尚称不上完美,而公孙鞅可以说是过于刻薄了,但他们处于你攻我夺的战国乱世,天下尔虞我诈、斗智斗勇之时,尚且不敢忘记树立信誉以收服人民之心,又何况今日治理一统天下的当政者呢!

选文

韩信拜将

初,淮阴人韩信,家贫,无行①,不得推择为吏,又不能治生商贾,常从人寄食饮,人多厌之。信钓于城下,有漂母②见信饥,饭信。信喜,谓漂母曰:"吾必有以重报母。"母怒曰:"大丈夫不能自食,吾哀王孙而进食,岂望报乎!"淮阴屠中少年有侮信者曰:"若虽长大,好带刀剑,中情怯耳。"因众辱之曰:"信能死,刺我;不能死,出我袴下③!"于是信孰视之,俛出袴下,蒲伏④。一市人皆笑信,以为怯。

及项梁渡淮,信杖剑从之。居麾下,无所知名。项梁败,又属项羽,羽以为郎中。数以策⑤干羽,羽不用。汉王之入蜀,信亡楚归汉,未知名。为连敖⑥,坐当斩。其辈十三人皆已斩,次至信,信乃仰视,适见滕公,曰:"上不欲就天下乎?何为斩壮士?"滕公奇其言,壮其貌,释而不斩⑦。与语,大说之,言于王。王拜以为治粟都尉,亦未之奇也。

信数与萧何语,何奇之。汉王至南郑,诸将及士卒皆歌讴思东归,多道亡者。信度何等已数言王,王不我用,即亡去。何闻信亡,不及以闻,自追之。人有言王曰:"丞相何亡。"王大怒,如失左右手。居一二日,何来谒王⑧。王且怒且喜,骂何曰:"若亡,何也?"何曰:"臣不敢亡也,臣追亡者耳。"王曰:"若所追者谁?"何曰:"韩信也。"王复骂曰:"诸将亡者以十数,公无所追。追信,诈也!"何曰:"诸将易得耳。至如信者,国士无双。王必欲长王汉中,无所事信,必欲争天下,非信无可与计事者。顾王策安所决耳。"王曰:"吾亦欲东耳,安能郁郁久居此乎!"何曰:"计必欲东,能用信,信即留;不能用信,终亡耳。"王曰:"吾为公以为将。"何曰:"虽为将,信不留。"王曰:"以为大将。"何曰："幸甚！"于是王欲召信拜之。何曰："王素慢无礼。今拜大将，如呼小儿，此乃信所以去也。王必欲拜之，择良日，斋戒，设坛场，具礼⑨，乃可耳。"王许之。诸将皆喜，人人各自以为得大将。至拜大将，乃韩信也，一军皆惊。

　　信拜礼毕，上坐。王曰："丞相数言将军，将军何以教寡人计策？"信辞谢，因问王曰："今东乡争权天下，岂非项王耶？"汉王曰："然。"曰："大王自料，勇悍仁强孰与项王？"汉王默然良久，曰："不如也。"信再拜贺曰："惟信亦以为大王不如也。然臣尝事之，请言项王之为人也。项王暗噁叱咤⑩，千人皆废，然不能任属贤将，此特匹夫之勇耳。项王见人，恭敬慈爱，言语呕呕⑪，人有疾病，涕泣分食饮；至使人，有功当封爵者，印刓敝⑫，忍不能予，此所谓妇人之仁也。项王虽霸天下而臣诸侯，不居关中而都彭城；背义帝之约，而以亲爱王诸侯，不平；逐其故主而王其将相，又迁逐义帝置江南；所过无不残灭，百姓不亲附，特劫于威强耳。名虽为霸，实失天下心，故其强易弱。今大王诚能反其道，任天下武勇，何所不诛！以天下城邑封功臣，何所不服！以义兵从思东归之士，何所不散！且三秦王为秦将，将秦子弟数岁矣，所杀亡不可胜计；又欺其众降诸侯，至新安，项王诈坑秦降卒二十余万，唯独邯、欣、翳得脱。秦父兄怨此三人，痛入骨髓。今楚强以威王此三人，秦民莫爱也。大王之入武关，秋毫⑬无所害；除秦苛法，与秦民约法三章；秦民无不欲得大王王秦者。于诸侯之约，大王当王关中，民咸知之；大王失职入汉中，秦民无不恨者。今大王举而东，三秦可传檄而定⑭也。"于是汉王大喜，自以为得信晚，遂听信计，部署诸将所击。留萧何收巴、蜀租，给军粮食。

（选自《资治通鉴·汉纪一》）

译文

　　当初,淮阴人韩信,家境贫寒,没有好的德行,既不能被推选去做官,又不会经商做买卖谋生,常常跟着别人吃闲饭,人们大都厌恶他。韩信曾经在城下钓鱼,有位在水边漂洗丝绸的老太太看到他饿了,就拿了饭给他吃。韩信非常高兴,对那位老太太说:"我一定会重重地报答您老人家。"老太太生气地说:"男子汉大丈夫不能自己养活自己!我不过是可怜你才给你饭吃,难道是希图有什么报答吗?!"淮阴县屠户中的青年里有人侮辱韩信道:"你虽然身材高大,好佩戴刀剑,内心却是胆小如鼠的。"并趁机当众羞辱他说:"韩信你要真的不怕死,就来刺我。若是怕死,就从我的胯下爬过去!"韩信于是仔细地打量了那青年一会儿,便俯下身子,从他的双腿间钻了过去,匍匐在地。满街市的人都嘲笑韩信,认为他胆小。

　　待到项梁渡过淮河北上,韩信持剑去投奔他,留在项梁部下,一直默默无闻。项梁失败后,韩信又归属项羽,项羽任他作了郎中。韩信曾多次向项羽献策以求重用,但项羽却不予采纳。汉王刘邦进入蜀中,韩信又逃离楚军归顺了汉王,仍然不为人所知,只做了个接待宾客的小官。后来韩信犯了法,应判处斩刑,与他同案的十三个人都已遭斩首,轮到韩信时,韩信抬头仰望,刚好看见了滕公夏侯婴,便说道:"汉王难道不想得取天下吗?为什么要斩杀壮士啊!"滕公觉得他的话不同凡响,又见他外表威武雄壮,就释放了他而不处斩,并与他交谈,欢喜异常,随即将这情况奏报给了汉王。汉王于是授给韩信治粟都尉的官职,但还是没认为他有什么不寻常之处。

　　韩信好几次与萧何谈话,萧何感觉他不同于常人。待汉王到达南郑时,众将领和士兵都唱歌思念东归故乡,许多人中途就逃跑了。韩信估计萧何等人已经多次向汉王荐举过他,但汉王没有重用他,便也逃亡而去。萧何听说韩信逃走了,没来得及向汉王报告,就亲自去追赶韩信。有人告诉汉王说:"丞相萧何逃跑了。"汉王大发雷霆,仿佛失掉了左右手一般。过了一两天,萧何来拜谒汉王。汉王又怒又喜,骂萧何道:"你为什么逃跑呀?"萧何说:"我不敢逃跑哇,我是去追赶逃跑的人啊。"汉王说:"你追赶的人是谁呀?"萧何道:"是韩信。"汉王又骂道:"将领们逃跑的已是数以十计,你都不去追找,说追韩信,纯粹是撒谎!"萧何说:"那些将领很容易得到。至于像韩信这样的人,却是天下无双的杰出人才啊。大王您如果只想长久地在汉中称王,自然没有用得着韩信的地方;倘若您要争夺天下,除了韩信,就没有可与您图谋大业的人了。只看您做哪种抉择了!"汉王说:"我也是想要东进的,怎么能够忧郁沉闷地老待在这里呀!"萧何道:"如果您决计向东发展,那么能任用韩信,韩信就会留下来,如若不能任用他,他终究还是要逃跑的。"汉王说:"那我就看在你的面子上任他作将军吧。"萧何说:"就算是做将军,韩信也不会留下来的。"汉王道:"那就任他为大将军吧。"萧何说:"太好了。"于是汉王就想召见韩信授给他官职。萧何说:"大王您向来傲慢无礼,现在要任命大将军了,却如同呼喝小孩儿一样,这便是韩信要离开的原因啊。您如果要授给他官职,就请选择吉日,进行斋戒,设置拜将的坛台和广场,准备举行授职的完备仪式,这才行啊。"汉王应允了萧何的请求。众将领闻讯都很欢喜,人人各自以为自己会得到大将军的职务。但等到任命大将军时,竟然是韩信,全军都惊讶不已。

授任韩信的仪式结束后,汉王就座,说道:"丞相屡次向我称道您,您将拿什么计策来开导我啊?"韩信谦让了一番,就乘势问汉王道:"如今向东去争夺天下,您的对手难道不就是项羽吗?"汉王说:"是啊。"韩信道:"大王您自己估量一下,在勇敢、猛悍、仁爱、刚强等方面,与项羽比谁强呢?"汉王沉默了许久,说:"我不如他。"韩信拜了两拜,赞许道:"我韩信也认为大王您在这些方面比不上他。不过我曾经事奉过项羽,就请让我来谈谈他的为人吧:项羽厉声怒斥呼喝时,上千的人都吓得不敢动一动,但是他却不能任用有德才的将领。这只不过是匹夫之勇罢了。项羽待人,恭敬慈爱,言语温和,别人生了病,他会怜惜地流下泪来,把自己所吃的东西分给病人;但当所任用的人立了功,应该赏封爵位时,他却把刻好的印捏在手里,把玩得磨去了棱角还舍不得授给人家。这便是人们所说的妇人的仁慈啊。项羽虽然称霸天下而使诸侯臣服,但却不占据关中而是建都彭城;背弃义帝怀王的约定,把自己亲信偏爱的将领分封为王,诸侯愤愤不平;他还驱逐原来的诸侯国国王,而让诸侯国的将相为王,又把义帝迁移逐赶到江南;他的军队所经过的地方没有不遭残害毁灭的;老百姓都不愿亲近依附他,只不过是迫于他的威势勉强归顺罢了。如此种种,使他名义上虽然还是霸主,实际上却已经失去了天下人的心,所以他的强盛是很容易转化为虚弱的。现在大王您如果真的能反其道而行之,任用天下英勇善战的人才,那还有什么对手不能诛灭掉啊!把天下的城邑封给有功之臣,那还有什么人会不心悦诚服的呢!用正义的军事行动去调动惦念东归故乡的将士们,那还有什么敌人打不垮、击不溃呀?况且分封在秦地的三个王都是过去秦朝的将领,他们率领秦朝的子弟作战已经有好几年了,被杀死和逃亡的多得数也数不清;而他们又欺骗自己的部下,投降了诸侯军,结果是抵达新安时,遭项羽诈骗而活埋的秦军降兵有二十多万人,唯独章邯、司马欣、董翳得以脱身不死。秦地的父老兄弟们怨恨这三个人,恨得痛彻骨髓。现今项羽倚仗自己的威势,强行把此三人封为王,秦地的百姓没有爱戴他们的。大王您进入武关时,秋毫无犯,废除了秦朝的严刑苛法,与秦地的百姓约法三章,秦地的百姓没有不希望您在关中做王的。而且按照原来与诸侯的约定,大王您理当在关中称王,这一点关中的百姓都知道。您失掉了应得的王位而去到汉中,对此秦地的百姓没有不怨恨的。如今大王您起兵向东,三秦之地只要发布一道征讨的文书就可以平定了。"汉王于是大喜过望,自认为韩信这个人才得到的太迟了,随即就听从韩信的计策,部署众将领所要攻击的任务,留下萧何收取巴、蜀两郡的租税,为军队供给粮食。

选文

萧规曹随

鄷文终侯萧何病,上亲自临视,因问曰:"君即百岁后,谁可代君者?"对曰:"知臣莫如主。"帝曰:"曹参何如?"何顿首①曰:"帝得之矣,臣死不恨!"秋,七月,辛未,何薨。何置田宅,必居穷僻处,为家,不治垣屋②。曰:"后世贤,师吾俭;不贤,毋为势家所夺。"

癸巳,以曹参为相国。参闻何薨,告舍人:"趣治行③!吾将入相。"居无何,使者果召参。始,参微时④,与萧何善;及为将相,有隙;至何且死,所推贤唯参。参代何为相,举事无所变更,一遵何约束:择郡国吏木讷于文辞、重厚长者,即召除为丞相史;吏之言文刻深、欲务声名者,辄⑤斥去之。日夜饮醇酒。卿、大夫以下吏及宾客见参不事事,来者皆欲有言,参辄饮以醇酒;间欲有所言,复饮之,醉而后去,终莫得开说⑥,以为常。见人有细过⑦,专掩匿覆盖之,府中无事。参子窋为中大夫。帝怪相国不治事,以为"岂少朕与?"使窋归,以其私问参。参怒,笞窋二百⑧,曰:"趣入侍!天下事非若所当言也!"至朝时,帝让参曰:"乃者我使谏君也。"参免冠⑨谢曰:"陛下自察圣武孰与高帝?"上曰:"朕乃安敢望先帝!"又曰:"陛下观臣能孰与萧何贤?"上曰:"君似不及也。"参曰:"陛下言之是也。高帝与萧何定天下,法令既明。今陛下垂拱⑩,参等守职,遵而勿失,不亦可乎?"帝曰:"善!"

参为相国,出入三年,百姓歌之曰:"萧何为法,较若画一⑪;曹参代之,守而勿失。载其清净,民以宁壹⑫。"

(选自《资治通鉴·汉纪四》)

译文

酂文终侯萧何病重,惠帝亲自前去探视,问他:"您百年之后,谁可以接替您?"萧何说:"最了解臣下的还是皇上。"惠帝又问:"曹参怎么样?"萧何立即叩头说:"皇上已找到人选,我死也没有什么遗憾了。"秋季,七月,辛未(初五),萧何去世。他生前购置田地房宅,必定选位于穷乡僻壤的;他主持家政,也从不起建高墙大屋。他说:"如果我的后代贤德,就学我的俭朴;如果后代不贤,这些劣房差地也不会被权势之家抢夺。"

癸巳(二十七日),朝廷任命曹参为相国。曹参刚听说萧何去世时,就对门下舍人说:"快准备行装!我要进京去做相国了。"过了不久,使者果然前来召曹参入朝。起初,曹参当平民时,和萧何相交甚好;及至做了将相,两人有些隔阂。到萧何快死时,所推举接替自己的贤能之人唯独曹参。曹参接替做了相国后,所有的条令都不做变更,一律遵照萧何当年的规定。他挑选各郡各封国中为人质朴、拘谨不善言辞、敦厚的长者,召来任命为丞相的属官。对那些言谈行文苛刻、专门追逐名声的官员,都予以斥退。然后曹参日夜只顾饮香醇老酒。卿、大夫以下的官员及宾客见他不管政事,来看望时都想劝说,曹参却总是劝他们喝酒;喝酒间隙中再想说话,曹参又劝他们再喝,直到喝醉了回去,始终没机会开口说话。这样的情况成为常事。曹参见到别人犯有小错误,也一味包庇掩饰,相国府中终日无事。曹参的儿子曹窋任中大夫之职,惠帝向他埋怨曹参不理政事,认为"难道是因为我年纪轻吗"?让曹窋回家时,以私亲身份探问曹参。曹参大怒,鞭笞曹窋二百下,呵斥:"快回宫去侍候,国家大事不是你该说的!"到上朝时,惠帝责备曹参说:"那天是我让曹窋劝你的。"曹参立即脱下帽子谢罪,说:"陛下自己体察圣明威武比高帝如何?"惠帝说:"朕哪里敢比高帝!"曹参又问:"陛下再看我的才能比萧何谁强?"惠帝说:"你好像不如他。"曹参便说:"陛下说得太对了。高帝与萧何平定天下,法令已经明确。如今陛下垂手治国,我们臣下恭谨守职,大家认真遵守不去违反旧时法令,不就够了吗!"惠帝说:"对。"

曹参做相国,前后三年,百姓唱歌称颂他说:"萧何制法,整齐划一;曹参接替,守而不失;做事清净,百姓安心。"

"资治"即资于治理,包括治身和治世;"通鉴"即全面的借鉴,包括经验和教训。中华文化重视修史,重在以史为鉴,然而直接以此目的命名的史书,却独有《资治通鉴》。《资治通鉴》记录了春秋战国至宋朝建立之前一千三百六十二年的历史事件,本教材节选其中四篇,以期使同学们了解这部典籍。

(一) 智伯灭族

这篇选文选自《资治通鉴·周纪一》,记述春秋时期晋国最强大的公卿智伯因为骄横导致被灭族的过程,全文分为三个部分。

第一个部分记述智伯被灭族之前晋国四大公卿家族中发生的四个事件,是智伯灭族一事的背景和起因。第一件事是智氏家族在选择继承人时发生的分歧。文章说当初晋国智氏家族的掌门人的智宣子想以智瑶为继承人,族人智果说:"他不如智宵。智瑶有超越他人的五项长处,只有一项短处。美发高大是长处,精于骑射是长处,才艺双全是长处,能写善辩是长处,坚毅果敢是长处。虽然有这五大长处却有一个短处,这就是特别不仁厚。如果他以五项长处来制服别人而做不仁不义的恶事,谁能和他和睦相处?要是真的立智瑶为继承人,那么智氏宗族一定会被灭族。"智宣子不听从智果的劝告,智果便向太史请求从智氏家族中分立出去,带着自己的族人另立为辅氏。

第二件事是晋国赵氏家族选择继承人的过程。文章说赵国的大夫赵简子的儿子,长子叫伯鲁,幼子叫无恤。赵简子想确定继承人,不知立哪一个好,于是把他的日常训诫言词写在两块竹简上,分别交给两个儿子,嘱咐他们:"好好记住!"过了三年,赵简子问起两个儿子,大儿子伯鲁说不出竹简上的话;再问他的竹简,已经丢失了。又问小儿子无恤,背诵竹简训词很熟练;追问竹简,随手便从袖子中取出献上。于是,赵简子认为无恤十分贤德,便立他为继承人。赵简子派手下尹铎去主管晋阳这个城池,临行前尹铎请示说:"您是打算让我去搜求丝绸之类的财富呢,还是作为家族的保障之地呢?"赵简子说:"作为保障。"尹铎到任后便核减应交税赋的居民户数,减少征收税赋的数量。赵简子对儿子赵无恤说:"一旦晋国发难,你不要嫌尹铎地位不高,不要怕晋阳路途遥远,一定要以那里作为最后的归宿。"

第三件事是智伯主政后欺凌韩氏家族的掌门人。文章说等到智宣子去世,儿子智瑶当政,时人尊称其为智伯,后世谥号为智襄子。当时晋国有四大公卿家族,分别是智氏、韩氏、魏氏和赵氏,智瑶与韩氏家族的掌门人韩康子、魏氏家族的掌门人魏桓子在蓝台饮宴,席间智瑶戏弄韩康子,又侮辱他的家相段规。智瑶的家臣智国听说这件事后,就劝谏智瑶说:"主公您不提防招来灾祸,灾祸就一定会来了!"智瑶说:"人的生死灾祸都取决于我。我不给他们降临灾祸,谁还敢兴风作浪!"智国又说:"话不能这么说。《夏书》中说:'一个人屡次三番犯错误,结下的仇怨岂能在明处,应该在它没有表现时就提防。'贤德的人能够谨慎地处理小事,所以不会招致大祸。现在主公一次宴会就开罪了人家的主君和臣相,又不加戒备,还说他们'不敢兴风作浪。'这实在是不应该呀!蚊子、蚂蚁、蜜蜂、蝎子都能害人,何况是国君、国相呢!"智瑶不听从智国的劝告。

第四件事是智伯向其他三个公卿家族索要土地。文章说智瑶向韩康子要地,韩康子不想给。韩康子的谋士段规说:"智瑶贪财好利,又刚愎自用,如果不给,一定讨伐我们,不如姑且给他。他拿到地更加狂妄,一定又会向别人索要;别人不给,他必定向人动武用兵,这样我们就可以免于祸患而伺机行动了。"韩康子说:"好主意。"便派了使臣去送上有万户居民的领地。智瑶大喜,于是又向魏桓子提出索地要求,魏桓子想不给。家相任章问:"为什么不给呢?"魏桓子说:"无缘无故来要地,所以不给。"任章说:"智瑶无缘无故强索他人领地,一定会引起其他大夫官员的警惧;我们给智瑶地,他一定会骄傲。他骄傲而轻敌,我们警惧而互相亲善;用精诚团结之兵来对付狂妄轻敌的智瑶,智家的命运一定不会长久了。《周书》说:'要打败敌人,必须暂时听从他;要夺取敌人利益,必须先给他一些好处。'主公不如先答应智瑶的要求,让他骄傲自大,然后我们可以选择盟友共同图谋,又何必单独以我们作智瑶的靶子呢!"魏桓子说:"对。"也交给智瑶一个有万户的封地。智瑶又向赵襄子索要蔡和皋狼两个地方,赵襄子拒绝了。智瑶勃然大怒,于是统率智、韩、魏三家的军队一起前去攻打赵家。赵襄子准备从都城出逃,询问部下说:"我们到哪里去好呢?"部下说:"长子城最近,并且城墙刚刚加厚完工。"赵襄子说:"百姓精疲力尽地刚修完城墙,又要他们冒着死亡的危险来守城,谁还愿意与我同心!"部下又说:"邯郸城里仓库充实。"赵襄子说:"搜刮民脂民膏才使仓库充实,现在又因战争让他们送命,谁会与我同心!最好的选择还是晋阳吧,那是先主最早的封地,尹铎又待百姓宽厚,人民一定能同我们同舟共济。"于是赵襄子带领族人一起前往晋阳。

第二个部分记述智伯被灭族的过程,主要记述了三件事。第一件事记述智瑶带韩康子和魏桓子巡察水势。智瑶率领韩康子、魏桓子三家围住晋阳,打了两年也没有攻下。时当雨季，智瑶命人引来晋水灌城，河水离晋阳城墙头只剩下三版。"版"是古代用土筑墙的木板，高二尺长六尺，也就是只剩六尺的高度晋阳城就要被水淹没。文章介绍说晋阳城百姓家中的炉灶都被水泡塌，灶台上都有青蛙滋生，但是城内的百姓仍然没有背叛赵襄子的意思。为什么呢？这就是治理者施行仁政的原因，也就是前文赵襄子让尹铎为赵氏家族建立保障之地的结果。这时候智瑶巡视水势，魏桓子为他驾车，韩康子站在旁边护卫。智瑶得意地说："我今天才知道水也可以让人亡国。"魏桓子听了用胳膊肘碰了一下韩康子，韩康子也踩了一下魏桓子脚，二人便明白了彼此的心思：因为汾水可以灌魏国都城安邑，绛水可以灌韩国都城平阳，智瑶话语之间包含对韩、魏两家赤裸裸的威胁。

第二件事记述智家的谋士絺疵劝谏智瑶。絺疵对智瑶说："韩、魏两家肯定会反叛。"智瑶问："你怎么知道？"絺疵说："以人之常情而论。我们调集韩、魏两家的军队来围攻赵家，赵家覆亡，下次灾难一定是连及韩、魏两家了。现在我们约定灭掉赵家后三家分割其地，晋阳城仅差三版就被水淹没，城内宰马为食，破城已是指日可待。然而韩康子、魏桓子两人脸上没有喜气，反倒露出忧色，这不是存有反意又是什么？"第二天，智瑶把絺疵的话告诉了韩、魏二人，二人说："这一定是离间小人想为赵家游说，让主公您怀疑我们韩、魏两家而放松对赵家的进攻。如果不是这样的话，我们两家何必放着眼见就能分到手的赵家田土不要，而要去干那种既危险又必不可成功的事吗？"两人说完话出去以后，絺疵进来说："主公为什么要把臣下的话告诉他们两人呢？"智瑶惊奇地反问："你怎么知道的？"絺疵回答说："我见他们仔细地看了看我人后匆忙离去，他们这样的行为是因为知道我看穿了他们的心思。"智瑶不改变对韩、魏二人的信任，于是絺疵请求让他出使齐国。

第三件事是赵襄子与韩康子、魏桓子密谋灭杀智伯。文章说赵襄子派部下张孟谈秘密出城来见韩、魏二人，说："我听说唇亡齿寒。现在智瑶率领韩、魏两家来围攻赵家，赵家灭亡就该轮到韩、魏了。"韩康子、魏桓子也说："我们心里也知道会这样，只怕事情还未办好而计谋先泄露出去，就会马上大祸临头。"张孟谈又说："计谋出自二位主公之口，进入我一人耳朵，有何伤害呢？"于是两人秘密地与张孟谈商议，约好起事日期后送他回城了。夜里，赵襄子派人杀掉智瑶军驻守河堤的官吏，另开决口使河水反灌智瑶军营。智瑶军队为救水而大乱，韩、魏两家军队乘机从两翼夹击，赵襄子率军从正面冲杀，大败智瑶的军队，最终杀死智瑶，又诛灭了智氏的族人。只有智果及其家人因为早已分族才得以幸免。

第三部分记述《资治通鉴》作者根据这个事件总结的经验教训。由于《资治通鉴》是奉旨编纂，所以文章用"臣光曰"这样的形式行文，即臣司马光认为。文章首先提出这件事的经验教训,即智瑶灭亡的原因,在于他的才超过了德。

文章其次分三个层次论述才与德的关系。第一个层次提出才与德本来是不同的两码事,但是一般人往往不注意二者的区别,把二者统称为贤能,这就是人们常常看错人的原因。第二个层次论述才与德的区别。文章定义说:"夫聪察强毅之谓才,正直中和之谓德。""聪"指耳明,"察"指眼亮,"强"指身体强壮,"毅"指性格坚毅,聪察强毅统称作才能;"正"指正义,"直"指公道,"中"指中庸,"和"指平和,正直中和统称作品德。第三个层次论述才与德的关系。文章认为,才是德的辅助,德是才的统帅。这就像云梦地方出产的竹子,虽然是天下最有韧性的竹子,然而如果不通过矫揉改变其形状,不为其配上羽毛,就不能成为利箭穿透坚物。棠溪出产的铜材,虽然是天下最坚硬的物质,然而如果不经过熔烧铸范,不经过砥砺打磨,就不能作为兵器击穿硬甲。意思是才能如果不配上德行,就不能成为对社会有用的人。

文章最后提出选拔人才的标准。认为根据才与德的关系,德才兼备称之为圣人;无德无才称之为愚人;德胜过才称之为君子;才胜过德称之为小人。所以挑选人才的方法,如果找不到圣人、君子而委任,与其得到小人,不如得到愚人。原因何在?因为君子持有才干把它用到善事上,而小人持有才干用来作恶。持有才干作善事,能处处行善;而凭借才干作恶,就无恶不作了。愚人尽管想作恶,因为智慧不济,气力不胜任,好像小狗扑人,人还能制服它。而小人既有足够的阴谋诡计来发挥邪恶,又有足够的力量来逞凶施暴,就如恶虎生翼,他的危害难道不大吗!有德的人令人尊敬,有才的人使人喜爱;对喜爱的人容易宠信专任,对尊敬的人容易疏远,所以察选人才者经常为人的才干所蒙蔽而忘记了考察他的品德。自古至今,国家的乱臣奸佞、家族的败家浪子,因为才有余而德不足,导致家国覆亡的人太多了,又何止智瑶呢!所以治国治家者如果能审察才与德两种不同的标准,知道选择的先后,又何必担心失去人才呢!

在这篇选文中,作者不仅介绍历史事件而且总结其中的经验教训,所以这方面的内容我们不再赘述。这里有两点值得注意,一是文中"君子"和"小人"的概念,与此前典籍中这个概念的内涵不同。此前典籍比如在《论语》中,君子指有修养的人,小人指一般人;本文则以才与德的关系区分,"德胜才谓之君子,才胜德谓之小人",从此以后小人就具有"无德""奸邪"之意。二是文章提出"聪察强毅之谓才,正直中和之谓德",按照这种区别,才主要涉及与人自身相关的因素,多由先天决定;德主要涉及与他人相关的因素,多由后天形成。从思维方式的角度看,感性思维方式是先天本能的自然体现,理性思维方式是后天修养的结果,所以中华文化重视人的品德与倡导理性思维方式,只不过是同一事物的不同表现方式而已。

(二) 卫鞅变法

这篇选文选自《资治通鉴·周纪二》,记述卫鞅在秦国实行变法的故事,全文分为三部分即三个段落。

第一部分记述变法大政的制定过程,分为两个层次。第一个层次介绍围绕变法的争论。卫鞅本姓姬,因其为卫国国君的后裔被称为卫鞅,因其是公孙氏族的后代被称为公孙鞅,在秦国被封于商又称商鞅。卫鞅主导的秦国变法是战国时期的一个重大事件,也是秦国由弱转强的开始。文章记载卫鞅想要在秦国推行变法,秦国的贵族们知道后很不高兴。卫鞅对秦孝公说:"对于一般老百姓来说,开始实行变法不能同他们商量,只能和他们共享变法的成果。谈论至高德行的人不会附和世俗,成就至大功业的人不会与普通人一起谋划。因为这个原因,圣明的君王如果希望能够富国强兵,就不会墨守旧的法度。"大夫甘龙说:"不对。根据既有的法度治理国家,官吏熟悉方便执行,百姓熟悉习惯遵守。"卫鞅说:"百姓习惯于旧的风俗,书生沉溺于学到的知识,这两类人可以让他做官,让他守法,但不能和他讨论法规以外的事。聪明的人制定法规,愚笨的人只能遵守法规;贤明的人革新礼法,平庸的人只能受礼法节制。"秦孝公说:"说得真好!"于是任命卫鞅为左庶长,权力相当于后来的丞相,负责制定变法的政令。第二个层次介绍新法的内容。文章说卫鞅下令使人民五家为一保,十家为一什,以伍什为管理单位,一家犯法,十家连坐。居民之间互相监督,检举告发犯罪的按照斩敌人首级的标准奖赏;隐瞒不报的按照投降敌国的标准惩罚。作战立功的,根据不同情况授予上等爵位的奖赏;私下械斗的,根据情形的严重程度加以处罚。致力本业,辛勤耕织生产粮食布帛多的,可以减免赋税徭役;从事工商业追求小利和懒惰贫穷的,全家都收为奴隶。即便是王公贵族,如果没有战功,也不得享有宗亲的待遇。明确身份地位的尊卑、官阶的高下,分别按照等级的名号及次序赐予田宅、侍女和衣饰器物。有功劳的人显赫而荣耀,没有功劳的人,即使富有也不能显赫荣耀。

第二部分记述新法实施的过程,分为三个层次。第一个层次记述卫鞅徙木立信的故事。文章说新法制定好以后并没有立即公布,因为担心老百姓不相信,于是卫鞅令人在国都南门的集市上立了一根三丈高的木杆,下令谁能把木杆搬到北门赏十金。把这根木杆搬到北门并不需要费太大的事,一般人都能做到,所以人们对这个命令感到很奇怪,因此没人敢去搬。于是卫鞅又下令:"能搬到北门的,赏五十金!"有一个人走过去把木杆搬到北门,卫鞅立即赏给他五十金,人们这才知道卫鞅令出必行。卫鞅于是下令颁布新法令。第二个层次记述变法初期遇到的阻力。文章说法令颁布实施一年间,有上千名的秦国百姓前往国都陈说新法带来的不便。这个时候,太子也触犯了新法。卫鞅说:"法令之所以不能很好地施行,是因为在上位的人不带头遵守。太子是储君,按规定不能施予刑罚,于是对太傅公子虔处劓刑割去鼻子,对太师公孙贾处黥刑在脸上烙字。"太傅太师受刑第二天,秦国人全都严格遵奉法令了。第三个层次记述变法的成效。文章说新法实行十年后,秦国人不捡路边他人遗失的东西,山林里也没有强盗,人民为国作战积极奋勇,不敢私自发动械斗,城市和乡村都非常安宁。这时候最初来国都控诉新法不好的人,有的又跑来赞颂新法的好处。卫鞅说:"这些人全都是扰乱法令的刁民!"下令把这些人都迁移到边境。从这以后,再也没有人敢议论法令的好坏了。

第三部分陈述作者从这件事中总结的经验教训。司马光认为:信誉是君主至高无上的法宝。能保证国家稳定的是老百姓;能保证老百姓安居乐业的是国家的信誉;国家不讲信誉就无法使民众服从,没有民众的支持便无法守护国家。因为这个原因,古代实行王道者不欺骗天下,实行霸道者不欺骗四方邻国,善于治国者不欺骗人民,善于治家者不欺骗亲人。没有德行的人反其道而行之:欺骗他们的邻国,欺骗他们的百姓,更过分的甚至欺骗他们的兄弟、父亲和子女。这样一来,上不相信下,下不相信上,上下离心离德,最后必然导致失败。靠欺骗得到的好处不足以弥补受到的伤害,得到的财物不足以弥补受到的损失,这难道不是令人痛心的行为吗!当年齐桓公不违背曹沫以胁迫手段订立的盟约,晋文公不贪图攻打原地能够得到的好处,魏文侯不背弃与山野之人打猎的约会,秦孝公不收回对移动木杆之人的重赏,这四位君主的治国之道虽然称不上完美,卫鞅甚至可以称为刻薄,但他们处于你攻我夺的战国乱世,与天下尔虞我诈、斗智斗勇之时,尚且不敢忘记树立信誉以收服民心,更何况作为天下一统、社会太平的当政者呢!

卫鞅变法是中国历史上一个重大事件,对中国社会和文化的影响意义深远。本文在总结经验中强调其中体现的对国家信誉的重视,认为信誉是国家治理至高无上的法宝。国家信誉也就是中华文化强调的诚信在国家治理中的体现,当政者的信誉直接涉及社会治理的成本,最终决定社会治理的成败。国家如此,个人也如此,所以俗语称"人无信不立",意思是一个人不讲信用,就难以立足于世。诚信与否的问题,实质是重视眼前利益还是重视长远利益的问题。以"徙木立信"为例,从眼前看卫鞅失去了五十金,从长远看取得了民众的信任,大大降低了推行新法的社会成本,长远的收获远大于眼前的损失。从思维方式的角度看,重视诚信是从长远的利益考虑,属于整体思维方式的表现;忽视诚信是从眼下的利益考虑,属于个体思维方式的表现。我们学习类似的历史经验教训,重要的是要有意识改变自己的思维方式。

在本篇选文中,卫鞅与甘龙关于变法的争论值得重视,这样的争论在中国社会发展的过程中始终存在,改革开放初期关于"两个凡是"的争论就是现代的典型例子。在这个争论的背后,实质上表现了两种不同的思维方式:主张改革者是从现实的需要出发看问题,把现实的需要作为思维和行动的主要考量标准,属于现实思维方式;主张守旧者是从以往的经验出发看问题,把以往的经验作为思维和行动的考量标准,属于经验思维方式。不论社会的发展还是个人的生活,总是处在不断地变化过程之中,这就要求人们必须始终从现实的需要出发思考问题,决定下一步的行动计划。而要做到这一点,最重要的是要用现实思维方式主导我们的思维活动。

(三)韩信拜将

这篇选文选自《资治通鉴·汉纪一》,记述韩信从一个默默无闻的穷家小子成为大将军的过程,全文分为三个部分。

第一部分即文章的第一段落,记述韩信的出身及其在家乡的两件事。文章说韩信是淮阴人,也就是现在的江苏淮阴区人,自小家境贫寒,没有什么善行之举,所以不能被推荐去做官,又不会经商做买卖谋生,就经常跟随着别人到处混饭吃,大多数人都厌恶他。韩信有次在城边的护城河钓鱼,有位在水边漂洗丝绸的老太太看到他饿了,就拿出饭给他吃。韩信非常高兴,对那位老太太说:"我一定会重重地报答您老人家。"老太太生气地说:"男子汉大丈夫不能自己养活自己,我不过是可怜你才给你饭吃,难道是希图有什么报答吗?!"淮阴县屠户中有个青年侮辱韩信说:"你虽然身材高大,喜欢佩带刀剑,内心其实胆小如鼠。"随后当众羞辱他说:"韩信你要真的不怕死,就用你的剑把我捅了。你要是怕死,就从我的胯下钻过去!"韩信于是仔细地打量了那青年一会儿,便俯下身子,从他的双腿间钻了过去,匍匐在地上。满街市的人都嘲笑韩信,认为他胆小。

第二部分记述韩信成为大将军的过程,包括文章二、三两个段落,以及同三个人的交往。文章介绍韩信第一个交往的人是项羽,说项梁渡过淮河北上,韩信持剑去投奔他,留在项梁部下,一直默默无闻。项梁是楚国名将项燕之后,项羽的叔父。项梁阵亡以后,韩信又归到项羽的麾下,项羽任用他作了郎中,也就是侍卫。韩信曾多次向项羽献策以求重用,但项羽却不予采纳。

第二个交往的人是夏侯婴。夏侯婴是刘邦少年时的朋友,随刘邦起兵,战功卓著。文章说等到汉王刘邦进入蜀中,韩信便逃离楚军归顺了汉王,但是仍然不为人所知,只做了个接待宾客的小官。后来韩信一干人犯了法,应判处斩刑,与他同案的十三个人都已遭斩首,轮到韩信时,韩信抬头仰望,刚好看见了滕公夏侯婴,便说道:"汉王难道不想得取天下吗?为什么要斩杀壮士啊!"夏侯婴惊奇韩信话语的豪迈,又见他威武雄壮，于是释放了他。二人交谈后夏侯婴非常喜欢韩信，随即将韩信的情况奏报给了汉王。汉王授予韩信治粟都尉的官职，但还是没有发现他有什么异于常人之处。

  第三个交往的人是萧何。萧何随刘邦起兵，是刘邦手下第一重臣。韩信几次与萧何谈话，萧何认为韩信不是寻常之人。等到汉王到达南郑时，众将领和士兵都唱着家乡的曲调想着东归故乡，许多人中途就逃跑了。韩信估计萧何等人已经多次向汉王荐举过他，但汉王没有重用他，便也逃亡而去。萧何听说韩信逃走了，没来得及向汉王报告，就亲自去追赶韩信。不知道内情的人告诉汉王说："丞相萧何逃跑了。"汉王大发雷霆，仿佛失掉了左右手一般。过了一两天，萧何来拜谒汉王，汉王又气又喜，责骂萧何说："你竟然也逃跑了！为什么呀？"萧何说："臣哪里敢逃跑，臣是去追逃跑的人。"汉王问："你追赶的人是谁？"萧何道："是韩信。"汉王又骂道："将领们逃跑了几十个，你一个都没有去追。现在说追韩信，纯粹是谎话！"萧何说："那些将领都是很容易就能得到的人。至于像韩信这样的人，是天下无双的人才啊。大王您如果想永远在汉中称王，自然没有用得着韩信的地方；倘若您要争夺天下，除了韩信就没有能够一起谋划这件事的人。现在就看大王您怎么抉择了！"汉王说："我也是想要东进的，怎么能够默默地一直待在这里呀！"萧何道："如果您决计向东发展，那么能任用韩信，韩信就会留下来；如果不能任用他，韩信最终还是会逃走的。"汉王说："那我就看在你的面子上任命他为将军吧。"萧何说："就算是做将军，韩信也不会留下来的。"汉王道："那就任命他为大将军吧。"萧何说："这就太好了。"于是汉王就想召韩信来拜见。萧何说："大王您向来傲慢无礼，现在要任命大将军了，却如同呼喝小孩子一样，这便是韩信要离开的原因啊。您如果要拜他为大将军，就请选择吉日，进行斋戒，设置拜将台和广场，准备好拜将的仪式，这样才行啊！"汉王应允了萧何的请求。众将领听说汉王要拜大将军都很高兴，人人各自以为自己会得到大将军的职务。等到任命大将军的时候才知道，竟然是韩信，全军都惊讶不已。

  第三部分记述韩信为刘邦分析项羽的弱点提出夺取天下的计策。文章说韩信拜将仪式结束后，汉王在座位上坐下来，问韩信说："丞相多次向我称赞将军，将军将用什么计策帮助寡人啊？"韩信谢过汉王的重用，接着问汉王道："如今向东去争夺天下，您的对手难道不就是项羽吗？"汉王说："是啊。"韩信道："大王您自己估量一下，在勇猛、彪悍、仁爱、强毅诸方面，与项羽相比谁强呢？"汉王沉默了许久，说："我不如他。"韩信再一次向刘邦施礼，并表示祝贺。为什么韩信要重新施礼并表示祝贺呢？因为这不仅表现出刘邦的诚实，也表现出他有自知之明，而这些都是一个英明君主的品质。韩信接着说："我也认为大王您在这些方面比不上他。不过我曾经事奉过项羽，请让我说说项羽的为人吧。项羽厉声怒吼,能令上千人吓得动不了身,但是他不能任用有才能的将领,所以他的勇猛彪悍只不过是匹夫之勇罢了。项羽待人,恭敬慈爱,言语温和,将士有伤病,他会难过地流泪,会把自己的食物分给病人;但是在任用人方面,对于有功应该赏封爵位的,他把官印拿在手里,倒来倒去磨掉了棱角还是舍不得授给人家,所以他的仁爱不过是人们所说的妇人之仁罢了。项羽虽然称霸天下而使诸侯臣服,但却不占据关中而是建都彭城;背弃义帝怀王的约定,把自己亲信分封为王,所以人心愤愤不平;他驱逐原来的诸侯国国王,而让诸侯国的将相为王,又把义帝迁移逐赶到江南;他的军队所经过的地方没有不遭残害毁灭的,老百姓都不愿亲近依附他,只不过是迫于他的威势勉强归顺罢了。如今他名义上是霸主,实际上已经失去了人心,所以他的强大很容易转化为虚弱。现在大王您如果能反其道而行之,任用天下英勇善战的人才,那还有什么敌人不能消灭啊!把天下的城邑封给有功之臣,那还有什么人会不心悦诚服的呢!率正义之师顺从惦念东归故乡的将士,那还有什么敌人不能击溃呀!况且分封在秦地的三个王都是过去秦朝的将领,他们率领秦地的子弟征战已经有好多年了,被杀死和逃亡的秦地子弟多得数也数不清;而他们又欺骗自己的部下,投降了项羽率领的诸侯军,结果在新安这个地方,被项羽欺骗活埋了投降的秦军将士二十多万人,唯独章邯、司马欣、董翳这三个将领得以脱身不死。秦地的父老兄弟们怨恨这三个人,恨得痛彻骨髓。现今项羽倚仗自己的威势,强行把此三人封为王,秦地的百姓没有人拥戴他们。大王您进入武关后,秋毫无犯,废除了秦朝的严刑苛法,与秦地的百姓约法三章,秦地的百姓没有人不希望大王能在秦地为王。而且按照原来诸侯们起兵时的约定,大王您理当在关中称王,关中的百姓都知道这件事。您失掉了应得的王位被分到汉中,秦地的百姓没有不怨恨的。如今大王您起兵向东,三秦之地只要发布一道征讨的檄文就可以平定了。"听了韩信分析天下大势,汉王大喜过望,恨不能早点得到韩信,随即就听从韩信的计策,部署众将领所要出击的目标,留下萧何收取巴、蜀两郡的租税,为军队供给粮食。

《资治通鉴》将韩信拜将这件事作为汉朝建立过程中的一件史实记载,所以没有专门评论。这个故事在许多地方体现了中华文化的优秀传统,其中韩信胯下受辱一事,对于当代青年来说更值得留意。韩信的军事才能天下无双,率军作战从无败绩,是一个真真正正的常胜将军。如此卓越的将帅之才,面对常人的无端挑衅,竟然能够平静地忍受胯下之辱!以韩信之勇力,无论是斩杀还是暴揍挑衅者都不是什么难事,然而最终有此作为的原因,最大的可能在于对挑衅者的不屑和怜悯。作为一个智者,韩信不屑于同这样的人一般见识;作为一个仁者,韩信不忍心将一个活生生的生命抹去。这一点,从后来韩信率军回到故乡,不仅没有惩罚挑衅者,而且将其收为自己的侍卫就可以证实。所以面对无知的挑衅者,他只能委屈自己,以自己受辱来平息这个冲突。俗话说,"匹夫遇辱拔刀而起",这是一般人的本能反应,是感性思维方式主导下的行为。中华文化重视修身,修身就是用理智节制情感,用理性思维方式主导行为。韩信的行为无疑是理性思维方式的典范,然而如此这般的行为需要怎样的修养才能做到呢!

(四)萧规曹随

这篇选文选自《资治通鉴·汉纪四》,记述曹参接替萧何成为丞相以后,谨守萧何制定的法规,与民生息,推动汉初社会经济繁荣发展的故事,文章分为三个段落。

第一个段落记述汉惠帝与萧何议定曹参任丞相的过程,内容分为两个层次。第一个层次记述汉惠帝与萧何议定丞相人选。文章说酂文终侯萧何病重,惠帝亲自前去探视,问他:"您百年之后,谁可以替接您?"萧何说:"最了解臣下的应该还是皇上。"萧何为什么不明确回答呢?这就是为政的智慧。试想一下,如果萧何提议的人选惠帝不认可怎么办?那就会使君臣尴尬,也会给萧何带来麻烦。惠帝于是换一种问法:"曹参怎么样?"萧何立即叩头说:"皇上已经找到最佳人选,我死也没有什么遗憾了。"惠帝即位时年仅十六岁,而萧何是汉高祖的第一重臣,是汉朝第一位丞相,所以惠帝非常看重萧何的意见,萧何的肯定也就确定了曹参的丞相地位。第二个层次追记萧何的行为。文章说这一年秋季七月初五萧何去世。萧何生前购置田地房宅,必定选在穷乡僻壤;他主持家政,也从不建高墙大屋。萧何说:"如果我的后代贤德,就学我的俭朴;如果后代不贤,这些劣房差地也不会被权势之家抢夺。"萧何这样的行为,体现了道家"不争之争"的哲学思想,也就是用不争作为竞争的方式,文章之所以要强调这一点,就在于为下文曹参的做法做铺垫。

第二个段落记述曹参就任丞相前后的相关事件,内容分为四个层次。第一个层次写曹参的先见之明。文章说萧何去世二十二天后,也就是当年的七月二十七日,朝廷下诏任命曹参为相国。在此之前,曹参刚听说萧何去世,就对门下舍人说:"快收拾行装!我将要进京做相国了。"当时曹参在齐国做相国,过了不久使者果然前来召曹参入朝。通过这一件事,说明曹参有知人、知己、知事的才能。知人,也就是知道萧何一定会推荐自己;知己,也就是知道自己在朝廷的地位;知事,就是能够预见事物的发展结局。第二个层次写曹参与萧何的关系。文章说萧何和曹参随刘邦起事之前相交甚好,后来做了将相两人有些隔阂,但是萧何临终所推举接替自己的贤能之人唯独曹参。萧何推荐曹参是因为了解曹参的才能和德行,而曹参之所以预知自己要任丞相,则是出于对萧何的了解。第三个层次写曹参担任丞相以后的做法。一是所有的法令一律遵照萧何当年的规定，挑选各郡各封国中为人质朴、拘谨不善言辞、敦厚的长者，召来任命为丞相的属官；对那些言谈行文苛刻、专门追逐名声的官员，都予以斥退。二是日夜饮酒，卿、大夫以下的官员及宾客见他不管政事，来看望时都想劝说他，曹参总是让他们喝酒；喝酒中有人还想劝，曹参就让他们再喝，直到喝醉了回去，始终让他们没机会说话，一日复一日总是如此。三是见到有人犯了小错误，就想着法子遮蔽掩饰，这样一来相国府中整天就没有什么事。第四个层次写曹参对自己行为的解释。文章说曹参的儿子曹窋任中大夫之职，惠帝就向他抱怨曹参不理政事，认为"难道是因为我年纪轻吗"？让曹窋回家后，以自己的身份问问曹参。曹参听了儿子的问话大怒，下令鞭笞儿子二百下，训斥道："快回宫去侍候皇帝，国家大事不是你该说的！"到了朝会的时候，惠帝责备曹参说："那天是我让曹窋劝你的。"曹参立即脱下帽子谢罪，然后说："陛下想一想您的圣明威武与高帝比如何？"惠帝说："朕哪里敢比高帝！"曹参又问："陛下再看我的才能比萧何谁强？"惠帝说："你好像不如他。"曹参便说："陛下说得太对了。高帝与萧何平定天下，法令已经明确。如今陛下垂手治国，我们臣下恭谨守职，大家认真遵守不去违反法令，不就够了吗！"惠帝说："对。"

第三个段落记述萧规曹随的治理效果。文章说曹参做了三年相国，百姓唱歌称颂他说："萧何制法，整齐划一；曹参接替，守而不失；做事清净，百姓安心。"社会治理的好坏，最终要看老百姓的评价。文章的作者深谙这一点，所以他没有具体地介绍曹参执政取得的政绩，而是记述了当时民间的一首歌谣，通过这首歌谣反映曹参的政绩。

刘邦平定天下以后分封功臣，曹参在众多部将中功居第一位。从文章中曹参能预知自己将居相位这一点看，也可以知道曹参绝非泛泛之辈。为什么以曹参的才能，担任丞相以后却不提出自己主张，而是要沿袭萧何的法令呢？就在于曹参深知当时的形势。秦末以后，由于连年征战，社会生产力遭受极大破坏，人心思定，人心思稳，是当时社会发展的大势。曹参在齐国担任相国的时候，就采取黄老之术，把无为而治作为基本方略，让老百姓得以休养生息，取得了很好的治理效果。担任丞相后萧规曹随，只不过是这种施政方略的延续。文章中以惠帝与高帝、自己与萧何的比较，只不过是说服惠帝同意自己施政方略的手段，毕竟惠帝不敢说自己胜过高帝。至于曹参与萧何的比较则另当别论，毕竟从汉初的评功结果看，萧何远不及曹参。

这个历史故事告诉人们一个道理：一个人的见解与行为是否正确，评判的标准在于是否符合现实的需要。商鞅变法可以推动社会进步，萧规曹随同样可以推动社会进步。所以"新官上任三把火"虽然是一种普遍现象，但未必都是正确的行为。一切从现实出发，这是现实思维方式的基本要求，也是中华文化的智慧所在。

讨论

普希金之死

亚历山大·普希金是俄国伟大诗人、俄罗斯近代文学的奠基人,被誉为"俄罗斯诗歌的太阳"。

1831年2月18日,普希金与娜塔丽娅·普希金娜成婚,两人共同生活了6年,养育了5个孩子。1835年6月17日,普希金夫妇在偶然间遇到法国青年丹特士。丹特士外表健壮、风流潇洒,但被认为是个好色之徒。丹特士开始疯狂追求娜塔丽娅,一时间,娜塔丽娅与丹特士之间的流言在当时俄国上层社会流传开来。

1837年1月27日,在彼得堡郊外的小黑河畔,凛冽的寒风中,普希金与丹特士选择以中世纪式决斗的方式来了结他们之间的恩怨。在丹扎斯的公证下,丹特士获得了首先开枪的权利,一声清脆的枪声响起,普希金腹部中弹倒下,两天后死去,年仅38岁。

20世纪20年代,俄罗斯国家军事历史档案馆发现一批档案,是1837年俄国总检察院、最高军事法庭呈送沙皇尼古拉一世关于普希金与丹特士决斗事件的材料。档案材料显示,普希金的决斗是沙皇的一场阴谋。原来,沙皇尼古拉一世一直觊觎普希金妻子的美色,丹特士受沙皇指使,在各种公开场合引诱娜塔丽娅,沙皇则在上流社会大肆传扬这件事,从而损害普希金的名誉,故意激怒普希金决斗,趁机把普希金杀害。

如果说韩信胯下受辱是理性思维方式的典型行为,普希金之死则是感性思维方式的典型行为,请结合这两个事件和自己的经历,谈谈你对理性思维方式和感性思维方式的理解。

思考

1.请结合智伯灭族的故事,想一想为什么中华传统文化强调选拔人才要"以德为先"?

2.请结合卫鞅徙木立信的故事,想一想,为什么中华传统文化把诚信看作治世和修身至上的法宝?

项目四 集部——文益精粹

教学目标

1.指导学生阅读《世说新语》《古文观止》《人间词话》《诗词选》等集部典籍,了解其主要内容、历史地位和文化影响。

2.帮助学生学习并理解选篇中的精神内涵。

3.结合选篇内容,启发学生思考理想人格的修养,树立正确的人生观。

集部概要

国学经典中的集部又称"丁部",是我国古代图书四部分类法中的第四大类,集部主要收录历代作家的散文、骈文、诗、词、曲和文学评论等著作,具体包括楚辞、别集、总集、诗文评、词曲等五个大类,其中词曲类又分词集、词选、词话、词谱词韵、南北曲五属。

总集:指汇集许多人的作品而成的诗文集。

别集:相对总集而言,即收录个人诗文的集子。

楚辞:为骚体类文章。

词:由五言诗、七言诗或民间歌谣发展而成,起于唐代,盛于宋代。原是配乐歌唱的一种诗体,句的长短随歌调而改变,因此又叫长短句。有小令和慢词两种,一般分上下两阕。

诗文评:收录文学理论和批评方面的书籍。

曲:一种韵文形式,盛行于元代。

小说:是文学体裁四分法中的一大样式。它是通过塑造人物、叙述故事、描写环境来反映生活、表达思想的一种文学体裁。

集部作为国学经典著作的一部分,展示了中华文化的博大精深,承载了丰富的人文思想和文化意蕴,集部经典作品不仅体现了古代中国人的审美情趣和情感表达,还反映了中国古代社会的风俗习惯、道德观念等方面的内容,在文学研究、文化传承和传统价值观的继承中均具有十分重要的地位。

任务一 《世说新语》——做人的镜子

《世说新语》是南朝文学家刘义庆撰写的文言志人小说集,是魏晋轶事小说的集大成之作。《世说新语》产生于魏晋南北朝时期。作者刘义庆是彭城(今江苏铜山)人,生于晋朝安帝元兴二年(403),卒于南朝宋文帝元嘉二十一年(444),享年42岁。刘义庆是刘宋武帝刘裕之侄,自幼聪慧,深为武帝刘裕看重。刘裕死后,刘义庆请求外放,远离京师,与门下文士一起,搜集前汉到南朝间人物的趣闻逸话,最终成为今天的《世说新语》。

《世说新语》是魏晋南北朝时期"笔记小说"的代表作,内容主要记载了东汉后期到魏晋间一些名士的言行与轶事。全书原为八卷,南朝梁文学家刘孝标(462—521)为其作注,分为十卷。南宋晏殊删订旧本,成现在流传的三卷三十六门。其中上卷4门285篇,中卷9门434篇,下卷23门409篇。上卷是全书的重点,其中的四门分别为《德行》《言语》《政事》《文学》,直接取自孔子评价弟子的标准。把孔子评价弟子的四个标准作为记录人物故事前四门的题目,反映了孔子思想对刘义庆的影响,也透露了《世说新语》的创作动机和目的。刘义庆就是要按照儒学理想,把人在社会中的行为进行分类,并给出分类榜样,从而为人们提供做人的准则。

《世说新语》是研究魏晋风度的极好史料,其中关于魏晋名士的种种活动如清谈、品题,种种性格特征如栖逸、任诞、简傲,种种人生追求,以及种种嗜好,都有生动的描写,纵观全书,可以得到魏晋时期几代士人的群像,通过这些人物形象,可以进而了解那个时代上层社会的风尚。

《世说新语》所记虽是片言数语,但内容非常丰富,广泛地反映了这一时期士族阶层的生活方式、精神面貌及其清谈放诞的风气,是记叙轶闻隽语的笔记小说的先驱,也是后来小品文的典范,对后世笔记小说的发展有着深远的影响。书中不少文字,经过历代相传,成为今日人们耳熟能详的成语,极大地丰富了我们的语言,如鹤立鸡群、望梅止渴、身无长物、楚囚相对、期期艾艾、小时了了、覆巢之下无完卵,等等。书中众多故事被后世改编成戏剧、小说,如《温太真玉镜台》(元关汉卿作)、《兰亭会》(明杨慎作)、《怀香记》(明陆采作)等被改编为戏剧,《三国演义》中"一盒酥""黄绢幼妇""击鼓骂曹""望梅止渴""七步成诗"等故事,都直接来源于《世说新语》。《世说新语》语言之简约,描写之细腻,韵味之隽永,对散文和小说的发展产生了深远的影响。后代模仿其形式的作品众多,唐朝有王方庆的《续世说新语》,宋朝有王谠的《唐语林》、孔平仲的《续世说》,明朝有何良俊的《何氏语林》、李绍文的《明世说新语》,清朝有吴肃公的《明语林》、李清的《女世说》、颜从乔的《僧世说》,及以后易宗夔的《新世说》,等等。

选文

割席断交

管宁①、华歆②共园中锄菜,见地有片金,管挥锄与瓦石不异,华捉而掷去之③。又尝同席读书④,有乘轩冕过门者⑤,宁读如故,歆废⑥书出看。宁割席分坐,曰:"子非吾友也!"

(选自《世说新语·上卷·德行第一》)

译文

管宁和华歆一同在菜园里锄菜,看见地上有一块金片,管宁照旧挥锄劳动,看待金子跟瓦块石头一样,华歆把金片捡起来看了看又扔掉。两人又曾经同坐在一张席子上读书,有乘坐华贵轿子的达官贵人从门口经过,管宁照旧读书,华歆放下书本跑去观看。管宁就割开席子,分开座位,说道:"你不是我的朋友!"

选文

顾荣让肉

顾荣在洛阳①,尝应人请,觉行炙人有欲炙之色②,因辍己施焉③。同坐嗤之④。荣曰:"岂有终日执之⑤,而不知其味者乎?"后遭乱渡江⑥,每经危急,常有一人左右己⑦,问其所以⑧,乃受炙人也。

(选自《世说新语·上卷·德行第一》)

译文

顾荣在洛阳的时候,曾经应邀赴宴,发现传递烤肉的仆役露出想吃烤肉的神情,就把自己那一份让给了他。同座的人都笑话他。顾荣说:"哪里有成天操持烤肉,却不知道烤肉的滋味这种道理呢!"后来顾荣遇到祸乱过江避难,每次经历危急,总有一个人拼死相助。顾荣问他为什么要这样做,才知道他就是接受烤肉的那个人。

选文

小儿辈大破贼

谢公与人围棋①,俄而谢玄淮上信至②,看书竟,默然无言,徐向局③。客问淮上利害,答曰:"小儿辈大破贼。"意色举止,不异于常。

(选自《世说新语·中卷·雅量第六》)

译文

谢安和客人下围棋,一会儿,谢玄淮水战场上的信使到了,谢安看完信,默不作声,又慢慢地面向棋局。客人问他淮水战场上胜败如何,谢安回答说:"孩子们大破贼兵。"神色举动,和平时没有两样。

选文

王蓝田性急

王蓝田性急①。尝食鸡子②,以箸刺之③,不得,便大怒,举以掷地。鸡子于地圆转未止,仍下地以屐齿碾之④,又不得,瞋甚⑤,复于地取内口中⑥,啮破即吐之⑦。王右军闻而大笑曰⑧:"使安期有此性⑨,犹当无一豪可论⑩,况蓝田邪?"

(选自《世说新语·下卷·忿狷第三十一》)

译文

蓝田侯王述性情急躁。有一次吃鸡蛋,用筷子去戳鸡蛋,没有戳着,就大发脾气,抓起鸡蛋扔到地上。鸡蛋在地上旋转不停,他就下地用木屐齿去踩,又没有踩着。他气极了,再从地上捡起来放进口里,咬破了就吐出来。右军将军王羲之听说后大笑起来,说:"假使安期有这种性格,尚且没有一点可取,何况是蓝田呢!"

解读

《世说新语》历来被看作志人小说,这也是其被列入集部的原因。从形式而言,这样的分类是合理的。但是从内容而言,作者记述这些人物行为的目的,在于为世人提供修身的借鉴,与孔子、孟子以言教人殊途同归,应该归于经部或子部。本教材节选其中四篇,以期使同学们了解这部典籍。

(一)割席断交

这篇选文选自《世说新语·上卷·德行第一》,记述管宁和华歆交往的故事,成语典故"管宁割席"或"割席分坐"就出于这则记载。

文章记述了三件事：第一件是管宁与华歆一起在菜园里锄地，田地中有一块金片。管宁照旧挥锄不断，看见金片就跟看见瓦块石头一样；华歆把金片捡起来拿在手中看了看随后又扔出去了。第二件是两个人起初同坐在一张席子上读书，有达官贵人乘坐华贵的轿子从门口经过，管宁照旧读书不断，华歆放下书本跑出去观看。第三件是经过前两件事之后，管宁就将两人同坐的席子从中间割开，把两个人的座位分开，说道："你不是我的朋友！"

《世说新语》记载人的行为，大多客观记述，很少发表评论，作者的倾向性主要通过文章的分类、事件的选择和叙述的方式体现。这篇文章选自"德行篇"，德行是孔子评价弟子的第一标准，该篇是《世说新语》的第一篇，记述的基本是儒家学说主张的正面行为。在这篇文章中，管宁与华歆是少年同学，两人行为相异，管宁在前华歆在后，就表现了作者心目中的主次。也就是说，管宁是文章叙说的正面典型，华歆只是作为管宁的陪衬，为了突显华歆的行为。

管宁见片金挥锄不顾，华歆则拿起来观看。权贵的轿子过门，管宁读书如故，华歆则跑去观看。管宁的两次不顾与华歆的两次观看，表现了对财富和权势的两种态度。很显然，作者肯定的是管宁，贬斥的是华歆。管宁的行为表现了轻视财物和权势的价值观，这种价值观正是儒家倡导的价值观。孔子说"不义而富且贵，于我如浮云"，表现的就是这样的价值观。儒家为什么要崇尚轻视富贵的行为呢？因为重富贵者，重的是个人的享受，心中想的是自己。轻视富贵，看重的是精神，是道义，是社会责任。古代读书人多从政，轻视富贵的人当官，才能主持公正，若把富贵放在第一位，则难免见利忘义，贪赃枉法。孔子说："道不同，不相为谋。"管宁正是通过这两件事，看出了自己与华歆不是一类人，所以才做出割席断交的决定。从二人后来的发展看，管宁在乱世之中以开馆讲授儒家经典为业，魏文帝曹丕、明帝曹叡多次征召，均坚意辞让终身不仕；华歆先投孙权后仕曹操，官至三公，在曹丕篡汉中充当先锋，为世人所诟病。作者记载这件事，不仅为人们提供了一个榜样，也为人们提供了一个分辨人的方法。

（二）顾荣让肉

这篇选文选自《世说新语·上卷·德行第一》，记述顾荣把自己的烤肉让给传递烤肉的仆役的故事，内容分为三个层次。

第一个层次写顾荣让肉的过程。文章说顾荣在洛阳的时候，曾经应邀赴宴，发现传递烤肉的仆役露出想吃烤肉的神情，就把自己那一份让给了他。第二个层次写同座人的态度和顾荣的解释。文章说同座的人都讥笑他。顾荣说:"哪里有成天操持烤肉,却不知道烤肉的滋味这种道理呢!"第三个层次写这件事产生的后果。文章说顾荣后来遇到祸乱过江避难,每次经历危急,总有一个人拼死相助。顾荣问他为什么要这样做,才知道他就是接受烤肉的那个人。

这件事在今天看起来稀松平常,为什么作者要记载入书,并且将其放在第一篇,这就要了解事件发生的时代。魏晋时期实行士族门阀制度,士族垄断了政治、经济、文化等方面的权力,不与庶族通婚,与庶族不同座、不同食、不同行,"视寒门之子轻若仆隶"。《世说新语》记载士族间的一次宴会,说石崇在家里宴请王敦,让漂亮的姑娘劝酒,王敦不喝就杀掉劝酒的姑娘,连续杀了三个姑娘,王敦神色不变,还是不肯喝。旁边的人劝王敦,王敦却说:"他杀他家里的人,与你有什么关系!"顾荣是江南士族领袖,在这样的社会环境中有这样的见识和行为,也就显得难能可贵。恃强凌弱是生物的本能,能够尊重人特别是尊重社会地位比自己低的人,则是人性修养的结果。作者记述顾荣的行为,就是为人们提供一个榜样,倡导人与人之间平等相待的理念。至于记述接受烤肉的人拼死相报,则在于褒扬知恩图报的行为。中华文化历来推崇知恩图报,因为从个人的角度看,一个人只有懂得感恩,才会有更多的人愿意帮助你;从社会发展的角度看,只有这样的行为得到好的结果,才会有更多的人愿意帮助别人。与此同时,施恩不图报也是中华传统文化的一大特点,这是从施恩者的角度而言,是对强者的要求,是做人的更高的标准。孔子的弟子子贡从其他诸侯国赎回一个鲁国人,按照鲁国的规定可以到国库报销赎金,子贡没有报销;另一个弟子子路救起一个落水者,那人送子路一头牛感谢,子路收下了。孔子批评了子贡,表扬了子路,理由是子贡不拿国家抵付的钱,别人也就不好意思拿了,这样许多人可能就不愿意再做这样的事了;子路收了作为一头牛的谢礼,鲁国人一定会勇于救落水者了。在这些事件的背后,隐藏着制定道德的标准,即道德规定只能以一般人为标准,知恩图报就是这样的标准。

(三)小儿辈大破贼

这篇选文选自《世说新语·中卷·雅量第六》,记述东晋政治家谢安生活中的一件琐事,表现了谢安人格修养达到的高度。文章说谢安与客人下围棋,刚下了一会儿谢玄从淮水战场上的战报到了。谢玄是谢安的侄子,当时北方的前秦皇帝苻坚率百万大军进犯,主持朝政的谢安派谢玄带八万兵隔着淝水御敌。淝水是淮河的支流,故文中称"淮水",历史上则称"淝水之战"。文章说谢安看完没有吭声,把战报放到一边又慢慢地面向棋局下棋。倒是下棋的客人沉不住气了,停住棋询问淮水战场上的战况,谢安平静地回答:"孩子们大破贼兵。"他的神色举动和声音,与平日里没有任何不同之处。

"雅量",指恢宏的气度,也就是做人的胸怀。内心胸怀宽广,外在的表现就是恢宏的气度。《世说新语》中表现的雅量,或悲喜不惊,或临危不乱,或遇辱不怒,或逢利不迷,谢安的表现属于悲喜不惊之类。中华文化讲求修身,修身包括两个方面,一是修德,二是修行。孟子讲"富贵不能淫,贫贱不能移,威武不能屈",属于修德;苏洵说"泰山崩于前而色不变,麋鹿兴于左而目不瞬",属于修行。德更多属于理性的范畴,行更多属于本能的范畴。虽然有内方有外,有德方有行,然而改变本能的行为丝毫不比改变本能的需求容易。《世说新语》记载顾雍正与僚属下棋,突然收到在外地做太守的儿子死亡的信报,他"以爪掐掌",掐破掌心血流到了坐垫上,但下棋的神色始终不变。顾雍的行为已属不易,谢安的行为简直就是奇迹。淝水之战关系东晋的存亡,也关系谢氏家族的命运,在如此重大的事件面前,难以想象一个人怎么能这么沉得住气!

(四) 王蓝田性急

这篇选文选自《世说新语·下卷·忿狷第三十一》,记述蓝田侯王述的行为,文章分为三个层次。第一个层次也就是第一句话,讲述王述的性格特点:"王蓝田性急",即性格急躁。第二个层次具体表现王述的性格特点。说王述有一次吃鸡蛋,用筷子去戳鸡蛋,没有戳着,就大发脾气,抓起鸡蛋扔到地上。鸡蛋在地上旋转不停,他就下地用木屐齿去踩,又没有踩着。他气极了,再从地上捡起来放进口里,咬破再吐出去。第三个层次记述王羲之的评价。文章说右军将军王羲之听说这件事哈哈大笑,说:"即使王述的父亲王安期有这种性格,尚且没有一点儿可取之处,更何况是蓝田呢!"王述的父亲王承字安期,一生清虚寡欲,为政宽恕,很有名望。这件事记述的是王述年轻时的行为,王羲之认为以他父亲的声望如果有这种性格尚且一无是处,更别说少年无名的王述了。作者记述王羲之的话,也就是表示了自己对这种行为的看法。

王述急躁的性格应该与遗传相关,是一种天生的本能行为。文章将其列入《下卷·忿狷篇》,该篇记述的都是脾气乖戾的行为,共同的特点是性情暴躁、爱发脾气,由此就可以看出作者的态度。作者尤尚嫌不足,又加之王羲之的评论,显然是把王述的行为作为反面典型。但是在这个故事之后,作者又记述了一个叫谢奕的坏脾气人的故事,而在后一个故事中,王述却成了正面典型。这个故事说谢奕性格粗鲁横暴,曾经因为一件事与王述意见不同,就上门责备王述,说到后来更是肆意谩骂。王述则严肃地面向墙一动不动,直到谢奕骂完走了,才回过头继续处理事务。所以人们都说王述做官之后，常以柔和之道治事，人也越来越有涵养。作者把这两个故事放在一起，实际上就是告诉人们一个道理，人的性格是可以改变的。怎么改变呢？从中华传统文化的内容看，路径就是自觉的修养。

讨论

如何看待校园霸凌现象

近年来，校园霸凌事件频繁出现，从幼儿园、小学、中学一直到大学，几乎每一个学龄段都存在这种现象。为什么会这样呢？一位小学生的话道出了其中的深层原因："谁让他们弱！"在这个不到十岁的小孩看来，弱者就该受到欺负。这让人想起我们奋发强国的那句话："落后就要挨打！"

恃强凌弱是生物界的普遍法则，但绝不是人类社会的理想目标。请结合"顾荣让肉"一文体现的中华传统文化精神，谈一谈你对校园霸凌现象以及产生原因的看法。

思考

1.《世说新语》以小说的形式展现了中华传统文化的理想人格，请想一想在你读过的小说中，哪些情节和人物最能体现中华传统文化精神。

2.结合选文中谢安和王述的行为，想一想我们应该怎样提高自己的人格修养。

任务二　《古文观止》——文章的典范

导读

《古文观止》是清人吴楚材、吴调侯选编和注释的一部古代散文选本。二吴均是浙江绍兴人，长期设馆授徒，此书是为学生编的教材。吴楚材、吴调侯叔侄俩起初只是为给童子讲授古文编了一些讲义，后来由于逐年讲授，对古文的见解越来越深，讲义越编越精，以致"好事者手录"而去，"乡先生"读后有"观止"之叹，劝他们"付之剞劂以公之于世"。因此，二人"辑平日之所课业者若干首"为一书，寄往归化（今呼和浩特市)请吴兴祚审阅。吴兴祚以为此书于初学古文者大为有益,便为书作序且"亟命付诸梨枣",有了《古文观止》最早的刻本。"观止"一词先见于《左传》,据《左传》襄公二十九年记载,吴公子季札在鲁国观看乐舞《韶箾》时,以为尽善尽美,无以复加,赞叹道:"观止矣:若有他乐吾不敢请已!"本书书名中"观止"二字即由此而来,表示所选的古文极好,堪称最佳读本。

《古文观止》共十二卷,以年代为经、作家为纬,按照从古到今的顺序排列,选录自春秋战国至明末两千多年间的名作222篇,基本上反映了中国古代散文发展的脉络与特点,体现了中国古代散文所取得的最高成就。

《古文观止》三百年来流传极广、影响极大,在诸多古文选本中独树一帜,是迄今为止对中华五千年历史写作名篇选择较精的一本古文书。所选文章短小精悍、朗朗上口,从多个角度展现出中华文化的博大精深与中国古代人民的非凡智慧,成为古文学习鉴赏的必备书目。

选文

师 说
(唐·韩愈)

古之学者必有师。师者,所以传道、受业、解惑也①。人非生而知之者,孰能无惑②?惑而不从师,其为惑也终不解矣。生乎吾前,其闻道也固先乎吾,吾从而师之;生乎吾后,其闻道也亦先乎吾,吾从而师之③。吾师道也,夫庸知其年之先后生于吾乎④?是故无贵无贱,无长无少,道之所存,师之所存也。

嗟乎!师道之不传也久矣!欲人之无惑也难矣!古之圣人,其出人也远矣,犹且从师而问焉;今之众人,其下圣人也亦远矣,而耻学于师。是故圣益圣,愚益愚。圣人之所以为圣,愚人之所以为愚,其皆出于此乎?爱其子,择师而教之;于其身也,则耻师焉,惑矣。彼童子之师,授之书而习其句读者也,非吾所谓传其道、解其惑者也⑤。句读之不知,惑之不解,或师焉,或不焉,小学而大遗,吾未见其明也。巫医、乐师、百工之人,不耻相师⑥。士大夫之族,曰"师"曰"弟子"云者,则群聚而笑之。问之,则曰:"彼与彼年相若也,道相似也⑦。位卑则足羞,官盛则近谀⑧。"呜呼!师道之不复,可知矣!巫医、乐师、百工之人,君子不齿,今其智乃反不能及,其可怪也欤⑨!

圣人无常师⑩。孔子师郯子、苌弘、师襄、老聃⑪。郯子之徒,其贤不及孔子。孔子曰:"三人行,则必有我师⑫。"是故弟子不必不如师,师不必贤于弟子,闻道有先后,术业有专攻,如是而已。

李氏子蟠,年十七,好古文,六艺经传皆通习之,不拘于时,学于余⑬。余嘉其能行古道,作《师说》以贻之。

(选自《古文观止·卷之八唐文》)

译文

古时候求学问的人一定有老师。所谓老师,就是传授道理、授予知识、解答疑难的人。人不是生下来就懂道理、有知识的,谁能够没有疑难问题呢?有疑难问题却不跟老师请教,那些成为疑难的问题便终究不会解决了。出生在我前面的,他懂得道理本来比我早,我跟他学习;出生在我后面的,他懂得道理要是也比我早,我也跟他学习。我学习的是道理,哪里用得着管他出生在我之前还是在我之后呢?因此,不论地位高贵还是低贱,不论年龄长大还是少小,道理在哪里,老师也就在哪里。

唉!从师学习的风尚失传已经很久了,要人们没有疑难问题是很困难的了!古时候的圣人,超出一般人够远了,尚且跟从老师请教;现在的一般人,他们不如圣人也够远了,却不好意思去从师学习。因此,圣人就更加圣明,愚人就更加愚蠢。圣人的所以成为圣人,愚人的所以成为愚人,大概都是由于这个原因吧?人们爱自己的孩子,就选择老师来教他们;对于自己呢,却不好意思去从师学习,这真糊涂了。那些儿童们的老师,是教给儿童们读书和学习书中怎样加句号和逗号的,不是我所说的那种传授道理、解释疑难问题的。一种情况是读书不懂得加句逗号的,一种情况是疑难问题不得解释,有不懂句逗号就从师学习,有疑难问题不得解释却不向老师请教,小事学习,大事反而丢弃,我看不出他们明白道理的地方。巫医、乐师、各种手工业者,不把相互从师学习当作难为情。读书做官这类人,一提到叫"老师"、叫"学生"等称呼,就许多人聚集在一起讥笑人家。问他们为什么这样,他们就说:"他和他年纪差不多,学问也差不多。"称地位低的人为师,就感到足以可耻,称官位高的人为老师,就近于拍马。唉!从师学习的道德不能恢复,从这里就可以知道了。巫医、乐师和各种手工业者,是所谓上层人士所不屑与之为伍的,现在他们的明智程度反而不及这些人,这真是令人奇怪!

圣人没有固定的老师。孔子曾向郯子、苌弘、师襄、老聃请教过。郯子这些人,他们的品德才能并不如孔子。孔子说:"三个人一起走,那一定有可以当我老师的。"所以,学生不一定不及老师,老师不一定比学生高明。懂得道理有先有后,技能业务各有钻研与擅长,不过这样罢了。

李家的儿子名叫蟠,十七岁,爱好古文,六经的经文和传注全都学了,不受时俗的拘束,来向我学习。我赞许他能实行古代的道理,写这篇《师说》来赠给他。

选文

岳阳楼记

（宋·范仲淹）

庆历四年①春,滕子京②谪守巴陵郡。越明年,政通人和,百废具③兴。乃重修岳阳楼,增其旧制,刻唐贤今人诗赋于其上,属④予作文以记之。

予观夫巴陵胜状,在洞庭⑤一湖。衔远山,吞长江,浩浩汤汤,横无际涯。朝晖夕阴⑥,气象万千。此则岳阳楼之大观也。前人之述备矣。然则北通巫峡⑦,南极潇湘⑧,迁客骚人,多会于此,览物之情,得无异乎?

若夫淫雨霏霏⑨,连月不开,阴风怒号,浊浪排空,日星隐曜,山岳潜形;商旅不行,樯倾楫摧;薄暮冥冥,虎啸猿啼。登斯楼也,则有去国怀乡,忧谗畏讥,满目萧然,感极而悲者矣。

至若春和景明,波澜不惊,上下天光,一碧万顷;沙鸥翔集,锦鳞游泳;岸芷汀兰⑩,郁郁青青;而或长烟一空,皓月千里,浮光跃金,静影沉璧;渔歌互答,此乐何极!登斯楼也,则有心旷神怡,宠辱偕忘,把酒临风,其喜洋洋者矣。

嗟夫！予尝求古仁人之心，或异二者之为。何哉？不以物喜，不以己悲。居庙堂⑪之高，则忧其民；处江湖⑫之远，则忧其君。是进亦忧，退亦忧。然则何时而乐耶？其必曰"先天下之忧而忧，后天下之乐而乐"乎。噫，微斯人，吾谁与归！

(选自《古文观止·卷之九唐宋文》)

译文

庆历四年春天，滕子京被贬到巴陵当郡守。到了第二年，便做到政通人和，百废俱兴。于是他就重修岳阳楼，扩充其旧有的规模，又把唐代诗人和今人的诗赋刻在上面。叫我写一篇文章来记述这件事。

我看那巴陵郡最美的景致，都集中在洞庭湖上。湖水衔接远山，吞吐着长江，浩浩荡荡，无边无岸。清晨阳光灿烂，傍晚暮霭沉沉，气象真是千变万化。这些都是岳阳楼的宏伟景象，前人已经说得很详细了。那么，我想说的是，它向北可以沟通巫峡，往南可以到达潇水和湘江，各地游客和诗人，大多在这里聚会，他们观赏自然风光的心情，能不因各自的遭遇而有所不同吗？

在那阴雨绵绵、连月不晴的日子里，阴风发着怒吼，浊浪腾空而来，太阳和星星隐没了光芒，高山峻岭掩藏了雄姿。商人和旅客不敢上路，帆樯被吹倒，船桨被折断。傍晚时节，一片幽暗，虎在咆哮，猿在哀鸣。此刻登上这座楼啊，便有离开故国、怀念家乡、担心谗言、害怕攻讦的情绪涌上心头。举目一片萧条冷落，不禁感到无限悲伤了。

到了春风和煦、阳光明媚的时节，湖上风平浪静，天光水色，在万顷碧波之上连成一片。沙鸥或飞或停，锦鳞游来游去。岸上的香草，散发着浓郁的香气；滩上的幽兰，摇曳着茂盛的花叶。于是漫天烟雾，扫荡一空；皓皓明月，清辉千里。水面上浮动的光圈，像跳跃着万点金星；月影停留在静止的水中，又像是一块圆圆的玉璧。渔船上飘来此唱彼和的渔歌，悠悠扬扬，这是多么快乐啊！此刻登上这座楼，便觉得心情开朗，精神愉快，可以忘记一切荣誉和耻辱，当风举酒，真是喜气洋洋啊！

可叹哪！我曾经琢磨过古时候志士仁人的内心，也许与以上两种心情有所不同吧。为什么呢？他们不因为外物的影响而感到可喜，也不因为自己的遭遇而觉得悲哀。居于朝廷的高位，则为他们的百姓担忧；退身于遥远的江湖，则为他们的君主忧虑。这真是进也忧，退也忧。那么什么时候才会快乐呢？他们一定会说"先天下之忧而忧，后天下之乐而乐"啊。唉，除了这样的人，我还能追随谁呢？

选文

相州昼锦堂记
（宋·欧阳修）

仕宦①而至将相，富贵而归故乡。此人情之所荣，而今昔之所同也。

盖士方穷时，困厄闾里②，庸人孺子，皆得易③而侮之。若季子不礼于其嫂，买臣见弃于其妻④。一旦高车驷马⑤，旗旄导前⑥，而骑卒拥后，夹道之人，相与骈肩累迹⑦，瞻望咨嗟⑧；而所谓庸夫愚妇者，奔走骇汗，羞愧俯伏，以自悔罪于车尘马足之间。此一介之士，得志于当时，而意气之盛，昔人比之衣锦之荣者⑨也。

惟大丞相魏国公则不然：公，相人也，世有令德⑩，为时名卿。自公少时，已擢高科⑪，登显仕⑫。海内之士，闻下风而望余光⑬者，盖亦有年矣。所谓将相而富贵，皆公所宜素有；非如穷厄之人，侥幸得志于一时，出于庸夫愚妇之不意，以惊骇而夸耀之也。然则高牙大纛⑭，不足为公荣；桓圭衮冕⑮，不足为公贵。惟德被生民，而功施社稷，勒之金石⑯，播之声诗⑰，以耀后世而垂无穷，此公之志，而士亦以此望于公也。岂止夸一时而荣一乡哉！

公在至和中，尝以武康之节，来治于相，乃作"昼锦"之堂于后圃。既又刻诗于石，以遗相人。其言以快恩仇、矜名誉为可薄，盖不以昔人所夸者为荣，而以为戒。于此见公之视富贵为何如，而其志岂易量哉！故能出入将相，勤劳王家，而夷险一节⑱。至于临大事，决大议，垂绅正笏⑲，不动声色，而措天下于泰山之安：可谓社稷之臣矣！其丰功盛烈，所以铭彝鼎⑳而被弦歌者，乃邦家㉑之光，非闾里之荣也。

余虽不获登公之堂,幸尝窃诵公之诗,乐公之志有成,而喜为天下道也。于是乎书。

(选自《古文观止·卷之十宋文》)

译文

做官做到将相,富贵之后返回故乡,这从人情上说是光荣的,从古到今都是如此啊。

大概士人在仕途不通的时候,困居乡里,那些平庸之辈甚至小孩,都能够轻视欺侮他。就像苏季子不被他的嫂嫂礼遇,朱买臣被他的妻子嫌弃一样。可是一旦坐上四匹马拉的高大车子,旗帜在前面导引,而骑兵在后面簇拥,街道两旁的人们,并肩接踵,一边瞻望一边称羡,而那些庸夫愚妇,恐惧奔跑,汗水淋漓,羞愧地跪在地上,面对车轮马足扬起的灰尘,十分后悔,暗自认罪。这就是一般士人,在当世得志,那意气的壮盛,以前人们将他们比作衣锦还乡的荣耀。

只有大丞相魏国公却不是如此。魏国公,是相州人士,先祖世代有美德,都是当时有名的大官。魏国公年轻时就已考取高等的科第,当了大官。全国的士人们,听闻他传下的风貌,仰望他余下的光彩,大概也有好多年了。所谓出将入相,富贵荣耀,都是魏国公平素就应有的。而不像那些困厄的士人,靠着侥幸得志于一时一事,出乎庸夫愚妇的意料之外,为了使他们害怕而夸耀自己。如此说来,高大的旗帜不足以显示魏国公的光荣,玉圭官服也不足以显示魏国公的富贵。只有用恩德施于百姓,使功勋延及国家,让这些都镌刻在金石之上,赞美的诗歌传播在四面八方,使荣耀传于后世而无穷无尽,这才是魏国公的大志所在,而士人们也把这些寄希望于他。这岂止是夸耀一时荣耀一乡啊!

魏国公在至和年间,曾经以武康节度使的身份来治理过相州,便在官府的后园建造了一座"昼锦堂"。后来又在石碑上刻诗,赠送给相州百姓。诗中认为,那种以计较恩仇为快事,以沽名钓誉而自豪的行为是可耻的。不把前人所夸耀的东西当作光荣,却以此为鉴戒,从中可见魏国公是怎样来看待富贵的,而他的志向难道能轻易地衡量吗?因此他才能够出将入相,辛勤劳苦地为皇家办事,而不论平安艰险气节始终如一。至于面临重大事件,决定重大问题,都能衣带齐整,执笏端正,不动声色,把天下国家置放得如泰山般的安稳,真可称得上是国家的重臣啊。他的丰功伟绩,因此而被铭刻在鼎彝之上,流传于弦歌之中,这是国家的光荣,而不是一乡一里的光荣啊。

我虽然没有获得登上昼锦堂的机会,却荣幸地曾经私下诵读了他的诗歌,为他的大志实现而高兴,并且乐于向天下宣传叙述,于是写了这篇文章。

选文

为学有难易乎

（清·彭端淑）

天下事有难易乎？为之,则难者亦易矣;不为,则易者亦难矣。人之为学有难易乎？学之,则难者亦易矣;不学,则易者亦难矣。

吾资之昏①,不逮人也,吾材之庸,不逮人也;旦旦而学之,久而不怠焉,迄乎成,而亦不知其昏与庸也。吾资之聪,倍人②也,吾材之敏,倍人也;屏③弃而不用,其与昏与庸无以异也。圣人之道,卒于鲁也传之④。然则昏庸聪敏之用,岂有常哉？

蜀之鄙⑤有二僧:其一贫,其一富。贫者语于富者曰:"吾欲之南海⑥,何如？"富者曰:"子何恃⑦而往？"曰:"吾一瓶一钵⑧足矣。"富者曰:"吾数年来欲买舟⑨而下,犹未能也。子何恃而往！"越明年,贫者自南海还,以告富者,富者有惭色。西蜀之去南海,不知几千里也,僧富者不能至而贫者至焉。人之立志,顾不如⑩蜀鄙之僧哉？

是故聪与敏,可恃而不可恃也;自恃其聪与敏而不学者,自败者也⑪。昏与庸,可限而不可限也;不自限其昏与庸,而力学不倦者,自力者也。

（选自《古文观止鉴赏词典·清文》）

> **译文**

  天下的事情有困难和容易的区别吗？只要肯做，那么困难的事情也变得容易了；如果不做，那么容易的事情也变得困难了。人们学习有困难和容易的区别吗？只要肯学，那么困难的内容也变得容易了；如果不学，那么容易的内容也变得困难了。

  我天资愚钝，赶不上别人；我才能平庸，赶不上别人。我每天持之以恒地提高自己，很久都不放纵懈怠，等到学成了，也就不知道自己愚钝与平庸了。我天资聪明，超过常人数倍；我才能敏捷，然而如果不能把天资和才能用到学习上，最终结果也就与普通人无异。孔子的学问最终是靠不怎么聪明的曾参传下来的。如此看来聪明愚钝，难道是一成不变的吗？

  四川边远地方有两个和尚，其中一个贫穷，一个富裕。穷和尚对富和尚说："我想要到南海去，你看怎么样？"富和尚说："您凭借着什么去呢？"穷和尚说："我只需要一个盛水的瓶一个盛饭的碗就足够了。"富和尚："我几年来想要雇船沿着长江去南海，尚且没有成功。你凭借着什么去！"过了第二年，穷和尚从南海回来了，把到过南海的这件事告诉富和尚。富和尚的脸上露出了惭愧的神情。四川距离南海，不知道有几千里路，富和尚不能到达可是穷和尚到达了。一个人立志求学，难道还不如四川边境的那个穷和尚吗？

  因此，聪明与敏捷，可以依靠但也不可以依靠；自己依靠着聪明与敏捷而不努力学习的人，是自己毁了自己。愚钝和平庸，可以限制又不可以限制；不被自己的愚钝平庸所局限而努力不倦地学习的人，是靠自己努力学成的。

  《古文观止》是一部古代散文选本，选录自春秋战国至明末两千多年间的名作222篇，体现了中国古代散文的最高成就。本教材节选其中四篇，以期使同学们了解这部典籍。

（一）师说

  《师说》选自《古文观止·卷之八唐文》，作者是居"唐宋散文八大家"之首的韩愈。韩愈（768—824），字退之，河南河阳（今河南孟州）人，自称"郡望昌黎"，世称"韩昌黎"，是唐代杰出的文学家、思想家、哲学家，政治家。"师说"也就是说师，用现代语来说就是"论老师"。这篇文章是韩愈写给他的学生李蟠的,文章阐述了作者关于为师之道的见解,批评了当时社会上在这个问题上存在的错误认识。文章分为四个段落,也就是四个论述部分。

第一段落正面阐释作者关于为师之道的观点,分为三个层次。第一个层次论述什么是老师。首先提出一个事实,即古时候求学问的人一定都有自己的老师,由此引出老师这个概念。然后论述什么是老师,即所谓老师,就是传播道理、教授知识、解答疑惑的人。第二个层次论述为什么求学问一定要有老师。同样是先提出事实:人不是生下来就懂道理、有知识的,谁能够没有疑难问题呢?既然每个人都会遇到疑难问题,那么就需要向老师求教,有疑难问题却不跟老师请教,那些疑难问题便终究不会解决了。第三个层次论述选择老师的方法。文章首先从年龄出发,提出出生在我前面的人,他懂得道理本来应该比我早,所以我向他学习;出生在我后面的人,如果他懂得道理也比我早,我也向他学习。我学习的是道理,又何必管他出生在我之前还是在我之后呢?因此,不论地位高贵还是低贱,不论年龄大还是年龄小,道理在哪里,老师也就在哪里。

第二段落批驳时人对于为师之道的错误认识,论述分为三个层次。第一个层次从宏观上论述师道失传的现实及其危害。文章以一声感叹开篇:可悲啊!从师学习的道德失传已经很久了,想要人们没有疑难问题也就很困难的了!古时候的圣人,超出一般人够远了,尚且跟从老师请教;现在的一般人,他们不如圣人也够远了,却不好意思去从师学习。因此,圣人就更加圣明,愚人就更加愚蠢。圣人之所以成为圣人,愚人之所以成为愚人,大概全都出于这个原因吧?第二个层次论述师道失传的现实表现,主要提出两点。一是让孩子学习大人不学习。文章指出,人们爱自己的孩子,就选择老师来教他们;对于自己呢,却不好意思去从师学习,这样的做法真是糊涂啊!二是学习字句不学习解惑。文章指出,那些儿童们的老师,是教给儿童们读书和学习书中怎样加句号和逗号的,不是我所说的那种传播道理、解疑释惑的。一种情况是读书不懂得加句逗号,一种情况是疑难问题不能解决,不懂句逗号从师学习,有了疑难问题却不向老师请教,小事求师学习大事反而不求师,我没有看出这种做法有什么聪明之处。第三个层次比较技艺从业者与士大夫在师道上的不同做法。文章说巫医、乐师和各种工匠,从不把相互从师学习当作丢人的事。读书做官这类人,反而听到有人叫"老师"、叫"学生",大伙儿就会一起讥笑。问他们为什么这样,他们就会说:"他和他年纪差不多,学问也差不多。"称地位低的人为老师就觉得丢人,称地位高的人为老师就觉得是巴结。可悲啊!从师学习的道德不能恢复,由此就可以知道原因了。巫医、乐师和各种工匠,平日为士大夫们所看不起,现在士大夫们的聪明反而不及这些人,这真是一件奇怪的事情啊!

第三个段落用史实论证为师之道,分为两个层次。第一个层次首先提出圣人没有固定老师这个观点,然后以孔子的言行作为证明。文章提出孔子曾向郯子、苌弘、师襄、老聃请人教过,而郯子这些人的品德才能并不如孔子。孔子说:"三个人在一起走,其中必定有人可以做我的老师。"第二个层次提出为师之道的结论。文章认为,从古时圣人从师学习的行为就可以看出,学生不一定就不如老师,老师不一定就比学生高明。每个人懂得的道理有先有后,所从事的行业和技能各自不同,之所以要从师学习,其中的道理不过就是这些了。

第四个段落说明写这篇文章的原因。文章说李家的儿子名叫蟠,十七岁,爱好古文,六经的经文和传注全都学了,不受时俗的拘束,来向我学习。我赞许他能实行古代的道理,写这篇《师说》来赠给他。这个原因是作者写这篇文章的理由,但应该不是全部的理由。从全文看,作者对当时士大夫阶层在为师之道上的行为和认识感受颇多,也深知这样的风气对社会的危害,故借此机会一吐为快。这应该才是作者写这篇文章的真正原因。

中华传统文化重视学习,从师是学习中最为重要的方式。关于从师学习,孔子、孟子等先贤早有论述,韩愈这篇文章整体上讲没有超过以往的认识。这篇文章的价值首先在于针对当时现实存在的问题而发,具有很强的现实针对性,有助于推动从师而学风气的回归;其次在于阐发了以往认识中潜在的内容。比如孔子说"三人行,必有我师焉",其中包含了"无贵无贱,无长无少,道之所存,师之所存"和"师不必贤于弟子"的道理;荀子说"青出于蓝胜于蓝,冰生于水寒于水",其中包含了"弟子不必不如师"的道理。但是,文章把这些隐含的道理明确地阐发出来,加之以生动流畅的散文形式,从而扩大了这些道理的传播,这一点从后世对这篇文章的推崇就可见一斑。再次,真理在不同的时期需要不同的人重复。尽管早就有孔子、荀子等人关于从师而学的论述,但是在韩愈所处的时代依然出现耻于从师的风气。所以这篇文章就不仅仅在于解决现实问题,而且在于传承优秀文化,这一点在今天依然非常重要。

(二) 岳阳楼记

这篇文章选自《古文观止·卷之九唐宋文》,作者是北宋政治家、文学家范仲淹。范仲淹(989—1052),字希文,祖籍邠州,后移居苏州吴县。本文是作者应好友巴陵郡太守滕子京之请,为重修岳阳楼而写的,全文五个段落,分为三个层次。

第一个层次也就是文章第一段落,介绍写这篇文章的原因。文章说庆历四年春天,滕子京被贬到巴陵任郡守。到了第二年,便做到政通人和,百废俱兴。于是他就重修岳阳楼,扩大了旧时的规模,又把唐代诗人和今人的诗赋刻在上面,嘱咐我写一篇文章来记述这件事。

第二个层次描述岳阳楼四周的景色以及观赏者的感受,包括第二、三、四段落。第二个段落概括介绍岳阳楼的景色,引出观赏者的不同感受。文章说我看那巴陵郡最美的景致,都集中在洞庭湖上。湖水衔接着远山,吞吐着长江,浩浩荡荡,无边无际。清晨阳光遍洒,傍晚暮霭笼罩,湖上的景色千变万化。这些是岳阳楼的宏观景象,前人已经说得很详细了。然而,洞庭湖向北通向巫峡,向南到达潇水和湘江,各地的游客和诗人经常聚集在这里,他们观赏景色的感受,难道能没有差异吗?

第三个段落写洞庭湖阴天的景色以及游人的感受。文章写到,先说那阴雨绵绵、连月不晴的季节,阴风发着怒吼,浊浪腾空而起,太阳和星星隐没了光芒,高山峻岭掩藏了雄姿;商人和旅客不能上路,船的桅杆和桨都被吹坏了;傍晚时节四处一片幽暗,空中回荡着虎的咆哮和猿的哀鸣。这时候登上这座楼啊,便会产生远离故国思念家乡、忧虑谗言、畏惧非议的感受,满眼看到的都是萧条冷落,就会越看越感到悲伤。

第四个段落写洞庭湖晴天的景色以及观赏者的感受。文章写到,再说那春风和煦、阳光明媚的时节,湖上风平浪静,天光水色,连成万顷碧绿。沙鸥成群飞翔,鱼儿游来游去;湖畔的白芷和幽兰,香气浓郁,枝叶茂盛;有时候云雾一扫而空,明月普照千里,月光在水面泛起金星,月影像掉落水中的玉璧;耳听渔船上此唱彼和的渔歌,还有什么能超过这样的快乐呢!这时候登上这座楼啊,就会有心旷神怡、宠辱皆忘的感觉,迎着微风端着酒杯,就会越看越觉得快乐。

第三个层次写仁人志士的情怀。文章说,然而,我曾经探求古代仁人志士的情怀,可能不同于上述两种感受。他们的感受是什么呢?他们不会因为外物而高兴,不会因为个人的得失而悲伤。他们在朝做官就为百姓担忧,退居乡野就为君王担忧。这些人做官时也忧,闲居时也忧,然而什么时候才会快乐呢?他们一定会说"先天下之忧而忧,后天下之乐而乐"!敬佩啊,除了这样的人,我还能追随谁呢!

这篇文章是受朋友之托而写,属于命题作文之类,这类文章一般很难写出真情实感。然而作者不仅写出了真情实感,更是发前人之所未见,使一篇应景之作成为千古流传的名篇。之所以如此,正如文中"予尝求古仁人之心"所言,首先在于作者平日的深入思考。所以与其说作者是应朋友之托而作,不如说朋友给作者提供了一个机会,让其能一吐平日的所思所想。

人为什么活着?自古至今大致分为两类:一类受生物本能支配而活着,一类受理性追求主导而活着。中华文化自古讲求修身,修身的关键就是形成自觉的人生追求,只有建立了自觉地人生追求,才能不受环境的影响随波逐流。《周易》的"厚德载物"、孔子的"仁者爱人"、孟子的"富贵不能淫,贫贱不能移,威武不能屈"、《淮南子》的"圣人忧劳甚于百姓"等论述,构成了中华传统文化人生追求的主流,这就是把国家的安危、百姓的福祉作为人生的目标。本文用"不以物喜,不以己悲""先天下之忧而忧,后天下之乐而乐"这样的名句,清晰地表现了这种人生追求,从而在精神层面达到了中华传统文化经典之作的高度。

自古以来,能成为经典的文章,无不是内容与形式的高度统一,《岳阳楼记》也是如此。这篇文章的成功,从形式上看首先在于其精妙的内在结构。文章本是为记述重修岳阳楼而作,然而这件事只在第一个段落中,作为写这篇文章的原因一笔带过。然后开始描述岳阳楼四周的景色,由景色论及欣赏者的心情,由欣赏者的心情引出古今仁人志士的情怀。正是因为有了这种精妙的内在结构,使得文章能够写景叙情,自然流畅,一呵而就,浑然天成。其次在于绚丽的文采。其中文字的精练、词语的绚丽在阅读中一目了然,值得注意的是文章对仗手法的应用。除了把中华传统文化的人生追求,用"先天下之忧而忧,后天下之乐而乐"这样的对仗形式表述出来,使人们易懂易记,大大增强了传播效果以外,最值得注意的是这样的对仗形式,即"不以物喜,不以己悲。居庙堂之高,则忧其民;处江湖之远,则忧其君"。阅读这样的句式,人们会感到分外流畅,富有强烈的节奏感。但是细想一下,"不以物喜",会不会因物而悲?"不以己悲",会不会因己而喜?"居庙堂之高,则忧其民",就不忧其君?"处江湖之远,则忧其君",就不忧其民?答案当然是肯定的。文章巧妙地借用对仗的修辞手法,通过上下句内容相互省略,相互补充,使得语句更加工整、简洁,从而形成了强烈的艺术感染力。

(三)相州昼锦堂记

这篇选文选自《古文观止·卷之十宋文》,作者是北宋文学家、史学家欧阳修。欧阳修(1007—1072),字永叔,号醉翁、六一居士,吉水(今属江西)人,为唐宋散文八大家之一。本文是为丞相韩琦在相州所建昼锦堂写的记,内容分为四个部分。

第一部分包括第一、二两个段落,记述古今以来富贵者荣归故乡的社会风俗。第一段落指出富贵者荣归故乡的普遍性。文章说,做官的人做到将相,富贵之后返回故乡,这被人们普遍看作是非常荣耀的事,从古到今都是如此。第二个段落论述富贵归故乡风俗背后人们的心理。文章认为,当读书人还没有发达的时候,困守在乡村,普通人甚至小孩都看不起他欺侮他。就像苏季子不被他的嫂嫂礼遇,朱买臣被他的妻子嫌弃一样。可是一旦他们发达了,坐上四匹马拉的高大车子,鲜亮的旗帜在前面开道,威武的骑兵在后面簇拥,街道两旁的人并肩接踵,一边瞻望一边称颂他们。这时候那些昔日侮辱他们的人，恐惧地急急跑来，满头大汗跪在地上，在车轮马蹄扬起的灰尘中，真诚地表达懊悔和认错。这就是一般士人一旦得志于一时，那盛气凌人的样子，以往人们将他们比作衣锦还乡的荣耀。

第二部分包括第三段落，记述魏国公的功绩。文章以"惟大丞相魏国公则不然"开始，与第一、二段落的内容呼应，明确指出魏国公不同于世俗，然后叙述其不同之处。其中丞相前加"大"，表示对魏国公的尊敬。文章说魏国公是相州人，先祖世代有美德，都是当时有名的大官。魏国公年轻时就已考取高等的科第，当了大官，指的是魏国公韩琦20岁中进士，先后出任陕西招讨安抚使、相州知州、武康军节度使，累封义、卫、魏三国公。全国的士人们，听闻他的传说，仰望他的光彩，大约已经有好多年了。人们所说的出将入相、富贵荣耀，都是魏国公理应已经有的。这就不像那些困厄中的士人，靠着侥幸得志于一时一事，出乎庸夫愚妇的意料之外，因而为了使他们畏惧而炫耀自己。如此说来，高大的旗帜不足以显示魏国公的荣耀，玉圭官服也不足以显示魏国公的富贵。只有用恩德施于百姓，使功勋延及国家，让这些都镌刻在金石之上，赞美的诗歌传播在四面八方，使荣耀传于后世而无穷无尽，这才是魏国公的志向所在，而士人们也把这些寄希望于他。这又岂止是夸耀一时荣耀一乡啊！

第三部分包括第四、五两个段落，记述魏国公建造昼锦堂写诗明志以及作者写这篇文章的原因。第四段落说魏国公在至和年间，曾经以武康节度使的身份治理过相州，在官府的后园建造了一座"昼锦堂"。随后又在石碑上刻诗，赠送给相州百姓。诗中认为，那种以计较往日恩仇为快事，以炫耀名声为荣耀的行为是可耻的，也就是不把以往人们夸赞的东西作为荣耀，反而要引以为戒。从这件事中可以看出魏国公是怎样来看待富贵的，他的志向又岂是一般人所能理解的！正因为有这样的胸怀，所以他能够出将入相，辛勤劳苦地为皇家办事，不论是平安还是危险的时候都能始终如一。至于面临重大事件，决定重大问题，他都能仪容端正，在不动声色之间，把国家安排得如泰山般的安稳，真可以称得上是关乎国家安危的重臣啊。他的丰功伟绩，因此而被铭刻在鼎彝之上，流传于弦歌之中，这是国家的光荣，而不是一乡一里的光荣啊。第五段落说我虽然没有获得登上昼锦堂的机会，却荣幸地曾经私下读到了他写的诗，为他的大志实现而高兴，并且乐于向天下宣传叙述，于是写了这篇文章。

这篇文章本来是一篇应酬文章，通俗一点说，就是魏国公韩琦盖了一个房子，作者写文章记述这件事。然而一篇应酬文章之所以最终能成为千古名篇，就在于其中涉及中华传统文化中的一个重要问题，也就是如何看待富贵归故乡这种社会现象。在中国历史上，有三则关于富贵归故乡的著名故事。

一则是战国时期的苏秦：苏秦学成之后，变卖家产寻找出路，东奔西跑了好几年，钱用光了,却没有谋到一官半职,只好回家。看到他破衣烂衫的狼狈样子,父母狠狠地骂了他一顿,妻子坐在织机上织布看也不看他一眼,他求嫂子给他做饭,嫂子不理睬扭身走开了。苏秦深受打击,由此发奋读书,思考天下大势,最终游说赵、韩、魏、齐、楚、燕六国成立盟约联合抗秦,苏秦担任纵约长和六国丞相,再回到家乡时,兄弟、妻子、嫂子都跪在地上侍奉他吃饭。

一则是西楚霸王项羽:项羽率各路起义军推翻秦朝之后,有人建议他定都长安,项羽说:"富贵不归故乡,如衣绣夜行,谁知之者?"率军返回楚地,最终导致兵败被杀。

一则是西汉时期的朱买臣:朱买臣家贫爱读书,四十多岁还没有出仕,经常走在路上大声吟咏诗文,妻子受不了他这种行为与其离婚。朱买臣后来担任了家乡的太守,看见妻子与其丈夫,就让两人住在太守府的后院,妻子不忍羞辱自杀。

这三个人都以富贵归故乡为荣,自古以来许多人都持这样的看法。但是在中华传统主流文化中,这种认识和行为是被否定的。中华传统文化中重道义轻富贵的主张,"不以物喜不以己悲"的修身理想,与这种认识和行为都是格格不入的。《论语》记载,子贡问孔子:"贫而无谄,富而无骄,怎么样?"孔子说:"可以。但是不如贫而乐,富而好礼。"其中反对的就是类似富贵归故乡这类的行为。《史记》借用他人之口,称项羽的做法是"沐猴戴冠",明确表现出对这种行为的鄙视。富贵归故乡的行为,实质是一种炫耀行为,通过向熟悉的人炫耀自己的成就显示优越感。这种行为是人的生物本能,在动物世界也普遍存在。从思维方式而言,这种行为是感性思维方式的产物,在以理性思维方式为主流的中华传统文化中,这种行为自然是修身需要克服的对象。从社会效果看,这种行为会引起被炫耀者的反感,加剧人与人之间的分歧,对炫耀者和被炫耀者都会产生不利影响。然而,这种行为在人类社会普遍存在,现代许多人做官发财后在家乡大建豪宅,许多人醉心于名表、名车、名包,这种行为心理依然是背后的重要原因。从这个意义上看,这篇文章对于富贵归故乡行为的批判,不仅在当时乃至今天,都具有矫正现实的作用,这也使其成为中华传统文化的经典之作。

(四)为学有难易乎

这篇选文选自《古文观止鉴赏词典·清文》,该书是上海辞书出版社为了弥补《古文观止》选文止于明代的不足而编,本教材选择其中一篇列入《古文观止》。选文作者是清朝官员、文学家彭端淑(约 1699—1779),文章主要论述学习中难与易的问题,内容分为四个部分即四个段落。

第一个段落总论学习的难与易问题,分为两个层次。第一个层次论述所有事情的难与易。文章提出,天下的事情有困难和容易的区别吗?接着给出答案:只要肯做,那么困难的事情也变得容易了;如果不做,那么容易的事情也变得困难了。第二个层次论述学习的难与易。同样以问题开始:人的学习有困难和容易的区别吗?答案与做事相同:只要肯学,那么很难的内容也变得容易了;如果不学,那么容易的内容也变得很难了。

第二个段落分析学习中的聪明与愚钝现象,分为两个层次论述。第一个层次讲愚钝的人遇到的问题。文章提出,我天资愚笨,赶不上别人;我才能平庸,赶不上别人。然而如果我每天坚持学习,永不放松懈怠,一直到学业完成,这时候也就不觉得自己愚钝与平庸了。第二个层次讲聪明的人遇到的问题。文章提出,我天资的聪明,超过常人数倍;我才能的敏捷,超过常人数倍;然而如果不把天资和才能用到学习上,最终的结果也就与普通人没有什么区别了。孔子的学说,最终是靠被称为愚钝的曾参传下来的。由此看来,聪明和愚钝的结果,怎么能是固定不变的呢!

第三个段落记述贫富两个僧人南海拜佛的故事,说明志向对于行为的影响,分为两个层次。第一个层次介绍两个僧人南海拜佛的故事。文章说四川偏远的地方有两个和尚,其中一个贫穷,另一个富裕。穷和尚对富和尚说:"我想到南海拜佛,你看怎么样?"富和尚说:"您依靠什么去呢?"穷和尚说:"我只需要一个盛水的瓶和一个盛饭的碗就够了。"富和尚说:"我多年以来就谋划着买条船顺着长江前往南海,至今还没有实现。你靠什么能去啊!"到了第二年,穷和尚从南海回来了,把这件事告诉富和尚,富和尚的脸上露出了羞愧的神情。第二个层次论述这个故事的启示。文章说四川距离南海不知道有几千里路,富和尚不能到达可是穷和尚却到达了。一个人立志求学,难道还不如四川偏远地方那个穷和尚吗?

第四个段落是对全文的总结。文章说,根据上述内容可以知道,聪明与敏捷,可以依靠但也不可以依靠;自认为聪明与敏捷而不学习的人,是自己使自己失败。愚笨与平庸,可以限制人又不可以限制人;自己不受愚钝与平庸的限制而努力学习的人,是自己使自己成功。

圣人与常人的区别在于学习,圣人之所以超出常人在于站在前人的肩膀上。中华传统文化历来重视人的学习,古代典籍中这方面的内容很多。孔子说"学而不思则罔,思而不学则殆",《中庸》说"人一能之己百之,人十能之己千之",荀子说"学不可以已",韩愈说"业精于勤荒于嬉",大体上都是从方法的角度谈论学习。本篇选文的不同之处,在于从志向的角度论述学习,这就为中华传统文化中有关学习的研究增添了新的内容。

在现实生活中,由于诸多方面的原因,有的人在学习中表现得比较艰难,有的人表现的比较容易,许多人将这种现象归咎为天资。这种认识不仅从根本上摧毁了愚钝者的学习信心,而且会使聪明者盲目自信,从而对二者的学习都会产生不利影响。本文分析现实生活中的学习者,发现有的愚钝者通过努力取得了成功,有的聪明人最终反而失败,由此提出人的志向才是学习成功的关键因素,因而"学之,则难者亦易矣;不学,则易者亦难矣。"从现代相关研究的结果看,人与人之间先天智力的差别其实很小,马克思就认为:"搬运夫和哲学家之间的原始差别要比家犬和猎犬之间的差别小得多。"人与人之间最初学习上的差别,更多的可能是幼年受环境影响造成的。比如从小没有接触过相关信息的人,与从小在这种信息中长大的人相比,学习效果肯定不如后者,但是如果坚持努力,就会逐渐弥补早期的缺失。从这个意义上看,本文的结论不仅是科学的,而且对学习者具有重要的启示作用。

讨论

网络炫富

"天价年夜饭""巨额红包""顶级豪车""天价彩礼"这些刻意炫富的图文信息或视频令人大跌眼镜,然而它们却在网络大行其道。国家网信办发布通知,将集中清理和整治网络炫富的乱象,对此有人拍手称快,也有人说"花自己的钱享受生活没有过错"。

请结合《相州昼锦堂记》中以炫耀富贵为耻的观点,谈谈你对诸如此类炫耀行为的看法。

思考

1.中国古代仁人志士修身,崇尚以天下为己任的抱负,请结合《岳阳楼记》的内容,思考自己的人生理想。

2.《为学有难易乎》认为学习的关键在于人的志向,请结合自己的学习经历,思考这种认识的合理之处。

任务三 《人间词话》——诗意的人生

　　《人间词话》是王国维在1908—1909年间所著的一部文学批评著作，最初发表于《国粹学报》，是中国近代最负盛名的一部词话著作。王国维（1877—1927），字静安，浙江海宁人，民初清华四大国学导师之一，新史学的开山鼻祖，被誉为"中国近三百年来学术的结束人，近八十年来学术的开创者"。王国维学识广博，在史学、古文学、戏曲、美学、教育等方面均有很深的造诣。他生活在中国内忧外患的时代，外族入侵，清政府没落崩溃，人们的思想观念经历着剧烈动荡，王国维的人生也经历着时代痛苦的洗礼。他渴望通过哲学揭示人生的真理，摆脱人生的痛苦与无奈，但这并非易事，后来他的学术注意力由哲学移向文学，在文学研究中体会到了文学的审美愉悦，于是撰写了《人间词话》。

　　《人间词话》是王国维先生在接受了西方美学思想的洗礼后，以新的视角对中国传统诗词进行探究的一部文学批评著作。全书以"境界说"理论贯穿始终，并将其作为创造的原则和批判的标准。在《人间词话》中，王国维以"词以境界为最上"的总观点开宗明义，随后探讨了"造境"和"写景"，"有我之境"和"无我之境"等境界说的问题。他分析了词人与现实之间的关系、情与景之间的关系，以及"隔"与"不隔"的区别和境界大小的问题，强调真景物、真情感。《人间词话》以具体的古代诗词作为例子，运用传统的概念和逻辑思维来阐述其美学观点和文学评论，大量运用对比的手法，包括不同词人作品的对比以及不同朝代作品风格特色的对比，指出了词人的得失，作品的优劣之处，并纠正了一些前人关于诗词创作的错误理解。

　　《人间词话》是中国词论史上里程碑式的作品，提出了具有完整的理论结构和丰富内容的"境界"说，见解独到、思想深邃。全书虽然篇幅不长，但"在见解方面，其新观念与旧修养的结合确实能够给予读者以极大之启发"（叶嘉莹语），朱光潜评价说："近二三十年来，就我个人读过的来说，似以王静安先生的《人间词话》最为精到。"在某种意义而言，《人间词话》是王国维先生集中国古典美学和文学理论之大成者，在中国近代文学批评史上占有重要的地位，也对后世的美学研究和文学批评产生了深刻的影响。

选文

有我与无我之境

有有我之境,有无我之境。"泪眼问花花不语,乱红飞过秋千去。"①"可堪孤馆闭春寒,杜鹃声里斜阳暮。"②有我之境也。"采菊东篱下,悠然见南山。"③"寒波澹澹起,白鸟悠悠下。"④无我之境也。有我之境,以我观物,故物皆著我之色彩。无我之境,以物观物,故不知何者为我,何者为物。古人为词,写有我之境者为多,然未始不能写无我之境,此在豪杰之士⑤能自树立耳。

(选自《人间词话·卷上·三》)

译文

境界有"有我之境"和"无我之境"。"泪眼问花花不语,乱红飞过秋千去。""可堪孤馆闭春寒,杜鹃声里斜阳暮。"这是有我之境。"采菊东篱下,悠然见南山。""寒波澹澹起,白鸟悠悠下。"这是无我之境。有我之境,是用自己的眼光来看事物,所以事物都带有我自己的主观色彩。无我之境,是忘记了自我,用物去看待物,所以不知道自身是什么也不知道外物是什么。古人作词,大部分写的都是有我之境,杰出的人士却能独树一帜写出无我之境。

选文

诗人与阅世

客观之诗人,不可不多阅世。阅世愈深,则材料愈丰富,愈变化,《水浒传》①《红楼梦》②之作者是也。主观之诗人,不必多阅世。阅世愈浅,则性情愈真,李后主是也。

(选自《人间词话·卷上·十七》)

译文

反映客观世界的诗人,不可以不多经历世事;经历世事越深,掌握的材料就越丰富,越有变化,《水浒》《红楼梦》的作者就是如此。反映主观世界的诗人,用不着多经历世事;经历世事越浅,他保存的天然情感就越纯真,李后主就是如此。

选文

成大事者必经三境界

古今之成大事业、大学问者,必经过三种之境界:"昨夜西风凋碧树。独上高楼,望尽天涯路。①"此第一境界也。"衣带渐宽终不悔,为伊消得人憔悴。②"此第二境界也。"众里寻他千百度,蓦然回首,那人却在,灯火阑珊处。③"此第三境界也。此等语皆非大词人不能道。然遽以此意解释诸词,恐为晏欧④诸公所不许也。

(选自《人间词话·卷上·二十六》)

注释

译文

从古至今,那些做成大事业、大学问的人,没有不经历三种境界的:"昨夜西风凋碧树。独上高楼,望尽天涯路。"这是第一境界。"衣带渐宽终不悔,为伊消得人憔悴。"这是第二境界。"众里寻他千百度,蓦然回首,那人却在,灯火阑珊处。"这是第三境界。这些话都是大词人才能作出来。但是根据这个意思解释诗词,恐怕晏同叔和欧阳修等人是不会赞同的。

选文

出入宇宙人生

诗人对宇宙人生,须入乎其内,又须出乎其外。入乎其内,故能写之。出乎其外,故能观之。入乎其内,故有生气。出乎其外,故有高致。美成①能入而不出。白石以降②,于此二事皆未梦见。

(选自《人间词话·卷上·六〇》)

译文

诗人面对宇宙人生,应该进入其中,又应该游离其外。进入其中,所以能描写它。游离其外,所以能观察它。进入其中,所以有生气。游离其外,所以有高雅的情致。周邦彦能进却不能出来。自姜夔以来,这两种状态在梦里也没有见过啊。

解读

《人间词话》是中国近代最负盛名的一部词话著作,作者受西方现代学术思想的启发,试图建立中华传统诗词研究的理论体系,在中华传统文化的基础上有新的创造。本教材节选其中四篇,以期使同学们了解这部典籍。

(一)有我与无我之境

这部分选文选自《人间词话·上卷·三》,主要介绍诗词中的两种境界,即"有我之境"与"无我之境"。

"境界"是《人间词话》的基本概念,是其品评诗歌的视角和标准,故后人称王国维的理论为"境界说"。中国古代文艺理论中有"意境"的概念,"意境"更多地侧重于"意",类似于"韵味"。"境界"则把艺术创造的对象作为一个独立的完整的世界,既有景,又有情,情与景放在一起看待和评价。《人间词话》开篇第一句"词以境界为最上",其实不只是词,一切艺术作品皆如此。艺术作品的高低,就在于能不能创造出新的境界、新的世界,让欣赏者从中得到感动、得到启发。在《人间词话》中,王国维就是从境界的视角出发,品评词、诗、小说和人生。

这部分选文主要是提出、分辨和界定两种境界,即"有我之境"和"无我之境"。文章开篇提出,境界有"有我之境"和"无我之境",接着列举"泪眼问花花不语,乱红飞过秋千去"和"可堪孤馆闭春寒,杜鹃声里斜阳暮"四句词作为有我之境的例证,列举"采菊东篱下,悠然见南山"和"寒波澹澹起,白鸟悠悠下"四句诗作为无我之境的例证。随后进一步界定说,有我之境,是用自己的眼光来看事物,所以事物都带有我自己的主观色彩。无我之境,是忘记了自我,用物去看待物,所以不知道自身是什么也不知道外物是什么。文章特别指出,古人作词,大部分写的都是有我之境,杰出的人士却能独树一帜写出无我之境。

从选文列举的例证看,文中提出的两种境界,不仅限于词,诗中也有。事实上,作为人创造的境界,不仅存在于各种艺术作品之中,同样存在于现实人生。从文章列举的诗词看,两种境界的区别,主要是其中表现的情感的区别。有我之境中作者的情感鲜明、强烈,无我之境中作者的情感隐蔽、淡泊。比如两组诗句中的"悠然见"和"悠悠下",体现的就是一种超然物外的情感,一种没有个人色彩的情感。从文章对两种境界词作者的评价看,文章更推崇无我之境。在这一点上,与中国古代艺术理论的主流评价不同。钱钟书在《中国诗与中国画》一文中指出,在中国古代艺术发展中,"相当于南宗画风的诗不是诗中高品或正宗,而相当于神韵派诗风的画却是画中高品或正宗"。也就是说,南宗画是中国古代绘画的主流,北宗画风格的诗却是诗歌的主流。所谓的南宗画和北宗画,实质是表现的感情不同,"不论诗、词、文、书,皆以风格豪迈、奔放雄浑者为北宗,以婉约、清淡、清秀者为南宗"。按照这种划分标准,有我之境的诗歌属于北宗,是中国古代诗歌的主流,如屈原、李白、杜甫的作品。无我之境的诗歌属于南宗,如陶渊明、王维的作品。然而把文章的观点用在评价现实人生的境界,却是与中华传统文化的主张相吻合,如"不以物喜,不以己悲"的人生境界,可称得上是"无我之境",正是中华传统文化中仁人志士的修身理想。

(二)诗人与阅世

这部分选文选自《人间词话·上卷·十七》,主要论述诗人与人生经历的关系。诗人与人生经历的关系,是一个非常有意义的问题。诗是诗人情感的表现,有什么样的情感才有什么样的诗,而人的情感与其经历密切相关。

文章把诗人分为两类:反映客观世界的诗人与反映主观世界的诗人,这种划分是符合艺术实践的。文章提出,反映客观世界的诗人,不可以不多经历世事;经历世事越深,掌握的材料就越丰富,越有变化,《水浒》《红楼梦》的作者就是如此。以《水浒》和《红楼梦》作为客观诗人的例证,说明这里的"诗"不仅仅指诗,而是指代各种艺术作品。所谓的客观诗人,也就包括各种艺术形式中反映客观题材的作者。因为艺术作品不是对现实的简单记录,需要经过作者的艺术加工。加工不仅仅是形式,更重要的是对社会现实的理解以及感情,后者与作者的人生经历密切相关。

文章提出,反映主观世界的诗人,用不着多经历世事;经历世事越浅,他保存的天然情感就越纯真,李后主就是如此。《人间词话·上卷·十六》也就是选文的前一章提出:"故生于深宫之中,长于妇人之手,是李后主为人君所短处,亦即为词人所长处。"这种认识显然不符合艺术实践。反映主观世界的诗人主要表现自己的情感,然而表现的情感能否引起读者的共鸣,关键还在于这种情感有没有社会普遍性,而情感的社会普遍性只能来自人生阅历。仍以李后主为例,其前期作为皇帝所写的反映宫廷生活和男女情爱的作品,虽然艳丽但缺乏打动人心的佳作。亡国后被俘入宋,遭受种种侮辱,在"日夕以泪洗面"痛苦和悔恨中,他以词抒发感情,才创作出富有感染力的作品。《人间词话·上卷·十五》引述的"自是人生长恨水长东"(《乌夜啼》),"流水落花春去也,天上人间"(《浪淘沙》),以及被广为传颂的"问君能有几多愁?恰似一江春水向东流",均是其后期的作品。由此可见,主观诗人不仅需要人生经历,而且只有经过深刻的人生经历,其抒发的感情才具有社会普遍性,才能够感动读者。宋代词人辛弃疾的《丑奴儿·书博山道中壁》,就生动地表现了这一点:"少年不识愁滋味,爱上层楼。爱上层楼。为赋新词强说愁。而今识尽愁滋味,欲说还休。欲说还休。却道天凉好个秋。"闲愁离恨人人有,但要有如此之深的感受,没有复杂的人生经历断断做不到。"从喷泉里出来的都是水,从血管里出来的都是血",人的感情也是如此。想要写出前人没有的感情,就要经历前人没有的经历。

(三) 成大事者必经三境界

这部分选文选自《人间词话·上卷·二十六》,通过选取前人的三段诗句,表现人生成大事者必须经历的三种境界。

文章首先提出,从古至今,那些做成大事业、大学问的人,没有不经历三种境界的。《人间词话》的境界多用于艺术作品,此处用境界描述人生,可见在王国维笔下,艺术与人生并不是截然分割的世界。

第一个境界,引用晏殊《鹊踏枝》中的诗句表述:"昨夜西风凋碧树。独上高楼,望尽天涯路。"秋风萧萧,吹落了满树黄叶,主人公独自爬上高楼,遥望着通向天际的漫漫长路。原作表现的是美人思念远行的情人,文章借此表现人生事业起步的第一境界:前程遥远,吉凶未卜,既有希望,又有迷茫。

第二个境界,引用欧阳修《蝶恋花》中的诗句表述:"衣带渐宽终不悔,为伊消得人憔悴。"原作表现饱受思念之苦的美女,身形消瘦,面容憔悴,但是对情人的感情始终不变。文章借此表现为事业而奋斗的人,虽然历尽千辛万苦,身心疲惫,但不改初衷,勇往直前。

第三个境界,引用辛弃疾《青玉案》中的诗句表述:"众里寻他千百度,蓦然回首,那人却在,灯火阑珊处。"原作表现在熙熙攘攘的元宵灯会上寻找情侣的人,来来回回久寻不见,蓦然间发现情人的喜悦。文章借此表现创业之人经过艰辛的探索,终于取得成功的快乐。

人生在世,每个人从事的事业不同,但走过的路却有相似之处。王国维将其归纳为三个境界,生动地表现了其中的规律,这也是三个境界为人们津津乐道的原因。文章从前人诗词中寻找出三段诗句表述三个境界,一方面表现了王国维对古典诗词的浸润之深,另一方面也说明这些词人的伟大之处。文章说"此等语皆非大词人不能道",不是伟大的艺术家,怎么能从一种现象中抽绎出具有普遍性的规律呢!文章说"然遽以此意解释诸词,恐为晏欧诸公所不许也",这应该是打趣的话。以描述生活中小片段的诗句,用来指代人生成大事者的境界,犹如变筷子为旗杆,大大扩展了原诗句的意境,原作者看到也应会心一笑,怎么能不赞同这样的做法呢!

(四)出入宇宙人生

这部分选文选自《人间词话·上卷·六十》,论述诗人应该如何处理与人生的关系,分为三个层次。

第一个层次提出基本观点,即诗人面对宇宙人生,既需要入乎其内,又需要出乎其外。第二个层次论述两种做法各自的作用。文章提出入乎其内的作用,在于能够细致地观察和描写人生;出乎其外的作用,在于能够整体的观察和把握人生。有了细致地观察和描写,作品才能生动活泼;有了整体的观察和把握,作品才能有高妙的见解。第三个层次论述以往词作中这两种做法的实际状况。文章指出周邦彦能进入人生却不能超脱,自从姜夔以来,能做到入乎其内出乎其外的作家在梦里也没有见过啊。

文章认为诗人面对宇宙人生,既需要入乎其内,又需要出乎其外的观点,揭示了艺术创作中作家与人生关系的基本规律。苏东坡"横看成岭侧成峰,远近高低各不同",表现的就是能出乎其外的境界;"不识庐山真面目,只缘身在此山中",表现的就是能入不能出的境界。从现实人生的角度看,每个人时时刻刻都在人生之中,所以入乎其内容易做到；而要跳出人生看人生，则需要具有自觉的理性思维。文章中的"宇宙人生"，在手稿中原为"自然人生"，从这种修改中可以看出王国维非常重视人生境界的大小。跳出庐山看庐山，跳出人生看人生，跳出宇宙看宇宙，能够跳出的范围越大，人生的境界也就越高，人生的修养也就是不断扩展境界的过程。

讨论

你没有遇到过真正的困难

"他怎么能这样对我？太可恶了！"屋子里有两个人，一位青年男子拍打着床铺，发泄着心中的怒火。因为工作中一个小小的失误，白天他被老板恨恨地训斥了一顿。年轻人越想越气愤，恨恨地说："明天我就辞职，离开这个鬼地方。"

对面床铺上躺着一个中年男子，脸上布满了道道皱纹。等到年轻人的火气渐渐小了，中年男子才开口道："年轻人，你没有遇到过真正的困难。"

"这还不算困难吗？"年轻人不满地嘟囔道。

"如果你愿意听，我可以告诉你。"中年男子说，于是他给年轻人讲述了自己的经历。在第二次世界大战中，中年男子被纳粹关进集中营，受到种种非人的折磨，集中营内的犯人大部分都死了，他侥幸活了下来。

"当你还能随意发泄怒气，你遇到的就不是真正的困难！"中年男子最后给年轻人留下一句忠告。

同样的一件事，不同经历的人会有不同的感受。请结合这个故事和《诗人与阅世》的内容，谈谈你对这个问题的看法。

思考

1.选文提出人生成大事者必须经历三种境界，请结合自己的经历思考这种认识的启示意义。

2.请结合《出入宇宙人生》的内容，想一想怎样才能提高自己的人生境界。

任务四 《诗词选》——情感的脉动

诗词作为中国古代文学的瑰宝,是中华优秀传统文化的重要组成部分,蕴含着深厚的历史底蕴和独特的审美价值。诗词形式多样,涵盖了骈文、七绝、五绝、律诗等多种形式和体裁,在有限的字数内传达丰富的情感和思想,涵盖丰富的社会内容,不仅丰富了古代文学的内涵,也为后世留下了宝贵的文化财富。

现存的古代诗词最早可追溯到先秦时期。在先秦诗词中,《诗经》和《楚辞》是双峰并立的两大经典作品。在两汉诗词中,汉赋和乐府诗是其中主要形式,前者主要属于以歌颂功德的宫廷文学,其特点是用问答结构和铺陈手法大力渲染西汉无可比拟的气魄与声威。乐府歌诗则是指由朝廷乐府机构从民间采集编纂的诗歌集,主要用来反映社会现实和民众的心声。在盛唐时期,诗歌作为一种文学形式,得到了前所未有的发展和繁荣。这一时期,出现了许多杰出的诗人和作品,如王维、孟浩然的山水田园诗,高适、岑参的边塞诗,以及李白、杜甫等伟大诗人的作品等。李杜的诗歌深刻反映了"安史之乱"前后的社会风貌和个人的精神追求,在艺术上继往开来,多有建树,分别达到了古代浪漫主义和现实主义诗歌的高峰。到了唐诗高峰之后,宋人别出蹊径,开启了以议论、理趣、平淡为追求的诗歌发展方向。苏轼是北宋诗坛最有成就的诗人之一,他的诗多达四千余首,才情豪迈,挥洒自如,充满了谐趣和禅理。这些诗歌作品不仅具有极高的艺术价值,而且对于后人了解古代社会的政治、经济、文化等方面具有重要意义。

诗词被视为文人雅士们表达自己情感、抒发心灵的上佳方式。诸多文人墨客如杜甫、李白、陆游等都以其卓越的才华和令人叹服的作品,为古诗词的地位奠定坚实的基础。它们既是语言艺术的杰作,又是传统文化的代表。古诗词以其凝练的语言、深邃的意境、独特的审美观念,成为中华传统文化的重要组成部分。

选文

短歌行

(汉·曹操)

对酒当歌①,人生几何②!
譬如朝露,去日苦多③。
慨当以慷④,忧思难忘。
何以解忧?唯有杜康⑤。
青青子衿,悠悠我心⑥。
但为君故,沉吟至今⑦。
呦呦鹿鸣,食野之苹⑧。
我有嘉宾,鼓瑟吹笙。
明明如月,何时可掇⑨?
忧从中来,不可断绝。
越陌度阡⑩,枉用相存⑪。
契阔谈䜩⑫,心念旧恩。
月明星稀,乌鹊南飞。
绕树三匝⑬,何枝可依?
山不厌高,海不厌深⑭。
周公吐哺,天下归心。

译文

面对着美酒高声放歌,人生短促日月如梭。
好比晨露转瞬即逝,失去的时日实在太多!
席上歌声激昂慷慨,忧郁长久填满心窝。
靠什么来排解忧闷?唯有狂饮方可解脱。
穿青色衣领的学子,你们令我朝夕思慕。
只是因为您的缘故,让我沉痛地吟诵至今。

阳光下鹿群呦呦欢鸣，悠然自得啃食在绿坡。

一旦四方贤才光临舍下，我将奏瑟吹笙宴请嘉宾。

当空悬挂的皓月哟，什么时候才可以得到？

我久蓄于怀的忧思哟，突然喷涌而出汇成长河。

远方宾客踏着田间小路，一个个屈驾前来探望我。

久别重逢欢宴畅谈，争着将往日的情谊诉说。

月光明亮星光稀疏，一群寻巢乌鹊向南飞去。

绕树飞了三周却没敛翅，哪里才是它们栖身之所？

高山不辞土石才见巍峨，大海不弃涓流才见壮阔。

我愿如周公一般礼贤下士，愿天下的英杰真心归顺于我。

选文

将进酒
（唐·李白）

君不见，黄河之水天上来②，奔流到海不复回。

君不见，高堂明镜悲白发，朝如青丝暮成雪③。

人生得意须尽欢，莫使金樽空对月④。

天生我材必有用，千金散尽还复来⑤。

烹羊宰牛且为乐，会须一饮三百杯⑥。

岑夫子，丹丘生⑦，将进酒，杯莫停。

与君歌一曲，请君为我倾耳听⑧。

钟鼓馔玉不足贵，但愿长醉不复醒⑨。

古来圣贤皆寂寞，惟有饮者留其名。

陈王昔时宴平乐，斗酒十千恣欢谑⑩。

主人何为言少钱，径须沽取对君酌⑪。

五花马，千金裘⑫，

呼儿将出换美酒，与尔同销万古愁⑬。

译文

你难道看不见那黄河之水从天上奔腾而来,
波涛翻滚直奔东海,再也没有回来。
你没见那高堂的贵人,对着明镜感叹自己的白发。
早晨还是满头青丝,傍晚已是雪白一片。
人生得意之时就应当纵情欢乐,
不要让金杯无酒空对明月。
天生你我一定有我们的用处,
黄金千两一挥而尽,它也还是能够再回来。
好友相会烹羊宰牛姑且作乐,
一次痛饮三百杯也不为多!
岑夫子和丹丘生啊!
快喝酒吧,不要停下来!
让我来为你们高歌一曲,
请你们为我倾耳细听:
整天吃山珍海味的豪华生活有何珍贵?
我只希望醉生梦死而不愿清醒。
自古以来圣贤无不冷落寂寞,
只有那会喝酒的人才能够留传美名。
陈王当年宴设平乐官的事迹你可知道,
斗酒万千堆满殿,宾主尽兴多欢乐。
主人呀,你为何要说钱多少?
只管沽酒让我们喝。
名贵的五花良马,昂贵的千金狐裘,
让你的小儿都拿去换美酒,
让我们一起消尽这万古长愁!

选文

定风波

（宋·苏轼）

三月七日沙湖①道中遇雨。雨具先去，同行皆狼狈②，余独不觉。已而③遂晴，故作此。

莫听穿林打叶声④，
何妨吟啸⑤且徐行。
竹杖芒鞋⑥轻胜马，
谁怕？
一蓑烟雨任平生。

料峭⑦春风吹酒醒，
微冷，
山头斜照⑧却相迎。
回首向来⑨萧瑟⑩处，
归去，
也无风雨也无晴。

注释

译文

三月七日，在沙湖道上赶上了下雨。拿着雨具的人先前离开了，同行的人都觉得很狼狈，只有我不这么觉得。过了一会儿天晴了，就做了这首词。

不管那穿林打叶的雨声，
何妨放开喉咙吟啸从容而行。
拄竹杖、穿芒鞋，走得比骑马还轻便，
满身风雨何妨平生志向！
春风微凉吹醒我的酒意，
回头望一眼走时风雨萧瑟的地方，

我信步归去,不管它是风雨还是放晴。

选文

过零丁洋
(宋·文天祥)

辛苦遭逢起一经①,干戈寥落四周星②。
山河破碎风飘絮③,身世浮沉雨打萍④。
惶恐滩头说惶恐⑤,零丁洋里叹零丁⑥。
人生自古谁无死?留取丹心照汗青⑦。

译文

回想我早年由科举入仕历尽千辛万苦,如今战火消歇已经过四年的岁月。
国家危在旦夕似那狂风中的柳絮,一生坎坷如雨中浮萍可谓。
惶恐滩头曾经笑说惶恐,零丁洋里今日真是孤苦伶仃。
自古人生谁能逃脱一死?为国尽忠定能青史留名。

解读

文章是理性的表达,诗歌是情感的抒发。中华文明五千年,诗人如满天星斗,他们用自己的声音,唱出了中华民族波澜壮阔的情感世界。国学经典集部中,有各种形式的诗词选集,本教材没有专注于某一选本,而是从浩瀚的诗歌海洋中选择了四首,以《诗词选》的名义标注,以期使同学们感受到古代中华民族的情感脉动。

(一)《短歌行》

这首诗的作者是我国古代杰出的政治家、军事家、文学家曹操。曹操(155—220),字孟德,沛国谯县(今安徽亳州)人。东汉末年,天下大乱,曹操统一北方,担任汉丞相,总揽朝政,为曹魏政权的建立奠定了基础。公元196—220年,是汉献帝的建安时期,在曹操的主政下北方地区出现一个稳定时期,以诗歌为代表的文学得到蓬勃发展,史称"建安文学",曹操是其中最具代表性的作家。《短歌行》是汉乐府的乐曲名,作家按曲填词用来演唱,此处用作诗名。这首诗四句一组,共分八解。

第一解说的是,喝着美酒唱着歌,禁不住感叹人生的短暂!就像那早晨的露珠,失去的岁月已经太多。快乐快乐,人在高兴的时候,就会觉得时间过得太快。美酒歌舞都是令人快乐之物,所以也最容易让人产生人生苦短的感慨。

第二解说的是,虽然激昂慷慨地大声歌唱,心中的忧思却实在难忘。怎么能解除心中的忧思,看来只有杯中的美酒。上一解在快乐中感叹人生苦短,这一解在高歌美酒中感叹忧思,一喜一悲,乐极生悲,八句诗道出了诗人复杂的人生体悟。

第三解,"青青子衿,悠悠我心",是借用《诗经·郑风·子衿》的诗句,原意为姑娘思念情人,这里表示渴望得到有才干的人。全解的意思是身着青衫的才士啊,你们时时牵挂着我的心,为了能够得到你们,我反复思索一直到如今。

第四解,"呦呦鹿鸣,食野之苹。我有嘉宾,鼓瑟吹笙",是借用《诗经·小雅·鹿鸣》诗句。四句诗采用的是比兴手法,前两句用呦呦鸣叫的鹿,在野外欢快地吃草,引出我的嘉宾如果到来,我将鼓瑟吹笙欢迎他。作者借用这四句诗表达对才能之士的渴望之情。

第五解说的是,神采飞扬的才士啊就像那空中的明月,我什么时候才能得到你呢?思念的忧思从心中升起,就像那滔滔大河连绵不绝。

第六解说的是,神采飞扬的才士啊,请你越过那一条条小路,放下你那高贵的身段来看望我。我们一起像老朋友一样喝酒谈笑,诉说往日的思念之情。

第七解说的是,月明星稀的夜晚,一群乌鹊向南飞去,绕着大树不断地盘旋,哪一枝才是它们可以安身的地方?这是以乌鹊寻找安身之处比喻才士寻找建功立业的地方。

第八解说的是,来吧,来吧,到我这里来吧!我这里虽然人才济济,但是就像山不辞土方能成其大,海不辞水方能成其深一样,我热诚地欢迎你们的到来。我会像周公吐哺那样热情地迎接你们,希望天下的才能之士一起来建功立业!

人生苦短是古代诗歌的经常性话题,尤以汉代佚名诗"生年不满百,常怀千岁忧。昼短苦夜长,何不秉烛游"最有影响。以往感叹人生苦短的诗,多导向及时行乐,曹操这首诗却与众不同。曹操感叹人生苦短,是因为生命剩下的时间已经不多,而统一全国的大志尚未完成,所以要抓紧时间建功立业。统一全国的大业需要人才,所以曹操在这首诗中反复地表达了对人才的渴望。

追求快乐是人的自然本能,然而如何追求快乐却有不同的路径,由此也形成不同的文化。把人生苦短导向及时行乐,追求的是感官之乐,是人的生理本能主导的行为。中华传统文化讲求事功之乐,也就是在干事创业中感受人生的快乐。孔子为天下计,"饭疏食饮水,曲肱而枕之,乐亦在其中矣";颜回笃志向道,"一箪食,一瓢饮,在陋巷",不改其乐;范仲淹"先天下之忧而忧,后天下之乐而乐",如此等等,他们追求的不是感官之乐,而是事功之乐。曹操这首诗把人生苦短的感叹从以往的及时行乐导向建功立业,把个人的快乐与社会的发展、民众的福祉相联系,不仅创新了诗歌题材,而且弘扬了中华传统文化的基本精神。这一点,至今仍然具有现实意义。

(二)《将进酒》

这首诗的作者是唐代著名诗人李白。李白(701—762),字太白,号青莲居士,是唐代伟大的浪漫主义诗人,被后人誉为"诗仙"。《将进酒》是汉乐府的乐曲名,作家按曲填词用来演唱,此处用作诗名。全诗分为三个层次。

第一个层次即开篇前两句,主要是感叹人生苦短。首句"君不见,黄河之水天上来,奔流到海不复回",暗用《论语》"子在川上曰:逝者如斯夫"之意,以黄河一去不复返比喻时光飞逝。次句"君不见,高堂明镜悲白发,朝如青丝暮成雪",用夸张的手法描写一个居住在高堂华宅的人对镜看头发,早晨还是满头黑发,晚上就变成像雪一样的白发,以此表现人生易老。

第二个层次从"人生得意须尽欢"到"请君为我倾耳听",主要讲面对时光飞逝、人生易老人应该怎么办。诗人的基本观点是"人生得意须尽欢",高兴的时候就要尽兴,喝酒的时候就不要让杯子空着。天地诞生我们这样的人就一定有施展我们才能的地方,身上的钱花完了一定还会赚回来。朋友们聚到一起,就要烹羊宰牛先快乐着,既然喝酒那么至少要喝到三百杯。喝酒当然不能喝闷酒,岑夫子、丹丘生,你们二位先喝着,不要让酒杯停下来,我给你们唱一曲,请你们给我仔细地听着。

第三个层次就是歌唱的内容,也就是诗歌剩余部分。"钟鼓"指代权贵人家宴会上的音乐,"馔玉",指代精美的食物,"钟鼓馔玉"指代富贵豪华的生活。诗人认为这样的生活不值得看重,人生的理想应该是永远处在醉酒状态不要醒来。自古以来圣贤之人都过得默默无闻,只有善于喝酒的人才能青史留名,就像陈王当年在平乐宫设宴,大坛大坛的美酒任凭客人尽情享用。主人为什么要说钱的多少,你只管盛出来为各位添满;名贵的五花良马,价值千金的皮衣,让儿子拿出来都换成美酒,我与各位一起尽消万古长愁!

李白这首诗最大的特点就是气势磅礴,酣畅淋漓,令人读来精神为之一振。这样的艺术效果,首先在于他奇特的想象。开篇一句"黄河之水天上来",景象之壮观令人震撼,细细想来竟不知诗人何以能生出这样的想象! 其次在于大胆的夸张。"朝如青丝暮成雪"一句,几近颠覆人的理智。第三在于澎湃的激情,如"人生得意须尽欢""天生我材必有用""呼儿将出换美酒"等句。奇特的想象、大胆的夸张、加上澎湃的激情,汇成一股强大的感情河流,在读者的感情世界呼啸而下,使人生出无限的畅快之感,这正是浪漫主义文学的魅力所在。

然而,如果用理智的眼光审视这首诗,"人生得意须尽欢"是典型的享乐主义,"天生我材必有用"几近狂妄,"呼儿将出换美酒"完全是败家子作风,这些显然不符合中华传统文化的基本要求。为什么千百年来这首诗依然为人们喜爱,被列入经典之列,就在于这是艺术。艺术的作用包括很多方面,但其基本的功能是审美,也就是给人带来情感的享受。审美感受可以来自内容,也可以来自形式,这首诗就在于后者。我们可以读它听它享受它,却不可以仿照其行动;然而如果因为其不足以效仿而否定它,则同样是不可取的。人生在世,既需要有社会抱负,也需要有感情愉悦,艺术就是实现后者的路径。"愚公移山"是有名的神话故事,有人却提出移山不如搬家,这就是不懂得艺术与现实区别的表现。艺术欣赏可以实现各种目的,欣赏者只要实现自己的目的即可,如果非要求全责备就是自己给自己找不自在了。这首诗的作用,就是让读者的情感得以畅扬。

(三)《定风波》

这首词的作者是北宋著名文学家苏轼。苏轼(1037—1101),字子瞻,号东坡居士,眉州眉山(今属四川)人,北宋文坛上的领袖人物,在诗、词、散文、书法等方面都取得了很高的成就。元丰二年(1079),苏轼遭陷害被捕入狱,差点儿送了性命,次年出狱被贬到黄州。这首诗写于到黄州后的第三年。词前有一段小序,说明写这首词的过程:三月七日,在沙湖道上遇到下雨,拿雨具的人先前走了,同行的人都觉得很狼狈,只有我不这么觉得。过了一会儿天就晴了,于是做了这首词。

"定风波"是词牌名,这里用作词名。按照词牌规定,该词分为上下两阕。上阕前两句,"莫听",意为不要理睬;"何妨",意为何不、为什么不。意思是不要理睬风雨穿过树林击打树叶的声音,一点雨有什么可怕的呢? 既然没有雨具,何不就放声吟啸从容前行。接下来三句,"竹杖芒鞋",指竹拐杖、草鞋,是作者此时的装扮;"轻胜马",意思是轻巧灵便胜过官员骑马,隐含"无官一身轻"之意。作者被贬黄州,靠故人帮助得到东坡十亩地耕种作为生存的依靠,由此自号"东坡居士"。《东坡志林》说苏轼买的地就在沙湖,所以这次遇雨应该发生在种地的过程。"竹杖芒鞋轻胜马",既写出作者雨中行走的潇洒,也道出作者被贬官后的心态。"谁怕?"意为怕谁? 怕什么?"一蓑烟雨",意为一身风雨;"任平生",意为坚持平生志向。意思是竹杖芒鞋胜过骑马,有什么可怕的?不要说风雨,不要说贬官,即使冒着满身风雨,也要坚持人生志向。

下阕"料峭春风吹酒醒,微冷,山头斜照却相迎。"从上阕的想象中回到现实,意思是三月的春风依然很冷,吹醒了此前的酒意;下雨淋湿了衣服,使人感到有点发冷;好在雨过天晴,前面斜阳照耀下的山头却正在迎接。冷风醒酒、淋雨发冷、斜照相迎,短短数字之间,变化不断,写出了作者从容、乐观的心态。"回首向来萧瑟处",回头再看出发的地方,走的时候虽然风雨萧瑟,但是一路回去,也不像出发时那么大的雨,天也没有完全放晴。也就是说,不像有些人想的那么糟糕,也不像有些人想的那么美好。

这首词写的是生活中的一段小事,作者借这件小事写出了自己的人生情怀,表现出乐观迎接人生风雨的精神状态。苏轼是中国历史上一个具有传奇色彩的人物,他22岁入仕,才华横溢,却先后三次被贬官,虽然仕途坎坷,但是始终不消极、不悲观,保持浓郁的生活情趣和旺盛的创作活力。苏轼去世前自题画像说:"问汝平生功业,黄州、惠州、儋州。"三个州正是他先后被贬的地方,其超然旷达的精神状态由此可见一斑。苏轼的精神状态在古代修身中树立起一个标杆,为后代许多人敬仰。这首词就是苏轼精神状态的一个具体写照。

(四)《过零丁洋》

这首诗的作者是南宋文学家、民族英雄文天祥。文天祥(1236—1283),字履善,自号文山,吉州庐陵(今江西吉安县)人。1278年(宋祥兴元年),文天祥在广东海丰北五坡岭兵败被元军抓获,次年被押解过零丁洋时作此诗,元军威逼利诱欲使其投降,文天祥以此诗明志。

首联"辛苦遭逢起一经,干戈寥落四周星",概述作者的一生经历。上句中"起一经",意思是起因于一部经书。文天祥从小好学,18岁参加科举考试,获庐陵乡校考试第一名,20岁中选吉州贡士,后前往南宋都城临安(今杭州)参加殿试,被理宗皇帝钦定为601名进士中的状元。科举考试以儒家经典为本,所以作者说自己的一生经历起因于一部经书,也就是儒家学说。下句中"干戈"指战事,"寥落"指沉寂,"四周星"指四年时间。公元1274年,元军进逼临安,时任赣州(今江西赣州)知州的文天祥散尽家资,募集义军三万奉旨"勤王",进而成为南宋抗击元军的主帅。从文天祥起兵到兵败被俘共计四年,此时南宋军队已经溃败,只有少数起义军还在抵抗。

颔联"山河破碎风飘絮,身世浮沉雨打萍",描写国家和作者的现况。上句说国家,公元1276年,元军攻占南宋首都临安,南宋朝廷奉表投降,恭帝被押往大都(今北京)。陆秀夫等人拥立7岁的赵端宗在福州即位,两年后赵端宗病死,陆秀夫等再拥立6岁的赵昺为帝,退守广东海上的崖山,次年被元军大败,陆秀夫背着少帝投海自尽。这首诗写于南宋灭亡的前一年,所以用"山河破碎风飘絮"形容,不仅形象贴切,也写出了作者感情的沉痛。下句说作者,这时候文天祥被元军抓获,老母亲和妻妾也成元军俘虏,大儿子死亡,喻之以风雨中的浮萍,可以说凄惨之状犹有过之。

颈联"惶恐滩头说惶恐,零丁洋里叹零丁",是借眼下之景,说今昔之感受。零丁洋在今广东省珠江15里外的崖山外面,现名伶仃洋,文天祥兵败被俘,被押送路过此地。皇恐滩是赣江十八滩之一,在今江西省万安县境内赣江上,水流湍急,令人惊恐,也叫惶恐滩,文天祥起兵勤王时曾路过这里。作者过零丁洋,由这个奇特的地名自然会想到另一个奇特的地名。当初率军勤王,豪气直冲牛斗,路过惶恐滩说惶恐,只是好奇而已,心中其实并不惶恐。今日过零丁洋,身为阶下囚,孤苦一人,却是真真正正的伶仃,怎么能不令人唏嘘感叹。

尾联"人生自古谁无死?留取丹心照汗青",叙说作者对于自己下一步的打算。国亡家散,兵败被俘,一生努力,尽成泡影,下一步怎么办呢?作者决定慨然赴死。史载文天祥被押到大都后,元丞相孛罗喝令:"跪下!"文天祥站立泰然自若,孛罗令手下强按文天祥下跪,文天祥被按倒在地却宁死不跪。元朝皇帝忽必烈亲自劝降,承诺若降即任命为元朝丞相,文天祥回答:"一死之外,无可为者。"次日被害,时年47岁。人生在世难免一死,问题是如何死?如何看待死?文天祥无惧死亡,是因为坚信自己的选择是正确的,坚信自己赤红的爱国之心必定会扬名青史,照耀后人。一千多年后我们依然学习文天祥这首诗,证明文天祥的信念经得起历史的检验。

中华传统文化论及修身,推崇浩然正气。身具浩然正气,"富贵不能淫,贫贱不能移,威武不能屈"。文天祥修身就达到了这样的境界,他在狱中写的《正气歌》,也成为流传千古的名篇。一个人不贪富贵,不辞贫贱,不惧死亡,这样的人谁又能使他屈服呢?浩然正气是一种情感,是理性主导下的情感。中华传统文化倡导理性思维方式,更重视这种理性主导下的情感。只有理性思维方式,没有这种理性主导下的情感,就会滑入形形色色的"精致的利己主义者"。唯有理性思维方式加上这种舍生取义的高尚情感,人才能成为传统文化中的君子和现代社会大写的人。

讨论

劳动是幸福的源泉

2013年4月28日,习近平总书记在同全国劳动模范代表座谈时说:"劳动是财富的源泉,也是幸福的源泉。人世间的美好梦想,只有通过诚实劳动才能实现;发展中的各种难题,只有通过诚实劳动才能破解;生命里的一切辉煌,只有通过诚实劳动才能铸就。劳动创造了中华民族,造就了中华民族的辉煌历史,也必将创造出中华民族的光明未来。"

2015年4月28日,习近平总书记在庆祝"五一"国际劳动节暨表彰全国劳动模范和先进工作者大会上的讲话中说:"劳动是人类的本质活动,劳动光荣、创造伟大是对人类文明进步规律的重要诠释。'民生在勤,勤则不匮。'中华民族是勤于劳动、善于创造的民族。正是因为劳动创造,我们拥有了历史的辉煌;也正是因为劳动创造,我们拥有了今天的成就。"

请结合《短歌行》和习近平总书记上述谈话,谈谈建功立业和劳动在人生中的作用。

思考

1. 请结合《定风波》的内容,思考我们应该如何对待生活中的困难和挫折。
2. 请结合《过零丁洋》的内容,思考人生应该怎样处理个人、集体和国家的关系。

附录｜阅读推荐

《经 部》

[1] 黄寿祺、张善文:《周易译注》,上海古籍出版社,1984年(初版),2007年(再版)。

[2] 贺华章:《图解周易大全》,中国现代出版社,2012年。

[3] 何晏注:《论语注疏》(《十三经注疏》本),中华书局,1980年。

[4] 朱熹:《论语章句》(《四书集注》本),岳麓书社,1987年。

[5] 李泽厚:《论语今读》,三联书店,2004年。

[6] 孙希旦:《礼记集解》(十三经清人注疏本),中华书局,1989年。

[7] 胡平生、陈美兰译注:《礼记·孝经》,中华书局,2016年。

[8] 李一冉:《孝经与孝道》,中国广播影视出版社,2016年。

[9] 蔡仲德:《礼记·乐记》《声无哀乐论》,崇文书社,2023年。

[10] 南怀瑾:《话说中庸》,东方出版社,2022年。

[11] 王国轩译注:《大学·中庸》,中华书局,2016年。

[12] 万丽华、蓝旭译注:《孟子》,中华书局,2016年。

[13] 王秀梅译注:《诗经》,中华书局,2015年。

[14] 杨伯峻:《春秋左传注》,中华书局,2023年。

[15] 顾迁译注:《尚书》,中华书局,2016年。

《子 部》

[1] 王弼注、楼宇烈校释:《老子道德经注校释》,中华书局,2008年。

[2] 陈鼓应:《老子今注今译》,商务印书馆,2003年。

[3] 黄威:《老子·庄子》彩图馆,中国华侨出版社,2016年。

[4] 王先谦:《庄子集解》(附《庄子集解内篇孙正》),中华书局,1991年。

[5] 陈鼓应:《庄子今注今译》,中华书局,1983年;商务印书馆,2007年。

[6]崔宜明:《生存与智慧——庄子哲学的现代阐释》,上海人民出版社,1997年。

[7]王先谦:《荀子集解》(上、下),中华书局,1988年。

[8]孔繁:《荀子评传》,南京大学出版社,2010年。

[9]陈广忠:《淮南子译注》,中华书局,2022年。

[10]景婧:《淮南子的智慧》,北京大学出版社,2022年。

[11]陈曦译注:《孙子兵法》,中华书局,2022年。

[12]高华平译注:《韩非子》,中华书局,2016年。

[13]方勇译注:《墨子》,中华书局,2015年。

[14](战国)吕不韦编著,臧宪柱译:《吕氏春秋》,北京联合出版公司,2015年。

[15]黄克剑译注:《公孙龙子》,中华书局,2023年。

《史 部》

[1]王利器:《史记注译》,三秦出版社,1988年。

[2]韩兆琦编注:《史记选注汇评》,中州古籍出版社,1990年。

[3]闻钟、王志刚译注:《战国策译注》,商务印刷馆,2015年。

[4]刘向集录,姚宏、鲍彪译:《战国策》,上海古籍出版社,2015年。

[5]陈寿撰,裴松之注:《三国志》,中华书局,2019年。

[6]陈寿撰,吴顺东译:《白话三国志》,岳麓书社,2019年。

[7]司马光著,沈志华、张宏儒编:《资治通鉴》,中华书局,2019年。

[8]张国刚著:《资治通鉴中的历史智慧》,人民教育出版社,2020年。

[9]司马光著,闫林林译:《资治通鉴》,北京联合公司出版社,2015年。

[10]骈宇骞译注:《贞观政要》,中华书局,2022年。

[11]赵永复、赵燕敏:《水经注选评》,上海古籍出版社,2017年。

[12]陈桐生译注:《国语》,中华书局,2013年。

[13]方韬译注:《山海经》,中华书局,2016年。

[14]崔冶译:《吴越春秋》,中华书局,2015年。

[15]章学诚著,叶瑛校:《文史通义校注》,中华书局,2017年。

《集 部》

[1](南朝宋)刘义庆著,宁稼雨译注:《世说新语》,安徽文艺出版社,2021年。

[2]朱碧莲、沈海波译注:《世说新语》,中华书局,2022年。

[3]赵慧霞:《世说新语新译》,西北大学出版社,2016年。

[4]钟基、李先银、王身钢:《古文观止》,中华书局,2014年。

[5]李梦生、史良昭,等译注:《古文观止译注》,上海古籍出版社,2018年。

[6]王国维:《人间词话》,上海三联书店,2013年。

[7]施议对译注:《人间词话译注》,上海古籍出版社,2016年。

[8]司空图、袁枚撰、陈玉兰评注:《二十四诗品·续诗品》,中华书局,2019年。

[9]顾青编注:《唐诗三百首》,中华书局,2016年。

[10](战国)屈原著,白雯婷译:《楚辞》,北京联合出版公司,2015年。

[11](宋)欧阳修、司马光著:《六一诗话》,中华书局,2014年。

[12](元)王实甫著,(清)金圣叹评点,李保民校点:《西厢记》,上海古籍出版社,2016年。

[13]钟嵘著,周振甫译注:《诗品译注》,中华书局,2018年。

[14]英瑾:《唐宋诗词精选赏析》,中州古籍出版社,2018年。

[15]王志彬译注:《文心雕龙》,中华书局,2012年。

编后语

本教材为陕西省社科联 2023 年的专项项目和西安思源学院 2023 年优秀教材建设项目成果。由赵惠霞主持,陈蒙、侯露露、朱巧梅、于明娇、张姣、贾辰飞等共同参与编写。西北大学出版社给予了大力支持,各位编辑付出了辛勤劳动。教材编写中吸收了近年来的相关研究成果,在此一并表示诚挚的感谢!

编　者

2024 年 1 月 10 日